Die familiengerechte Besteuerung

Europäische Hochschulschriften

Publications Universitaires Européennes
European University Studies

Reihe II
Rechtswissenschaft

Série II Series II
Droit
Law

Bd./Vol. 3042

PETER LANG
Frankfurt am Main · Berlin · Bern · Bruxelles · New York · Oxford · Wien

Wiebke Goebbels

Die familiengerechte Besteuerung

Dargestellt am Beispiel des einkommensteuerlichen Familienleistungsausgleichs

PETER LANG
Europäischer Verlag der Wissenschaften

Die Deutsche Bibliothek - CIP-Einheitsaufnahme

Goebbels, Wiebke:

Die familiengerechte Besteuerung : dargestellt am Beispiel des einkommensteuerlichen Familienleistungsausgleichs / Wiebke Goebbels. - Frankfurt am Main ; Berlin ; Bern ; Bruxelles ; New York ; Oxford ; Wien : Lang, 2000
(Europäische Hochschulschriften : Reihe 2, Rechtswissenschaft ; Bd. 3042)
Zugl.: Jena, Univ., Diss., 1999
ISBN 3-631-36743-0

Gedruckt auf alterungsbeständigem, säurefreiem Papier.

27
ISSN 0531-7312
ISBN 3-631-36743-0

Printed in Germany 1 2 3 4 5 7

Vorwort

Die vorliegende Arbeit lag im Sommersemester 1999 der Rechtswissenschaftlichen Fakultät der Friedrich-Schiller-Universität Jena vor und wurde von dieser als Dissertation angenommen. Die mündliche Doktorprüfung fand am 10.11.1999 statt.

Bedanken möchte ich mich bei *Nicole Schaller*, *Ulrike Konrad* und *Andrea Lang* sowie sämtlichen studentischen Hilfskräften für die gute und harmonische Zusammenarbeit am Lehrstuhl.

Besonderer Dank gebührt dem Zweitgutachter dieser Arbeit Herrn Prof. Dr. *Rolf Gröschner* für seine stete Diskussionsbereitschaft und seine konstruktiven Anregungen.

Nicht zuletzt danke ich meinen Eltern für ihre vielfältige Unterstützung.

Heidelberg, im Mai 2000 Wiebke Goebbels

Inhaltsverzeichnis

Kapitel 2: Verfassungsrechtliche Vorgaben für die Steuergesetzgebung

Kapitel 3: Die Beurteilung des geltenden Familienleistungsausgleichs anhand der erarbeiteten Kriterien

Abkürzungsverzeichnis

aaO.	am angegebenen Ort
ausf.	ausführlich
BR-Drucks.	Bundesrats-Drucksache
BT-Drucks.	Bundestags-Drucksache
bzw.	beziehungsweise
DA-FamEStG	Dienstanweisung zur Durchführung des Familienleistungsausgleichs nach dem X. Abschnitt des Einkommensteuergesetzes
ders.	derselbe
dies.	dieselbe/n
diff.	differenzierend
DStJG	Deutsche Steuerjuristische Gesellschaft e.V., Köln
DStZ/A	Deutsche Steuerrechtszeitung / Ausgabe A (Zeitschrift)
DStZ/E	Deutsche Steuerrechtszeitung / Ausgabe E (Zeitschrift)
Einf.	Einführung
FAZ	Frankfurter Allgemeine Zeitung
FB	Freibetrag
FinArch	Finanzarchiv (Zeitschrift)
Hrsg.	Herausgeber
hrsg.	herausgegeben
HStR	Handbuch des Staatsrechts
HVerfR	Handbuch des Verfassungsrechts
JStG	Jahressteuergesetz
JStErgG	Jahressteuer-Ergänzungsgesetz
o.V.	ohne Verfasser
RM	Reichsmark
sog.	sogenannte/r
st.	ständige
SZ	Süddeutsche Zeitung
v.	von / vom
vgl.	vergleiche
Vol.	Volume (englisch) Band
z.B.	zum Beispiel
Ziff.	Ziffer
zit.	zitiert
zutr.	zutreffend

Im übrigen wird verwiesen auf *Kirchner*, *Hildebert*, Abkürzungsverzeichnis der Rechtssprache, 4. Aufl., Berlin / New York 1993.

Einleitung

A. Problemstellung

Thema der vorliegenden Arbeit ist die familiengerechte Besteuerung. Über eine gerechte Besteuerung insbesondere bei Familien wurde schon 1891 in Preußen nachgedacht. Bereits damals wurde – im Rahmen einer großen Steuerreform - das Prinzip der Besteuerung nach der wirtschaftlichen Leistungsfähigkeit für das Steuerrecht festgeschrieben und zahlreiche Steuererleichterungen für Familien eingeführt[1]. Als Unterschied zu damals ist festzuhalten, daß in Preußen noch eine Haushaltsbesteuerung[2] erfolgte, wohingegen im heutigen EStG das Prinzip der Individualbesteuerung[3] gilt.

Politische Bekenntnisse zur Familie und Familienarbeit haben aber immer noch Konjunktur, ebenso Beteuerungen über deren hohen kulturellen, sozialen und wirtschaftlichen Wert (aber mit welcher Priorität?). Gerade in den letzten Wochen und Monaten wurde über das Thema Familienbesteuerung sowohl im Fernsehen[4] als auch in den Zeitungen sehr intensiv diskutiert und gestritten. Auch vergaß keine Partei im laufenden Bundestagswahlkampf darauf hinzuweisen, wie wichtig gerade Familien und Kinder für den Staat seien, und daß sie die Familien umfänglich durch eine Steuerreform entlasten wolle[5]. Nach der Bundestagswahl im September 1998 haben *SPD* und *Bündnis 90 / Die Grünen* eine Steuerreform angekündigt, die auch oder gerade im Bereich der Familienbesteuerung Änderungen bringen soll. Ein erster Schritt dazu war die Erhöhung des Kindergeldes um 30 DM auf 250 DM für das erste und das zweite Kind ab dem 1.01.1999[6].
Der rapide Geburtenrückgang und alarmierende Zukunftsvisionen eines überalterten Staates haben einen Bewußtseinswandel der Öffentlichkeit zugunsten der Be-

---

1 Begründung zum Entwurf eines Einkommensteuergesetzes v. 3.11.1890, Aktenstück Nr. 5, Preußisches Haus der Abgeordneten, Session 1890/91, S. 213, abgedruckt in: FinArch, Bd. VII (1890), 2. Halbbd., S. 263 (264); *Tipke/Lang*, Steuerrecht[16], § 9 Rn 6.

2 *Schremmer*, Steuern und Staatsfinanzen, S. 153.

3 S. BVerfG v. 17.1.57 - 1 BvL 4/54, BVerfGE 6, 55 (67).

4 S. etwa die Sendung *ML Mona Lisa* im ZDF am 1.02.98 zum Thema „Was bleibt denn da noch übrig? - Frauen und die Steuer!"; sowie die diversen Wahlsendungen in den Monaten Januar bis September 1998.

5 *CDU*, Große Steuerreform, S. 4 f., 48; *dies.*, Das Grundsatzprogramm, S.22; *SPD*, Arbeit, Innovation und Gerechtigkeit, S. 26 f., 46; *FDP*, Liberale Argumente 1/97, S. 1; *dies.*, Entwurf Wahlprogramm zur Bundestagswahl 1998, S. 4, Zeile 7 ff.; *Bündnis 90 / Die Grünen*, Wahlprogramm zur Bundestagswahl 98, S. 65; vgl. auch *Scheel*, Die Grüne und das Geld, S. 70 ff.; *SPD*, Beschluß auf dem außerordentlichen Parteitag am 17. April 1998, S. 13.

6 S. I. Vorschaltgesetz zur Steuerreform, NJW 1999, S. XXXVII.

deutung von Ehe und Familie eingeleitet. Kinderreiche Familien erscheinen uns heute als Garanten der Gesellschaft - man denke nur an den Generationenvertrag der Sozialversicherung.[7]

Ziel der vorliegenden Arbeit ist es, den derzeit geltenden Familienleistungsausgleich darzustellen und zu bewerten. Dazu ist es erforderlich, Maßstäbe herauszuarbeiten bzw. zu entwickeln, anhand derer die einzelnen Normen bzw. Regelungen gemessen werden können. Als ein solcher Maßstab kann die Rechtsphilosophie dienen, aber auch die Ökonomie sowie die Steuersystematik (Kapitel 1). Diese Bereiche stellen für den Steuergesetzgeber Vorgaben auf, die dieser bei der Gesetzgebung beachten soll. An die Nichtbeachtung dieser Vorgaben knüpfen sich nicht notwendig auch zwingende rechtliche Folgen. Aus diesem Grund muß ein verbindlicher Maßstab gefunden werden. Als ein solcher dient die Verfassung (Kapitel 2). Sie macht dem Steuergesetzgeber Vorgaben, die dieser beachten muß, um die Verfassungswidrigkeit der Norm zu vermeiden. Nach Darstellung der einzelnen Vorgaben für den Steuergesetzgeber kann dann der Familienleistungsausgleich gem. §§ 31, 32 EStG daran gemessen werden (Kapitel 3).

---

[7] *Daniels*, DIE ZEIT v. 28.11.1997, S. 41 ff.

B. Historischer Überblick über die Familienbesteuerung

Im folgenden Abschnitt soll die Entstehung und Entwicklung der Besteuerung mit dem Schwerpunkt auf der Familienbesteuerung dargestellt werden. Familienförderung durch das Steuerrecht ist keine Erfindung unseres modernen Sozialstaates, sondern erfolgte bereits in Preußen, wenn auch mit einem anderen System. Für die Beurteilung des derzeit geltenden Familienleistungsausgleichs ist es wichtig, die historischen Strukturen und Entwicklungen zu kennen. Nur so können Unterschiede oder lange Entwicklungstendenzen aufgezeigt und die heutige Regelung in den Gesamtkontext eingeordnet werden. Die historische Darstellung muß sich aber aus Gründen der Übersichtlichkeit auf die wichtigen Gesetzesänderungen insbesondere in der Bundesrepublik Deutschland beschränken.

I. Allgemeine Einführung

1. Die Besteuerung in Preußen

Die historische Darstellung wird in Preußen begonnen, wo unter dem Finanzminister *Miquel* 1891 das Preußische EStG geschaffen wurde, auf das unser heutiges EStG im Kern zurückgeht[1]. Bei dieser großen Steuerreform ließ sich die Staatsregierung nur von einem Ziel leiten: Die Verteilung der direkten Steuerlast sollte gerecht und den gegenwärtigen Verhältnissen angepaßt sein und insbesondere der Leistungsfähigkeit der Steuerpflichtigen in höherem Maße entsprechen[2]. Mit dieser Steuerreform wurde das Konzept der progressiven Gesamteinkommensteuer und das Prinzip der Besteuerung nach der wirtschaftlichen Leistungsfähigkeit in der Steuerrechtsordnung festgeschrieben[3].

Als eine Neuerung ist die Einführung der Deklarationspflicht[4] herauszuheben[5], die zu einer wirksamen und gleichmäßigen Besteuerung führen sollte[6]. Durch das Gesetz erfolgte auch - entsprechend den neueren sozial- und steuerpolitischen Anforderungen - eine weitgehende Anerkennung von außergewöhnlichen Belastungen des Einkommens des Steuerpflichtigen[7]. Außergewöhnliche Belastungen, die durch „besondere, die Leistungsfähigkeit der Steuerpflichtigen wesentlich beeinträchti-

---

1 PrGS 1891, S. 175; vgl. dazu *A. Wagner*, Finanzwissenschaft, S. 368 ff.

2 Begründung zum Entwurf eines Einkommensteuergesetzes v. 3.11.1890, Aktenstück Nr. 5, Preußisches Haus der Abgeordneten, Session 1890/91, S. 213, abgedruckt in: FinArch, Bd. VII (1890), 2. Halbbd., S. 263 (264).

3 *Tipke/Lang*, Steuerrecht[16], § 9 Rn 6.

4 Vgl. dazu Kapitel 2 A. I., 5.

5 *A. Wagner*, Finanzwissenschaft, S. 368.

6 So die Begründung zum Entwurf eines Einkommensteuergesetzes v. 3.11.1890, FinArch, Bd. VII (1890), 2. Halbbd., S. 263 (265).

7 *A. Wagner*, Finanzwissenschaft, S. 369.

gende wirtschaftliche Verhältnisse“ entstehen, wurden durch eine Tarifermäßigung berücksichtigt (§ 19)[8]. Familienväter erhielten nach § 18 ebenfalls eine Tarifermäßigung, die zugleich den Druck der Verbrauchbesteuerung auf kinderreiche Familien einkommensteuerlich teilweise kompensieren sollte[9]. Das PrEStG hielt an der Haushaltsbesteuerung[10] fest, nach der dem Haushaltsvorstand grundsätzlich das Einkommen seiner Angehörigen zugerechnet wird (§ 11 I). Das Existenzminimum betrug 900 Mark, der Tarif lag zwischen 1,13% (900 bis unter 3.000 Mark) und 3,95% (ab 100.000 Mark) des steuerpflichtigen Einkommens[11]. Festzuhalten bleibt hier, daß bereits 1891 der Begriff „Leistungsfähigkeit“ auftaucht[12].

2. Die Besteuerung in der Weimarer Republik

Die Weimarer Reichsverfassung v. 11.8.1919 begründete eine Reichsgesetzgebungskompetenz über die Abgaben und sonstigen Einnahmen, sofern sie ganz oder teilweise für seine Zwecke in Anspruch genommen werden (Art. 8 WRV). Damit war der Weg zur ersten Reichseinkommensteuer v. 29.3.1920[13] geschaffen. Hiernach sollten die Steuerpflichtigen nach ihrer steuerlichen Leistungsfähigkeit belastet werden und unter völliger Ausschöpfung dieser Steuerquelle eine „gleichmäßige Beteiligung aller Volksgenossen an der finanziellen Not“ erreicht werden[14]. In Art. 134 WRV war die Forderung nach der Besteuerung nach der wirtschaftlichen Leistungsfähigkeit[15] normiert. Mit dem REStG v. 10.8.1925[16] wurde prinzipiell der heute noch gültige Einkünftekatalog eingeführt[17].
Auch das REStG hielt an der Haushaltsbesteuerung[18] fest (§§ 16, 17). Der Steuertarif war progressiv gestaltet und stieg von 10 auf bis zu 60% an; als Existenz-

---

8 §§ 18, 19 PrEStG, PrGS 1891, S. 175; noch genauer spezialisiert in § 19 des Gesetzes von 1906.

9 *A. Wagner*, Finanzwissenschaft, S. 369; *Bredt*, Die Besteuerung nach der Leistungsfähigkeit, S. 118.

10 S. zum gegenteiligen Prinzip der Individualbesteuerung im heutigen EStG s. Kapitel 1 D. V., 2b.

11 *Schremmer*, Steuern und Staatsfinanzen, S. 153.

12 Dazu ausf. *Bredt*, Besteuerung nach der Leistungsfähigkeit, S. 47 ff., mit Hinweisen zu Steuersatz und Progression (S. 78 ff.). Er weist darauf hin, daß zwei gleich hohe Einkommen wirtschaftlich verschieden wert sein können, wenn der eine Junggeselle, der andere aber Ernährer einer großen Familie ist (S. 117). Die Berücksichtigung der Zahl der zu unterhaltenden Angehörigen, d.h. die Berücksichtigung von Kindern erfolgte aus sozialpolitischen Erwägungen heraus (S. 119).

13 RGBl. I 1920, S. 359; entstanden unter Reichsminister *Matthias Erzberger*, vgl. zu dessen Finanzreform *Respondek*, Die Reichsfinanzen.

14 Begründung zum REStG-Entwurf v. 29.11.19, FinArch, Bd. 37 (1920), S. 592.

15 S. dazu auch Kapitel 1 D. V., 1a.

16 RGBl. I 1925, S. 189.

17 *Tipke/Lang*, Steuerrecht[16], § 9 Rn 7.

18 S. zum gegenteiligen Prinzip der Individualbesteuerung im heutigen EStG s. Kapitel 1 D. V., 2b.

minimum blieb ein Betrag i.H.v. 1.500 Mark steuerfrei. Ferner sah es Tarifermäßigungen nach Größe des Haushalts und für unterhaltsbedürftige Personen vor (§ 20). Besondere die Leistungsfähigkeit beeinträchtigende Verhältnisse wurden bei einem steuerbaren Einkommen bis zu 30.000 Mark berücksichtigt (§ 26).[19]

3. Die Besteuerung im Nationalsozialismus

Im Nationalsozialismus nahm die Familie eine ganz besondere Stellung ein, die Ehe wurde zur Fortpflanzungsgemeinschaft degradiert[20].

Das EStG 1934[21] begründete schließlich die Gesetzesstruktur des geltenden EStG, der Tarif begann bei 8% und endete bei 40%, das Existenzminimum wurde erheblich erhöht. Ferner sah es hohe Tarifermäßigungen für kinderreiche Familien vor und behielt auch die Tarifermäßigung für besondere wirtschaftliche Verhältnisse, die die Leistungsfähigkeit wesentlich beeinträchtigen, bei (§ 33 EStG 1934).

Im Steueranpassungsgesetz von 1934[22] wurde geregelt, daß die Steuergesetze nach nationalsozialistischer Weltanschauung auszulegen sind (§ 1). Damit fand der Rassegedanke Eingang in das Steuerrecht, aber solche Regelungen waren auch im nationalsozialistischen Recht einmalig[23].

Damit hatte das Steuerrecht während des Nationalsozialismus eine völlig andere Aufgabe zugewiesen bekommen. Mit seiner Hilfe sollten unerwünschte Personengruppen ganz gezielt benachteiligt werden.

II. Entstehung und Rechtsentwicklung des § 31 EStG

Die Vorschrift des § 31 EStG war seit Inkrafttreten des EStG Gegenstand unterschiedlichster Regelungen[24]. Erst mit dem JStG 1996[25] erhielt die Norm eine Bedeutung für die Besteuerung von Familien. Nachdem sie in den VZ 1990-1995 unbesetzt war, wurde nun die neue Vorschrift eingefügt, um die geminderte Leistungsfähigkeit von Familien mit Kindern steuerlich zu berücksichtigen. Es erfolgten dann noch Änderungen durch das JStErgG 1996[26] (Änderungen des § 4 I 1 RegelunterhaltsVO und der §§ 2 VI 2 und 36 II 1 EStG im Hinblick auf § 31 EStG) und das JStG 1997[27].

Durch den nach § 32 i.d.F. des JStG 1996 erhöhten Kinderfreibetrag und die in das EStG aufgenommenen Kindergeldvorschriften wurde der Familienlastenausgleich

---

[19] *Kirchhof*, in: Kirchhof/Söhn, § 2 Rn A 427.

[20] Vgl. *Schmid*, Die Familie, S. 62 ff.

[21] G. v. 16.10.34, RGBl. I 1934, S. 1005.

[22] G. v. 16.10.34, RGBl. I 1934, S. 925.

[23] *Felix*, SteuerStud 1995, S. 195 (200 f.).

[24] Ausf. Darstellung bei *Kanzler*, in: Hermann/Heuer/Raupach, EStG, § 31 Rn 2.

[25] G. v. 11.10.95, BGBl. I 1995, S. 1250; BStBl. I 1995, S. 438.

[26] G. v. 18.12.95, BGBl. I 1995, S. 1959; BStBl. I 1995, S. 786.

[27] G. v. 20.12.96, BGBl. I 1996, S. 2049.

zu einem Familienleistungsausgleich weiterentwickelt[28]. Damit entstand das sog. Optionsmodell, denn § 31 verknüpfte nun das als Steuervergünstigung geregelte Kindergeld des X. Abschnitts mit dem tariflichen Kinderfreibetrag des § 32 EStG dahingehend, daß bei der Einkommensteuerveranlagung die für den Steuerpflichtigen günstigste Lösung (Kinderfreibetrag oder Kindergeld) von Amts wegen berücksichtigt wird[29]. Letztlich aus finanziellen Überlegungen heraus entschied sich der Gesetzgeber gegen eine reine Kindergeldlösung[30].
Es gab in dieser Zeit diverse Reformvorhaben, die dann jedoch nicht umgesetzt wurden. So wird seit der Entscheidung des BVerfG zur Nichtigkeit der Regelung zur Zusammenveranlagung von Eltern mit ihren Kindern[31] das Alternativmodell eines Familien(real)splittings erörtert[32]. Dieses wurde jedoch vom Gesetzgeber bislang wegen der erheblichen finanziellen Auswirkungen nicht verwirklicht[33]. In den Materialien zum JStG 1996 fehlt ein Hinweis auf diese Alternative, was wohl darin begründet liegt, daß im BMF offenbar das Familien(real)splitting abgelehnt wird[34].

III. Entstehung und Rechtsentwicklung des § 32 EStG

1. Allgemeine Rechtsentwicklung des § 32 EStG

Zu Beginn soll die Rechtsentwicklung des § 32 EStG kurz dargestellt werden, die Details folgen bei der jeweiligen Einzelregelung.
Im EStG 1925 (§§ 52 bis 55a, 56, 58, 59) finden sich die Vorläufer der heutigen Tarifvorschriften. Durch das EStG 1934[35] erhielt § 32 i.V.m. den dem EStG beigefügten Einkommensteuer-Tabellen den eigentlichen Tarif unter Berücksichtigung des Familienstandes. Die Steuerpflichtigen wurden in „Steuergruppen“ später in „Steuerklassen“ eingeteilt (EStG 1938/39). Mit dem StÄndG v. 18.7.58[36] wurde das Splitting eingeführt, was eine Neufassung des IV. Abschnitts des EStG (Tarif) erforderlich machte.

---

28 BT-Drucks. 13/1558, S. 139.
29 Vgl. dazu auch hinten B. III., 3.
30 BT-Drucks. 13/1686, S. 75.
31 BVerfG v. 30.6.64 - 1 BvL 16, 17, 18, 19, 20, 21, 22, 23, 24, 25/62, BVerfGE 18, 97 (diese Entscheidung betraf § 27 EStG a.F.).
32 Vgl. Wissenschaftlichen Beirat beim BMF, Gutachten; *Lang*, Bemessungsgrundlage, S. 650 ff.; *Wosnitza*, StuW 1996, S. 123 ff.; *Wendt*, FS f. Tipke, S. 47 ff.; dazu im einzelnen in Kapitel 3 E. I. u. II.
33 BT-Drucks. 10/2884, S. 96.
34 Vgl. *Oepen*, FR 1992, S. 149 (152 f.); *Horlemann*, BB 1996, S. 186 (187).
35 G. v. 16.10.34, RGBl. I 1934, S. 1005.
36 BGBl. I 1958, S. 473.

2. Entwicklung des einkommensteuerlichen Kindbegriffs

a) Die allgemeine Entwicklung des einkommensteuerlichen Kindbegriffs

Kinder i.S.d. EStG 1920 und 1925 waren neben den Abkömmlingen des Steuerpflichtigen auch Pflegekinder, Adoptiv-, Schwieger- und Stiefkinder. Diese Regelungen waren entsprechend auf die Vorschriften über den (kinderbezogenen) Grundfreibetrag (§ 50 II EStG 1925) und die Kinderermäßigung (§ 52 I Nr. 2 EStG 1925) anwendbar.

In den fünfziger Jahren wurde in § 32 I EStG der Begriff „zu versteuernder Einkommensbetrag" definiert[37]. Durch das EStRG v. 5.8.74[38] wurde die Begriffsbestimmung des „zu versteuernden Einkommens" nach § 2 V EStG übernommen, § 32 I EStG wurde jedoch - redaktionell angepaßt - beibehalten. Diese Doppeldefinition entfiel später durch Streichung in § 32 I EStG, dafür wurde dort jetzt der einkommensteuerliche Kindbegriff[39] (zuvor Abs. 4) geregelt[40]. Mit dem JStG 1996[41] wurde dann der Abs. 1 auf einen Satz verkürzt (Regelungen zu Kindern und Pflegekindern), die ursprünglichen Sätze 2 und 3 wurden unverändert in einen neuen Abs. 2 übernommen.

Das EStRG v. 5.8.74[42] faßte unter dem Begriff „leibliche Kinder" Kindschaftsverhältnisse der ehelichen, für ehelich erklärten und nichtehelichen Kinder zusammen. Davor galten als „Kinder" i.S.d. EStG auch eheliche Stiefkinder, Adoptiv- und Pflegekinder, bis VZ 1968 ließ Abschnitt 183 EStR 1958-1968 sogar die Berücksichtigung von Enkelkindern zu[43]. Durch das sog. Omnibusgesetz[44] wurden leibliche Kinder und Adoptivkinder unter der Bezeichnung „Kinder, die im ersten Grad mit dem Steuerpflichtigen verwandt sind" zusammengefaßt. Stiefkinder wurden nur noch berücksichtigt, wenn sie im Haushalt des Steuerpflichten aufgenommen worden waren. Ab dem VZ 1986 entfiel die Berücksichtigung der Stiefkinder ganz[45]. Im JStG 1996[46] wurde der Kindbegriff unverändert übernommen[47].

---

[37] StÄndG v. 18.7.58, BGBl. I 1958, S. 473 (480).

[38] BGBl. I 1974, S. 1769.

[39] Dieser ist zu unterscheiden von anderen Kindbegriffen, wie etwa dem des BKGG oder des BSHG, *Kanzler*, in: Hermann/Heuer/Raupach, EStG, § 32 Rn 30.

[40] StSenkG 1986/88 v. 26.6.85, BGBl. I 1985, S. 1153.

[41] G. v. 11.10.95, BGBl. I 1995, S. 1250.

[42] BGBl. I 1974, S. 1769.

[43] Vgl. BFH v. 24.5.68 - VI 394/65, BStBl. II 1968, S. 674 (674 f.), der diese Berücksichtigung mangels gesetzlicher Grundlage für die Steuergerichte für unbeachtlich erklärte.

[44] Gesetz zur Änderung und Vereinfachung des EStG u.a. Gesetze v. 18.8.80, BGBl. I 1980, S. 1537.

[45] StSenkG 1986/88 v. 26.6.85, BGBl. I 1988, S. 1153.

[46] G. v. 11.10.95, BGBl. I 1995, S. 1250.

[47] Zu weiteren Einzelheiten der Rechtsentwicklung der Berücksichtigung von Adoptiv- und Pflegekindern, Kindern unter und über 18 Jahren sowie Kindern über 27 Jahren s. *Kanzler*, in: Hermann/Heuer/Raupach, EStG, § 32 Rn 56 ff., 70 ff., 82 ff., 149 ff.

Der Kreis der zu berücksichtigenden Kinder in § 32 VI EStG 1975/77 wurde durch das StÄndG 1977[48] ab VZ 1977 um Kinder über 18 Jahre erweitert, die mangels Ausbildungsplatzes eine Berufsausbildung nicht beginnen oder fortsetzen konnten, nicht erwerbstätig waren und für die auch die übrigen Voraussetzungen des BKGG für die Gewährung von Kindergeld vorlagen. Mit dem 2. Haushaltstrukturgesetz v. 22.12.81[49] wurde ab VZ 1983 parallel zu § 2 BKGG die allgemeine Altersgrenze, bis zu der Kinder ohne besondere weitere Voraussetzungen zu berücksichtigen sind, vom 18. auf das 16. Lebensjahr herabgesetzt. Die Berücksichtigung von in der Berufsausbildung befindlichen Kindern über die Vollendung des 27. Lebensjahres hinaus, wurde ersatzlos gestrichen. Das Steuersenkungsgesetz 1986/88[50] führte zu einer Berücksichtigung von Kindern, die ihre Berufsausbildung mangels Ausbildungsplatzes nicht beginnen oder fortsetzen konnten, bis zum vollendeten 27. Lebensjahr, während arbeitslose Kinder zunächst nicht erfaßt wurden (§ 32 IV Nr. 2 EStG). Mit Wirkung ab VZ 1992 wurde die Altersgrenze, bis zu der Kinder ohne besondere weitere Voraussetzungen zu berücksichtigen sind (§ 32 III EStG) vom 16. wieder auf das 18. Lebensjahr angehoben[51]. Durch das JStG 1996[52] konnten Kinder über 18 Jahren nur noch Berücksichtigung finden, wenn ihre eigenen Einkünfte und Bezüge, 12.000 DM nicht übersteigen. Berücksichtigungsfähig wurden auch arbeitslose Kinder, die das 21. Lebensjahr noch nicht vollendet haben (§ 32 IV Nr. 1 EStG). Neu eingeführt wurden Verlängerungstatbestände über das 21. bzw. das 27. Lebensjahr hinaus (§ 32 V EStG).

b) Die Entwicklung des einkommensteuerlichen Pflegekindschaftsbegriffs

Bereits der RFH entschied, daß unabhängig von anderen Vorschriften wie etwa im JWG im Einkommensteuerrecht ein eigenständiger Begriff des Pflegekindes anzunehmen ist[53].

Mit dem EStG 1934 wurde eine die Pflegekinder den ehelichen Kindern gleichstellende Regelung in die Kinderermäßigungsvorschrift des § 32 EStG[54] aufgenommen. Voraussetzung für den Begriff war die Gewährung vollen Unterhalts[55].

Durch das EStG 1958[56] wurde die Voraussetzung der vollen Unterhaltsgewährung für (alle) Kinder insofern abgeschwächt, als nunmehr die Unterhaltung „im wesent-

48 G. v. 16.8.77, BGBl. I 1977, S. 1586.

49 BGBl. I 1981, S. 1523.

50 G. v. 26.6.85, BGBl. I 1985, S. 1153.

51 StÄndG v. 24.6.91, BGBl. I 1991, S. 1322.

52 G. v. 11.10.95, BGBl. I 1995, S. 1250, geändert durch Art. 1 Nr. 7 JStErgG 1996 v. 18.12.95, BGBl. I 1995, S. 1959.

53 RFH v. 22.1.30 - VI A 2092/29, RStBl. 1930, S. 194 (194), die hier vorgenommene Definition enthielt bereits alle Merkmale des geltenden Begriffs der Pflegekindschaft.

54 G. v. 16.10.34, RGBl. I 1934, S. 1005.

55 RFH v. 11.3.36 - VI A 101/36, RStBl. 1936, S. 695 (695 f.).

lichen“ auf Kosten des Steuerpflichtigen genügte. Das Merkmal „im wesentlichen“ wurde im EStG 1961[57] durch den Begriff „überwiegend“ ersetzt, also nochmals abgeschwächt. Diese Entwicklung setzte sich in den EStG 1975-1985 fort: der Gesetzgeber verzichtete nun für alle Kindschaftsverhältnisse auf das Merkmal der Kostentragung[58].
Durch das EStG 1986[59] wurde in § 32 I Nr. 2 erstmals der einkommensteuerliche Begriff des Pflegekinds gesetzlich geregelt.

c) Die Entwicklung der Berücksichtigung behinderter Kinder
Erstmals durch das StÄndG v. 18.7.58[60] wurden Vorschriften zur Berücksichtigung behinderter Kinder eingeführt. Davor war eine Berücksichtigung von Aufwendungen für den Unterhalt und die Ausbildung behindertet Kinder nur im Rahmen der außergewöhnlichen Belastungen möglich[61]. Es gab dann bis zum VZ 1995 zwei Tatbestände, die solche Kinder betrafen: vom 18. bis zum 27. Lebensjahr wurden sie nach § 32 IV Nr. 7 a.F. und darüber hinaus nach Abs. 5 a.F. berücksichtigt.
Mit dem JStG 1996[62] gab es dann nur noch einen Tatbestand zur unbegrenzten Berücksichtigung behinderter Kinder (§ 32 IV 1 Nr. 3 EStG).

d) Die Entwicklung des Kinderfreibetrages für Auslandskinder
Für nicht unbeschränkt einkommensteuerpflichtige Kinder (sog. Auslandskinder) des Steuerpflichtigen galt in den VZ 1986 bis 1993 ein Abzugsverbot[63]. Danach konnten Unterhaltsaufwendungen für diese Kinder nur nach § 33a I EStG a.F. abgezogen werden[64]. Mit Wirkung ab dem VZ 1994 (§ 52 I EStG) wurde die Einschränkung wieder aufgehoben[65].

---

56 G. v. 18.7.58, BGBl. I 1958, S. 473; dem folgte der BFH im Urteil v. 14.12.62 - VI 99/62, BStBl. III 1963, S. 124.

57 StÄndG v. 13.7.61, BGBl. I 1961, S. 981.

58 Umfassend zu der sich daraufhin entwickelnden Rechtsprechung und der Ansicht der Finanzverwaltung *Kanzler*, in: Hermann/Heuer/Raupach, EStG, § 32 Rn 41.

59 StSenkG 1986/88 v. 26.6.85, BGBl. I 1985, S. 1153.

60 BGBl. I 1958, S. 473.

61 *Kanzler*, in: Hermann/Heuer/Raupach, EStG, § 32 Rn 110.

62 G. v. 11.10.95, BGBl. I 1995, S. 1250.

63 Eingeführt durch StSenkG 1986/88 v. 26.6.85, BGBl. I 1985, S. 1153.

64 Dieser Unterhaltshöchstbetrag wurde in verfassungskonformer Weise so ausgelegt, daß sein Abzug im Ergebnis der Berücksichtigung eines Kinderfreibetrags gleichkam (BFH v. 8.6.90 - III R 107/88, BStBl. II 1990, S. 898; BFH v. 15.4.92 - III R 80/90, BStBl. II 1992, S. 896). Dem folgte die Finanzverwaltung (BMF v. 10.8.92, BStBl. I 1992, S. 448).

65 StMBG v. 21.12.93, BGBl. I 1993, S. 2310.

Durch das JStG 1997[66] wurde klargestellt, daß die Berücksichtigungsgrenze von 12.000 DM bei Auslandskindern entsprechend der Ländergruppeneinteilung zu kürzen ist (§ 32 IV 2 EStG).

3. Rechtsentwicklung der Steuerermäßigung für Kinder und der Programme zur Familienbesteuerung

Die Berücksichtigung von Unterhaltsaufwendungen für Kinder im Steuerrecht läßt sich weit zurückverfolgen. Sie war bereits in § 4 des Preußischen Klassensteuergesetzes vom 30.5.1820 vorgesehen[67]. In § 18 des PrEStG vom 24.6.1891[68] wurde für jedes nicht selbständig zu veranlagende Familienmitglied unter 14 Jahren von dem steuerpflichtigen Einkommen des Haushaltsvorstands, „sofern dasselbe den Betrag von 3.000 Mark nicht übersteigt, der Betrag von 50 Mark in Abzug gebracht".

Grundfreibeträge und Kinderfreibeträge waren auch in § 20 des EStG von 1920[69] enthalten. Nach dem EStG 1925 (Kinderfreibetrag nach § 52 EStG a.F.) und dem EStG von 1934/39[70] (§ 32 EStG a.F.) wurden vom Einkommen abziehbare Kinderfreibeträge - begrenzt durch Mindest- und Höchstbeträge nach bestimmten vH-Sätzen des zu versteuernden Einkommens - berücksichtigt, wobei jedoch Juden, Polen und Zigeuner davon ausgenommen waren[71]. Der Haushaltsvorstand wurde mit seinen Kindern, für die er Kinderermäßigung erhielt, zusammenveranlagt (Haushaltsbesteuerung[72])[73].

Auch nach Kriegsende gab es weiterhin Kinderfreibeträge und zwar in Höhe von 400 RM[74] bzw. 600 DM[75] je Kind. Ab 1.6.1953 wurde der Freibetrag auf 840 DM für das dritte und jedes weitere Kind erhöht[76]. Im Jahre 1955 kam es durch Einführung des Kindergeldes bei gleichzeitiger Beibehaltung der Kinderfreibeträge erstmals zur Begründung des dualen Systems, durch das die steuerliche Entlastung mit

---

66 G. v. 20.12.96, BGBl. I 1996, S. 2049.

67 S. *Lehner*, Einkommensteuerrecht und Sozialhilferecht, S. 240.

68 PrGS 1891, S. 175.

69 G. v. 29.3.20, RGBl. I 1920, S. 359 (367).

70 EStG 1934 v. 16.10.34, RGBl. I 1934, S. 1005; EStG 1938/39 v. 6.2.38, RGBl. I 1938, S. 121.

71 *Voß*, Steuern im Dritten Reich, S. 107, 153 ff., 169, 173; der RFH entschied am 10.12.36, daß Juden keine deutschen Volksgenossen seien (RStBl. 1937, S. 21); zur Motivation der Familienförderung im Nationalsozialismus vgl. vorne B. I., 3.

72 S. zum gegenteiligen Prinzip der Individualbesteuerung im heutigen EStG s. Kapitel 1 D. V., 2b.

73 *Meuschel/Hermann*, Die Einkommensteuer, S. 112 f.

74 Kontrollrats-Gesetz Nr. 12 v. 11.2.46, StuZBl. 1946, S. 2.

75 Kontrollrats-Gesetz Nr. 64 v. 22.6.48, WiGBl. 1948 Nr. 14 Beil. 4; StuZBl. 1948, S. 123.

76 ÄndG v. 24.6.53, BGBl. I 1953, S. 413.

der Förderung durch Sozialleistung verbunden wurde[77]. Bis einschließlich 1973 gab es nach der Kinderzahl gestaffelte Kinderfreibeträge (§ 32 II EStG a.F.) und zwar für das erste 1.200 DM, für das zweite 1.680 DM und 1.800 DM für jedes weitere Kind. Diese Höhe der Freibeträge bestand seit 1962, der letzten Anpassung an die Lebenshaltungskosten. Daneben wurde seit 1955 auch Kindergeld nach dem BKGG a.F. gezahlt[78]. Erst seit 1961 wurde das Kindergeld ab dem zweiten Kind gezahlt, wobei dies bei Berechtigten mit nur zwei Kindern von einer Einkommensgrenze abhängig war (§§ 4 I, 10 I BKGG a.F.)[79].

Durch die völlige Streichung der Kinderfreibeträge 1974[80] beendete der Gesetzgeber dieses duale System[81]. Der Kinderlastenausgleich wurde in ein Einheitssystem umgestaltet. Nunmehr gab es ab dem ersten Kind ein vom Einkommen der Eltern unabhängiges Kindergeld (reine Kindergeldlösung)[82]. Der Gesetzgeber war damals der Auffassung, daß durch diese Neuregelung mehr Steuergerechtigkeit gewährt würde[83].

Ursprünglich sollte das duale System dahingehend geändert werden, daß der Lebensunterhalt von Kindern ausschließlich durch direkte Kindergeldzahlungen (durch das Finanzamt) berücksichtigt werden sollte - ohne Kinderfreibeträge[84]. Dies war allerdings politisch nicht durchsetzbar. Als Alternative sah die Bundesregierung mit der Kinderzahl steigende Kinderentlastungsbeträge vor, die von der Steuerschuld abgezogen werden sollten. Falls die Entlastungsbeträge höher sein sollten als die Steuerschuld, sollte eine Steuervergütung durch Barauszahlung des Betrages erfolgen. Dieser Vorschlag scheiterte an Bedenken des Bundesrates, der eine Mehrbelastung der Finanzämter in der Größenordnung von 5000 bis 6000 Stellen befürchtete[85].

---

77 *Helmke*, in: Berlebach, Familienleistungsausgleich-Kommentar, A Einf. Rn 4; durch das StNG v. 16.12.54, BGBl. I 1954, S. 373 wurde ab dem VZ 1955 der Kinderfreibetrag für das erste und zweite Kind von 600 auf 720 DM und für das dritte und jedes weitere Kind von 840 auf 1.680 DM erhöht.

78 Für das dritte und jedes weitere Kind i.H.v. 25 DM gem. § 4 des Gesetzes über die Gewährung von Kindergeld und die Errichtung von Familienausgleichskassen (Kindergeldgesetz) v. 13.11. 54, BGBl. I 1954, S. 333.

79 § 1 Abs. 1 des Gesetzes über die Gewährung von Kindergeld für zweite Kinder und die Errichtung einer Kindergeldkasse (Kindergeldkassengesetz-KGKG) v. 22.7.61, BGBl. I 1961, S. 1001.

80 Durch das Gesetz zur Reform der Einkommensteuer, des Familienlastenausgleichs und der Sparförderung v. 5.8.74 (BGBl. I 1974, S. 1769).

81 Zur reinen Kindergeldlösung vom VZ 1975 bis VZ 1985 vgl. *Kanzler*, in: Hermann/Heuer/Raupach, EStG, § 32 Rn 163.

82 Vgl. hierzu Art. 2 Ziff. 4, 9 EStRG 1974 zu § 10 BKGG v. 14.4.64, BGBl. I 1964, S. 265.

83 BT-Drucks. 7/1470, S. 63.

84 S. *Traxel*, Freibeträge, S. 65.

85 Stellungnahme des Bundesrates zur Steuerreform, BT-Drucks. 7/1470, S. 409 ff.

Aufgrund eines Vorschlages des Finanzausschusses[86] kam es zur „arbeitsamtlichen Lösung“: Die Berücksichtigung des Kindesunterhalts wurde vom Steuerrecht ins Sozialrecht verlagert. Die Kinderfreibeträge wurden gestrichen und durch ein von der Arbeitsverwaltung und den Besoldungsstellen des öffentlichen Dienstes auszuzahlendes Kindergeld ersetzt[87]. Diese Lösung führt allerdings nicht zu der angestrebten Verwaltungsvereinfachung, da nunmehr ein zusätzliches Antragsverfahren statt der bisher von Amts wegen berücksichtigten Kinderfreibeträge erforderlich war. Die Arbeitsverwaltung hatte bis 1975 2.500 Arbeitskräfte für die Bearbeitung des Kindergeldes eingestellt, 1981 waren es bereits ca. 4.200[88]. Damit kam es auch nicht zu Personaleinsparungen, im Gegenteil, die zusätzlich bei der Arbeitsverwaltung benötigten Arbeitskräfte bewegten sich in einer Größenordnung, wie sie im Rahmen der Finanzamtslösung befürchtet wurde und wodurch diese schließlich zu Fall kam.

Die Bundesregierung plante dann 1981 die Einführung eines Kindergrundfreibetrages und, da der Kindergrundfreibetrag die nicht steuerbelasteten Familien nicht erreichte, für diese Eltern als begleitende Maßnahme besondere Ausgleichszahlungen, den Kinderausgleichsbetrag (Art. 1 Nr. 7 f RegE - StEnlG 1981)[89]. Dieses Vorhaben scheiterte jedoch am Widerstand des Bundesrates.

Bereits ab dem VZ 1983 führte der Gesetzgeber aber wieder einen Kinderfreibetrag i.H.v. 432 DM (§ 32 VIII EStG a.F.) ein[90]. Das Kindergeld wurde weiterhin ab dem ersten Kind gezahlt (i.H.v. 50 DM), ab dem zweiten Kind erfolgte die Gewährung einkommensabhängig. Die Regelung zum Kinderfreibetrag ist ein wesentlicher Teil der gesamten Regelungen zum Kinderlastenausgleich und mit dem VZ 1986 wurde dann das bis 1974 geltende duale System des Familienlastenausgleichs konsequent wieder eingeführt. Ab diesem Zeitpunkt wurde der Kinderfreibetrag auf 1.242 DM bzw. 2.484 DM bei Zusammenveranlagung erhöht[91], wobei dies allerdings durch die gleichzeitige Streichung des Vorsorgehöchstbetrages von 900 DM pro Kind teilweise wieder kompensiert wurde. Die Wiedereinführung

[86] *Dziadkowski*, BB 1981, Beilage 9, S. 1 (1).

[87] S. BVerfG v. 8.6.77 - 1 BvR 265/75, BVerfGE 45, 104 (120 ff.) zur Verfassungsmäßigkeit dieser Lösung.

[88] *Giloy*, DStZ 1981, S. 223 (225).

[89] S. BT-Drucks. 8/3901, S. 4, 13, 69, 75.

[90] HBegleitG 1983 v. 20.12.82, BGBl. I 1982, S. 1857; zur Gesetzesbegründung vgl. BT-Drucks. 9/2074, S. 66: bessere Berücksichtigung des Grundsatzes der Besteuerung nach der Leistungsfähigkeit und Übergangslösung bis zur Einführung eines Familiensplittings.

[91] § 32 VI Steuersenkungsgesetz 1986/88 v. 26.6.85, BGBl. I 1985 , S. 1153; begründet wurde dies mit der erforderlichen Verbesserung des Familienlastenausgleichs, was am besten durch ein duales System von steuerlicher Entlastung und staatlicher Übertragung zu verwirklichen sei.

führte dazu, daß sich einkommensteuerlichen Entlastung und die sozialstaatlichen Förderung wieder ergänzten[92]. Es folgten weitere Erhöhungen sowohl des Kindergeldes[93], als auch der Kinderfreibeträge (1990 auf 1.512/3.024 DM und 1992 auf 2.052/4.104 DM)[94].

Mit der Neuregelung des Familienleistungsausgleichs durch das JStG 1996[95] wurden erstmals monatliche Kinderfreibeträge eingeführt (Monatsprinzip) und zwar in Höhe von 261/522 DM (3.132/6.264DM jährlich), § 52 Abs. 22a EStG a.F. Damit sollte eine Abstimmung mit dem (monatlich zu zahlenden) Kindergeld nach § 31 EStG gewährleistet werden[96]. Durch das JStG 1996 wurde insbesondere eine Grenze für eigene Einkünfte und Bezüge des Kindes eingeführt: Bei Kindern über 18 Jahren entfällt nunmehr der Kinderfreibetrag, wenn das Kind mehr als 12.000 DM ab VZ 1996, 12.360 DM ab VZ 1998, 13.020 DM ab VZ 1999 verdient (§ 52 XXIIa 2 EStG). Das zunächst beabsichtigte Wahlrecht, an Stelle des Kindergeldes den Kinderfreibetrag und damit schon während des laufenden VZ zu beanspruchen, wurde nicht eingeführt[97]. Mit dem JStErgG 1996[98] entfiel auch die zustimmungsbedürfitge Übertragung des Kinderfreibetrags zwischen gleichrangigen Elternteilen. Ab dem VZ 1997[99] wurden die monatlichen Kinderfreibeträge dann in § 32 I EStG aufgenommen und die bislang in § 32 VI 1-3 EStG vorgesehenen Kindergeldbeträge für 1996 in § 52 Abs. 22a EStG aufgenommen. Der Kinderfreibetrag wurde ab VZ 1997 auf 288/576 DM monatlich bzw. 3.456/6.912 DM im Jahr erhöht (§ 32 VI 1, 2 EStG); das Kindergeld beträgt für das erste und zweite Kind 220 DM, für das dritte 300 DM und für jedes weitere Kind 350 DM (§ 66 I EStG)[100].
Der Kinderfreibetrag wird unabhängig von der steuerlichen Zuordnung (Meldung) grundsätzlich jedem Elternteil gewährt (sog. Halbteilung), damit soll der Zahlväterentscheidung des BVerfG[101] Rechnung getragen werden[102].

Zusammenfassend lassen sich folgende unterschiedliche Systeme festhalten: Es gab zwei unterschiedliche Systeme der einkommensteuerlichen Gewährung von Kin-

---

92 Zum dualen System in den VZ 1986 bis 1995 vgl. *Kanzler*, in: Hermann/Heuer/Raupach, EStG, § 32 Rn 164.

93 S. dazu *Helmke*, in: Berlebach, Familienleistungsausgleich-Kommentar, A Einf. Rn 38 ff.; sowie sub. B. IV.

94 StReformG 1990 v. 25.7.88, BGBl. I 1988, S. 1093 (1099) bzw. StÄndG 1992 v. 25.2.92, BGBl. I 1992, S. 297 (303 f.).

95 G. v. 11.10.95, BGBl. I 1995, S. 1250.

96 BT-Drucks. 13/1558, S. 139.

97 BT-Drucks. 13/5952, S. 47 f. (verworfen aus Kostengründen).

98 G. v. 18.12.95, BGBl. I 1995, S. 1959; BStBl. I 1995, S. 786.

99 JStG 1997 v. 20.12.1996, BGBl. I 1996, S. 2049.

100 *Glanegger*, in: Schmidt[17], § 31 Rn 9.

101 BVerfG v. 8.6.77 - 1 BvR 265/75, BVerfGE 45, 104.

102 *Glanegger*, in: Schmidt[17], § 31 Rn 55.

derermäßigungen und zwar die tabellarische Berücksichtigung von Kinderfreibeträgen bis zum VZ 1957 und den Abzug gesonderter Freibeträge vom Einkommen in den VZ 1958-1974 sowie ab VZ 1983. In den VZ 1954-1974 wurde Kindergeld unabhängig von den einkommensteuerlichen Kinderfreibeträgen gezahlt, vom VZ 1975-1985 galt dann eine reine Kindergeldlösung (wobei ab VZ 1983 ein sog. kleiner Kinderfreibetrag eingeführt wurde). Ab dem VZ 1986-1995 kam es zur Wiedereinführung des dualen Systems, was besonders auf Urteile des BVerfG zurückzuführen war[103]. Mit dem Familienleistungsausgleich wurde ab dem VZ 1996 ein (unvollständiges[104]) Optionsmodell eingeführt[105]. Die im Rahmen dieser Änderung favorisierte „Finanzamtslösung" scheiterte am massiven Widerstand der Länder[106]. Im Vermittlungsverfahren[107] wurde dann das Verfahren so geregelt, daß der Arbeitgeber das Kindergeld in Form einer Steuervergütung an den jeweiligen Arbeitnehmer auszahlt (§ 73 I EStG)[108]. Die Entwicklung in den letzten Jahrzehnten ist also gekennzeichnet durch einen ständigen Systemwechsel.

---

[103] Vgl. etwa BVerfG v. 23.11.76 - 1 BvR 150/75, BVerfGE 43, 108; BVerfG v. 8.6.77 - 1 BvR 265/75, BVerfGE 45, 104; BVerfG v. 3.11.82 - 1 BvR 620/78, BVerfGE 61, 319.

[104] Das freie Wahlrecht zwischen Kindergeld und Kinderfreibetrag wurde aus administrativen Gründen nicht eingeführt, s. BT-Drucks. 13/1558; sowie *Helmke*, in: Berlebach, Familienleistungsausgleich-Kommentar, A § 31 EStG Rn 9.

[105] Dazu *Korn/Kupfer*, KÖSDI 1995, S. 10458 ff.; *Hartmann*, Inf 1995, S. 641 ff.

[106] BT-Drucks. 13/1558, S. 140.

[107] BT-Drucks. 13/2100.

[108] Hinsichtlich der verfassungsrechtlichen Problematik der Indienstnahme Privater, hier des Arbeitgebers, muß auf andere Darstellungen verwiesen werden; s. etwa *Depenheuer*, BB 1996, S. 1218 ff.; *Kanzler*, FR 1996, S. 473 ff.; das FG Baden-Württemberg v. 2.12.97 – 1 K 50/96, EFG 1998, S. 671 (671 ff.) - rkr. sieht die Regelung des § 73 I EStG als verfassungsgemäß an; der BFH scheint Zweifel daran zu haben, s. Beschluß v. 26.5.98 - VI R 58/97: Aufforderung an den BMF einem Revisionsverfahren beizutreten, in welchem ein privater Arbeitgeber die Indienstnahme für verfassungswidrig hält, KÖSDI 1998, S. 11634 f.; *Tipke/Lang*, Steuerrecht[16], § 9 Rn 767 hält die Regelung für verfassungswidrig.

Übersicht über die Entwicklung des Kinderfreibetrages in DM pro Kind/Jahr ab 1948:

Zeitraum	**1. Kind**	**2. Kind**	**3. Kind**	**4. - ... Kinder**
1948-1952	600	600	600	600
1953-1954	600	600	600	840
1955-1956	720	720	1.680	1680
1957	720	1.440	1.680	1.680
1958-1961	900	1.680	1.800	1.800
1961-1974	1.200	1.680	1.680	1.800
1975-1982	0	0	0	0
1983-1985	432	432	432	432
1986-1989	2.484	2.484	2.484	2.484
1990-1991	3.024	3.024	3.024	3.024
1992-1995	4.104	4.104	4.104	4.104
1996	6.264	6.264	6.264	6.264
ab 1997	6.912	6.912	6.912	6.912

Übersicht zu steuerfrei zu stellenden Existenzminima 1996[109]:

Leistungen	Haushalt mit 1 Erwachsenen	Haushalt mit 2 Erwachsenen	Haushalt mit 1 Kind
1. Regelsatz einschl. Haushaltsenergie	6.348	11.426	4.108
2. Einmalige Leistungen[110]	953	1.714	781
3. Steuerfrei zu stellende Kaltmiete[111]	3.888	5.832	1.166
4. Heizkosten[112]	685	1.146	233
Insgesamt	**11.874**	**20.118**	**6.288**

Übersicht zu steuerfrei zu stellenden Existenzminima 1997[113]:

Leistungen	Haushalt mit 1 Erwachsenen	Haushalt mit 2 Erwachsenen	Haushalt mit 1 Kind
1. Regelsatz einschl. Haushaltsenergie	6.408	11.532	4.152
2. Einmalige Leistungen	960	1.776	828
3. Steuerfrei zu stellende Kaltmiete	3.984	6.060	1.212
4. Heizkosten	727	1.199	242
Insgesamt	**12.079**	**20.567**	**6.434**

109 Bericht der Bundesregierung v. 1.2.95, BR-Drucks. 68/95, S. 1 ff.; *Roland*, Familienleistungsausgleich, S. 136 f.

110 Für Alleinstehende 16%, für erwachsene Haushaltsangehörige 17%, für Kinder 20% der Summe der Regelsätze, vermindert nach dem Gesetz zur Umsetzung des Föderalen Konsolidierungsprogramms (BT-Drucks. 12/4401, S. 47 f.) für Alleinstehende um 63 DM, für erwachsene Haushaltsangehörige um 102 DM, für Ehepaare um 165 DM und für Kinder um 41 DM im Jahr.

111 Kaltmiete für Alleinstehende (Anspruch auf 30 qm) 10,80 DM/qm/Jahr, zusammenlebende Verheiratete ohne Kinder (Anspruch auf 60 qm) 8,10 DM/qm/Jahr, Kinder (Anspruch auf 12 qm) 8,10 DM/qm/Jahr. Pro Jahr ist eine Mietsteigerung von 5% zu berücksichtigen.

112 20% der Kaltmiete.

113 BT-Drucks. 13/9713, S. 4; s. auch *Kulmsee*, DStZ 1998, S. 14 (19 f.).

Übersicht zu steuerfrei zu stellenden Existenzminima 1998[114]:

Leistungen	Haushalt mit 1 Erwachsenen	Haushalt mit 2 Erwachsenen	Haushalt mit 1 Kind
1. Regelsatz einschl. Haushaltsenergie	6.492	11.688	4.200
2. Einmalige Leistungen	972	1.800	840
3. Steuerfrei zu stellende Kaltmiete	4.128	6.264	1.248
4. Heizkosten	728	1.205	252
Insgesamt	**12.320**	**20.957**	**6.540**

Übersicht zu steuerfrei zu stellenden Existenzminima 1999[115]:

Leistungen	Haushalt mit 1 Erwachsenen	Haushalt mit 2 Erwachsenen	Haushalt mit 1 Kind
1. Regelsatz einschl. Haushaltsenergie	6.624	11.928	4.284
2. Einmalige Leistungen	996	1.848	852
3. Steuerfrei zu stellende Kaltmiete	4.272	6.480	1.296
4. Heizkosten	732	1.212	264
Insgesamt	**12.624**	**21.468**	**6.696**

[114] BT-Drucks. 13/9713, S. 4.
[115] BT-Drucks. 13/9713, S. 4.

4. Entstehung und Rechtsentwicklung des Haushaltsfreibetrages

Seit jeher bestand im Einkommensteuerrecht die Schwierigkeit der tarifmäßigen Behandlung von älteren unverheirateten Personen ohne Kinderermäßigung und alleinstehenden Personen mit Kindern. So gab es im Laufe der Zeit unterschiedliche Ansätze und wechselnde Modelle, bis es zur Einführung des heutigen Haushaltsfreibetrages kam.

Schon vor der Einführung von Sonderfreibeträgen im Jahre 1958[116] (später: Haushaltsfreibetrag) gab es eine tarifliche Begünstigung von älteren unverheirateten Personen, während unverheiratete Personen mit Kindern nach den Tarifen der EStG 1934-1957[117] genauso besteuert wurden, wie eine verheiratete Person mit Kinderermäßigung[118].

Das EStG 1934 besteuerte Verwitwete und Geschiedene wie Verheiratete - allerdings ohne Kinderermäßigung - wenn aus der Ehe ein Kind hervorgegangen war oder sie mindestens 4 Monate vor Ende des Kalenderjahres das 55. Lebensjahr vollendet hatten (Vorläufer zum Altersfreibetrag). Der Tarif des EStG 1939[119] sah eine Steuererhöhung für Ledige und für kinderlos Verheiratete vor. Dies geschah aus bevölkerungspolitischen Erwägungen heraus (möglichst viele Kinder, Führer-Verherrlichung der intakten, kinderreichen Familien und der Mütter, Rassenwahn der Nationalsozialisten). Es erfolgte die Einführung von 4 Steuergruppen, wobei herauszuheben ist, daß Verheiratete, deren Ehe länger als fünf Jahre kinderlos geblieben war, mit einer Steuererhöhung um 6,25 v.H. bestraft wurden. Kinderlose Ehepaare zahlten aber immer noch weniger Steuern als Ledige (Steuererhöhung um 12.5 v.H., höchstens 55 v.H. des Einkommens).

Im VZ 1958[120] kam es zur Neugestaltung des Einkommensteuertarifes durch die Einführung des Splittingverfahrens[121] für nicht dauernd getrennt lebende Ehegatten (davor: Zusammenveranlagung der ganzen Familie). Es wurden auch „besondere Freibeträge" für Unverheiratete eingeführt, welche die Minderung der Leistungsfähigkeit berücksichtigen sollten, die durch das höhere Alter oder durch Kinder zu erhöhten Aufwendungen für Wohnung und Hausrat eintreten[122]. Die Einführung dieser Freibeträge hatte zur Folge, daß die betreffenden unverheirateten Steuer-

[116] Durch das StÄndG v. 18.7.58, BGBl. I 1958, S. 473.

[117] Vgl. dazu *Kanzler*, in: Hermann/Heuer/Raupach, EStG, § 32 Rn 200.

[118] Ein unverheirateter Stpfl. mit Kinderermäßigung erhielt nach den Tarifen der Nachkriegszeit neben dem Kinderfreibetrag einen Freibetrag in Höhe des Freibetrages, den ein verheirateter Stpfl. in der Steuerklasse II für seine Ehefrau erhielt (mit diesem Freibetrag sollte die Leistung der Ehefrau als Hausfrau aufgewertet werden, Hintergrund war das damalige Rollenverständnis, nach dem der Ehemann i.d.R. als Alleinverdiener tätig war).

[119] StÄndG v. 17.2.39, RGBl. 1939, S. 283.

[120] StÄndG v. 18.7.58, BGBl. I 1958, S. 473.

[121] Zu diesem Verfahren s. Kapitel 1 D. VI., 2b.

[122] Vgl. zur Entstehungsgeschichte *Traxel*, Freibeträge, S. 87 f.

pflichtigen den meisten nach dem Splittingverfahren besteuerten annähernd gleichgestellt wurden. Grundlage der Neuordnung der Besteuerung war wiederum eine Entscheidung des BVerfG[123].
Mit dem EStRG v. 5.8.74[124] erhielten die Sonderfreibeträge den Namen Haushaltsfreibetrag. Bis zum VZ 1982 blieb der Haushaltsfreibetrag an das Alter der Steuerpflichtigen geknüpft[125].

Die Höhe des Haushaltsfreibetrages entwickelte sich wie folgt (in DM)[126]:

Veranlagungszeitraum	1975-81	1982-85	1986/87	1988/89	ab 1990
Haushaltsfreibetrag für Alleinstehende mit Kind	3.000	4.212	4.536	4.752	5.616

Der Haushaltsfreibetrag wurde seit 1982 stets den Erhöhungen des Grundfreibetrages angeglichen. Grund hierfür war die Überlegung, daß Alleinstehende, die Anspruch auf den Haushaltsfreibetrag haben, in der Eingangszone des Einkommensteuertarifs steuerlich nicht stärker belastet werden sollen als Ehegatten mit dem gleichen Einkommen bei der Besteuerung nach dem Splittingverfahren[127]. Erstmals ab dem VZ 1996 ist der Grundfreibetrag höher (12.095 DM)[128].

Durch § 1 II und § 1 III EStG a.F. wurde eine Art Beamtenprivileg für bestimmte deutsche Auslandsbedienstete geschaffen[129], denn diese erhielten auch für eine Wohnung im Ausland einen Haushaltsfreibetrag. Diese Bevorzugung wurde durch das Jahressteuergesetz 1996 aufgehoben[130].

123 BVerfG v. 17.1.57 - 1 BvL 4/54, BVerfGE 6, 55, der zufolge eine (völlige) Gleichstellung von Unverheirateten mit Ehegatten mit Art. 6 I GG unvereinbar ist.
124 BGBl. I 1974, S. 1769.
125 Ab dem VZ 1982 wurde der altersbedingte Haushaltsfreibetrag gestrichen, HStruktG v. 22.12.81, BGBl. I 1981, S. 1523.
126 S. *Kanzler*, in: Hermann/Heuer/Raupach, EStG, § 32 Rn 216.
127 Zum Vorläufigkeitsvermerk der Finanzverwaltung aufgrund verfassungsrechtlicher Zweifel vgl. BStBl. I 1992, S. 402, Anlage Nr. 7.
128 *Glanegger*, in: Schmidt[17], § 32 Rn 75.
129 *Heinicke*, in: Schmidt[17], § 1 Rn 41.
130 G. v. 11.10.95, BGBl. I 1995, S. 1250.

IV. Entstehung und Entwicklung der Kindergeldvorschriften[131]

Zur Abrundung der Darstellung soll die Höhe der monatlichen Kindergeldsätze in DM ab 1964 (Inkrafttreten des BKGG) dargestellt werden[132]:

Zeitraum	1. Kind	2. Kind	3. Kind	4. Kind	5. und jedes weitere Kind
1.7.64-31.12.70	-	25	50	60	70
1971-1974	-	25	60	60	70
1975-1977	50	70	120	120	120
1978	50	80	150	150	150
1.1.79-30.6.79	50	80	195	195	195
1.7.79-31.1.81	50	100	195	195	195
1.2.81-31.12.81	50	120	240	240	240
1.1.82-30.6.90	50	100	220	240	240
1.7.90-31.12.91	50	130	220	240	240
1.1.92-31.12.95	70	130	220	240	240
1.1.96-31.12.96	200	200	300	350	350
1.1.97-31.12.98	220	220	300	350	350
ab 1.1.99	250	250	300	350	350

---

[131] Ausf. zum derzeitigen Kindergeldrecht *Mickschas/Mickschas*, Kindergeldverfahren[2]; *Seewald/Felix*, NWB Fach 27, S. 4451 ff. u. 4465 ff.; *Felix*, ZBR 1996, S. 101 ff.; zum Kindergeldverfahren im öffentlichen Dienst s. *Michaelis*, Kindergeldverfahren.

[132] Zu Einzelheiten der Rechtsentwicklung, Bedeutung und Verfassungsmäßigkeit s. *Kanzler*, in: Hermann/Heuer/Raupach, EStG, Vor §§ 62-78 Rn 1 ff.

Kapitel 1: Systematische Vorgaben für die Steuergesetzgebung

A. Einleitung

Ein adäquates Steuerrecht bedarf der Ordnung und gewisser inhaltlicher Vorgaben. Der Begriff der adäquaten oder gerechten Steuerordnung ist nun aber in keiner Weise eindeutig. Er kann in verschiedener Weise verstanden werden: aus systematischer Sicht sowie - rechtsverbindlich für die geltende Steuerrechtsordnung - aus der Sicht des Grundgesetzes[1].
Ausgangspunkt dieser Untersuchung sollen die systematischen Vorgaben für die Steuergesetzgebung sein.

B. Systematische Vorgaben für die Steuergesetzgebung

I. Bedeutung des Systemgedankens im Steuerrecht

Die Steuerwissenschaft hat abstrakte Prinzipien zur Systematisierung eines steuerlichen Normenkomplexes herausgestellt. Das soll am Beispiel des EStG näher dargestellt werden. Davor ist aber zunächst auf die allgemeine Bedeutung des Systemgedankens im Steuerrecht und das System des Steuerrechts näher einzugehen, damit die späteren Ausführungen in den Gesamtzusammenhang eingeordnet werden können.
Um die Bedeutung des Systemgedankens im Steuerrecht darzustellen, soll zuerst der bestehende Zustand betrachtet werden. Anschließend soll die Notwendigkeit sowie die Art und Weise der Systematisierung des Rechtsstoffes erläutert werden.

1. Der bestehende Zustand

Das Steuerrecht besteht gegenwärtig aus ca. 90 Gesetzen und noch mehr Rechtsverordnungen, die sich mit etwa 40 verschiedenen Steuerarten befassen[2]. Das Nebeneinander, Miteinander und Gegeneinander einer Vielzahl von Steuern hat sich historisch entwickelt, nicht etwa auf Grund einer Gesamtkonzeption, sondern pragmatisch unter dem Diktat der öffentlichen Haushalte[3]. Die Haushalte sind so angespannt, daß neue Steuern immer willkommen sind, alte Steuern aber nicht entbehrlich werden. Schon aufgrund der Vielzahl der Steuern, insbesondere aber das Gemenge moderner Steuern mit konkurrierenden altmodischen Steuern, wird das

---

1 Hierzu in Kapitel 2.
2 Vgl. dazu Übersicht in *Beck*, Steuergesetze; sowie *BMF*, Unsere Steuern von A - Z, S. 58 ff.
3 Vgl. *Lang*, in: Baron/Handschuch, S. 119.

Steuerrecht als unübersichtlich und kompliziert angesehen[4]. Inwieweit das besonders im Hinblick auf die Familienbesteuerung zutrifft, wird im folgenden noch zu untersuchen sein.

2. Erforderlichkeit der Systematisierung des Rechtsstoffes

Ein übersichtliches, relativ einfaches, verständliches, klares Steuerrecht kann nur entstehen, wenn ein wirkliches Steuersystem geschaffen und der Rechtsstoff auch im Detail systematisiert wird[5]. Dafür würde sich ein (!) „Steuergesetzbuch“[6] anbieten, welches alle einzelnen Gesetze in sich vereinigt und somit in der Lage ist, den Vorschriften eine formale Ordnungsstruktur und damit ein schlüssiges (äußeres) System zu geben[7].
Tipke mißt dem Systemgedanken im Steuerrecht eine große Bedeutung zu. Er sieht zahlreiche Vorteile eines systematisierten Steuerrechts gegenüber einem nichtsystematisierten, so z.B. größere Stimmigkeit, Verständlichkeit, Klarheit, Prüfbarkeit. Dabei geht er sogar soweit, daß er behauptet, daß ein Steuerrecht ohne inneres System, d.h. ohne rechtsethische Prinzipienordnung, keine Gerechtigkeitsordnung mehr darstellt[8].

Ein Rechtsstoff wird als systematisch bezeichnet, wenn er auf Grund bestimmter Prinzipien so geordnet ist, daß die Gesamtregelung frei ist von Lücken, Überschneidungen, Widersprüchen und Verstößen gegen den Gleichheitssatz. Aber wie wird das erreicht? Das Gerüst, das dafür sorgt, daß der Rechtsstoff zu einer systematischen Sinneinheit geordnet wird, besteht aus den (konzeptionellen) Prinzipien oder Wertungen (Gerechtigkeitsvorgaben). Sie sind die für Einheit und Ordnung sorgenden Träger des Rechtssystems. Die Prinzipien müssen zunächst klar herausgearbeitet werden, sollen Gesetze entstehen, die sich durch innere Stimmigkeit, Vollständigkeit, Übersichtlichkeit und Verständlichkeit auszeichnen[9]. Das soll im folgenden geschehen.

---

4 *Vogel,* JZ 1993, S. 1121 (1121); nach *Lang*, Entwurf eines Steuergesetzbuchs, S. 9 Rn 31 wird das „Steuerrecht immer mehr zum Chaos, in dem sich selbst Steuerexperten immer weniger zurechtfinden“; vgl. dazu auch *Kirchhof,* Stbg 1997, S. 193 (193), der das gesamte derzeitige Steuerrecht für „so unübersichtlich, widersprüchlich und ausufernd (hält), daß es rechtstaatlichen Anforderungen nicht immer genügt“.

5 *Vogel,* JZ 1993, S. 1121 (1121).

6 Vgl. hierzu *Lang*, Entwurf eines Steuergesetzbuchs; s. auch *Balke,* Stbg. 1/1998, Editorial.

7 *Tipke*, Steuerrechtsordnung, Bd. 1, S. 110; *Kirchhof,* Demokratischer Rechtsstaat, HStR Bd. IX, § 221 Rn 206 f.

8 *Tipke/Lang*, Steuerrecht[16], § 4 Rn 27.

9 *Vogel,* JZ 1993, S. 1121 (1121).

II. Anforderungen an ein rationales Steuersystem aus systematischer Sicht

Zunächst können Steuern anhand von äußeren Merkmalen (direkte / indirekte Steuern etc.) klassifiziert werden, das verschafft einen Überblick über bestehende Steuerformen. Das ist der erste Schritt zu einer Systembildung nach äußeren Merkmalen und verschafft einen Überblick darüber, welche Last den einzelnen trifft. Die Klassifikation ist die Voraussetzung für die Schaffung eines rationalen Steuersystems, denn nur ein solches kann den Anspruch erheben, bestimmten Gerechtigkeitsvorstellungen zu genügen und nicht willkürlich[10] zu sein[11].
Aber allein die Klassifizierung genügt noch nicht für die Schaffung eines rationalen Steuersystems. Zu der Frage, was weiterhin notwendig ist, wurden sowohl von der Finanzwissenschaft als auch der Rechtswissenschaft vielfältige Überlegungen angestellt[12]. Die Systematisierungsbemühungen der Rechtswissenschaft erfolgen nicht wertneutral, sondern sind in die Gesamtordnung des Rechts eingebettet. Danach muß ein Steuersystem als normatives System dem höherrangigem Verfassungsrecht entsprechen[13] und mit gleichrangigen anderen Normensystemen (z.B. Zivilrecht) abgestimmt sein[14] sowie in sich frei von Widersprüchen sein[15]. Um dem gerecht werden zu können, muß zwischen der äußeren Ordnung der Steuern und der inneren Ordnung unterschieden werden. Die Steuerrechtswissenschaft spricht insoweit vom äußeren und vom inneren System[16].

1. Das äußere System

a) Allgemein

Als äußeres System[17] wird die rein formale Anordnung des Stoffes und die Gliederung bezeichnet. Es soll einen Überblick vermitteln. Bestandteile des äußeren Systems sind die Ordnungsbegriffe des Gesetzes, der Aufbau des Gesetzes und die Stellung der einzelnen Norm in der Gliederung. Damit korrespondiert die sog. systematische Methode der Gesetzesauslegung, die allein aus dem äußeren System bzw. Kontext ihre Erkenntnisse über den Zweck des Gesetzes gewinnt[18]. Je präziser also die äußere Gliederung und der Aufbau des „Steuergesetzes“ dem Gesetzgeber gelingt, desto eher kann mit dieser Auslegungsmethode gearbeitet und es können richtige Schlüsse gezogen werden. Soweit dies nicht gelungen bzw. durch

---

[10] Dazu unter Kapitel 2 A. II. 2a und III. 2.

[11] *Birk*, Steuerrecht I, § 6 Rn 3.

[12] Vgl. *Haller*, Die Steuern; *Tipke*, Steuerrechtsordnung, Bd. 2; *Mann*, Steuerpolitische Ideale.

[13] Dazu in Kapitel 2.

[14] Das soll im Rahmen der vorliegenden Arbeit ausgeklammert werden.

[15] *Birk*, Steuerrecht I, § 6 Rn 5.

[16] *Tipke/Lang*, Steuerrecht[16], § 4 Rn 5, 9; *Birk*, Steuerrecht I, § 6 Rn 5.

[17] Hierzu näher *Larenz*, Methodenlehre, S. 437 ff. (Das äußere oder „abstrakt-begriffliche“ System); *Canaris*, Systemdenken und Systembegriff, S. 19; *Tipke*, Steuerrechtsordnung, Bd. 1, S. 105 ff.

[18] Vgl. zu dieser Auslegungsmethode *Tipke/Lang*, Steuerrecht[16], § 5 Rn 58.

vielfache Gesetzesänderungen wieder verwischt worden ist, kann die systematische Auslegung nicht oder nur sehr eingeschränkt zu brauchbaren Ergebnissen führen. Das äußere System sollte sich am inneren orientieren, denn sonst entstehen Mißverständnisse und Fehlinterpretationen, insbesondere wenn das äußere für das innere System gehalten wird, etwa wenn aus der Stellung einer Norm auf ihren Inhalt geschlossen wird, diese aber systematisch an der falschen Stelle steht.

b) Die Gliederung der Steuern
Die Steuer transferiert zwangsweise das Geldvermögen privater Wirtschaftssubjekte an den Staat. Sie ist immer eine Abschöpfung der privaten Leistungsfähigkeit. Die Systematisierung des Steuerzugriffs führt zu einer Unterscheidung nach Besteuerungsformen. Es sind Kriterien für die Unterscheidung zu entwickeln, die sich an den Zugriffsmodalitäten des Staates orientieren, die sich wiederum nach den diversen Erscheinungsformen der Leistungsfähigkeit richten. Die Leistungsfähigkeit kann grundlegend in drei Formen auftreten auf die der Staat zugreifen kann: in Form des Einkommens, der Ausgaben oder des Vermögens[19]. Damit ergibt sich eine Dreiteilung der Besteuerungsformen: Steuern auf hinzuerworbenes Vermögen (z.B. Einkommensteuer), auf das Innehaben von Eigentum (z.B. Grundsteuer) und auf den Eigentumsgebrauch (z.B. Umsatzsteuer, Mineralölsteuer).

2. Das innere System
Wertungen als Grundlage für Regeln einer Rechtsordnung bilden das innere oder inhaltliche System[20] einer Rechtsordnung[21]. Die verschiedenen Wertungen einer Rechtsgemeinschaft müssen sodann aufeinander abgestimmt und in Regeln der Rechtsordnung folgerichtig vollzogen werden[22]. Nur so entsteht ein gerechtes, von der Rechtsgemeinschaft allgemein akzeptiertes Rechtssystem auf der Grundlage sachgerechter Wertungen[23].
Das innere System umfaßt die inhaltliche oder materiale Ordnung eines Rechtsstoffes. Es basiert auf Fundamental- und Subprinzipien. Dabei kennzeichnen zwei Merkmale das innere System: die Ordnung und die Einheit[24]. Die Ordnung ist das Gerippe, welches dafür sorgt, daß die Gesamtheit des Rechtsstoffes geordnet zusammengehalten wird. Die Einheit des Systems wird durch Prinzipien, die einem oder mehreren Gesetzen zugrunde liegen, hergestellt. Sie sind die für Ordnung sorgenden Träger des inhaltlichen oder inneren Systems. Sachgerechte Prinzipien

---

19 *Birk*, Steuerrecht I, § 6 Rn 8; zu Einzelheiten s. (Kapitel 1) B. V., 1.

20 Zum Begriff *Tipke*, Steuerrechtsordnung, Bd. 1, S. 110 ff.; ferner *Larenz*, Methodenlehre, S. 474 ff.; sowie *Canaris*, Systemdenken, S. 40 ff.

21 Umfassend dazu *Larenz*, Methodenlehre.

22 *Canaris*, Systemdenken und Systembegriff, S. 407 ff.

23 So *Tipke/Lang*, Steuerrecht[16], § 4 Rn 10.

24 Vgl. *Canaris*, Systemdenken und Systembegriff.

als gerechtes Maß sind zwingende Voraussetzung für eine rechtsethische Wertordnung[25].

Das innere System wird von Rechtsprinzipien (Rechtsgrundsätzen, Rechtsgedanken) getragen. Sie liegen dem System als ordnungsgebende Grundwertungen und richtungsweisende Maßstäbe zugrunde. Rechtsprinzipien bestimmen keine Rechtsfolgen, sie bedürfen der Konkretisierung. Dadurch unterscheiden sie sich von den Einzelwertungen und Rechtssätzen (Normen, Regeln)[26]. Eine Einzelwertung liegt einem Rechtssatz zugrunde, der die Rechtsfolge anordnet.

Die Frage, ob und wie Prinzipien und Regeln voneinander abzugrenzen sind, ist in Rechtsphilosophie und Rechtstheorie umstritten[27], darauf soll hier aber im einzelnen nicht eingegangen werden. Es läßt sich festhalten, daß Normen bzw. Regeln die ihnen zugrunde liegenden Einzelwertungen entweder erfüllen oder nicht bzw. anwendbar oder nicht anwendbar sind. Rechtsprinzipien sind Optimierungsgebote und dadurch gekennzeichnet, daß sie nicht vollkommen erfüllbar sind[28]. Inhaltlich sind sie entweder konstruktiv (z.B. das Sozialstaatsprinzip) oder prohibitiv (z.B. verfassungsrechtliche Schranken der Besteuerung, insbesondere Grundrechtsschranken, die sich aus Art. 2 I, 12, 14 GG ergeben).

III. Die steuergesetzlichen Normgruppen im System des EStG

Dem bundesdeutschen Steuersystem liegen verschiedene Prinzipien zugrunde, es ist demzufolge ein pluralistisches oder multifunktionales System. Die in den Steuergesetzen enthaltenen Normen wiederum sind Ausfluß der einzelnen Prinzipien. Im EStG finden sich drei verschiedene Normgruppen: die Fiskalzwecknormen, Sozialzwecknormen und Vereinfachungszwecknormen[29].

1. Die Unterscheidung von Normgruppen als sachgerechte Abgrenzungsformel

Im folgenden soll dargestellt werden, warum eine Unterscheidung von Normgruppen notwendig ist.

Zu unterscheiden sind Fiskalzweck, Sozialzweck und Vereinfachungszweck. Mit einem Steuergesetz oder einer einzelnen Norm kann allerdings auch ein doppelter oder sogar ein mehrfacher Zweck[30] verfolgt werden. Die Unterscheidung der

---

[25] S. *Tipke*, Steuerrechtsordnung, Bd. 1, S. 111, 284 ff.

[26] *Larenz*, Methodenlehre, S. 474 ff.

[27] Dazu ausf. *Alexy*, Theorie der Grundrechte, S. 71 ff.; *Röhl*, Allgemeine Rechtslehre, S. 275 ff.; *Lang*, StuW 1989, S. 201 (208 f.).

[28] In diesem Sinn *Alexy*, Theorie der Grundrechte, S. 75 f., der den Begriff Gebot weit faßt und davon auch Erlaubnisse und Verbote umfaßt sieht; vgl. auch *Larenz*, Methodenlehre, S. 475 m.w.N.

[29] *Tipke*, Steuerrechtsordnung, Bd. 1, S. 119 ff. *Tipke/Lang*, Steuerrecht[16], § 4 Rn 19 ff.

[30] Umfassend zum Zweck der Steuer und zur „Zweckformel fiskalisch-nichtfiskalisch" *Bodenheim*, Zweck der Steuer, S. 21 ff.

Normzwecke bzw. -gruppen erfolgte zunächst in den USA[31], aber auch in Deutschland beginnt sich die Erkenntnis der Notwendigkeit der Unterscheidung der genannten Normgruppen durchzusetzen, allerdings erst vereinzelt in der Rechtsprechung[32]. Die Terminologie ist dabei nicht einheitlich [33]. Die Einordnung der Norm in die richtige Gruppe[34] ist insbesondere erforderlich für die Rechtsanwendung, denn die Kenntnis des Normzwecks ist Voraussetzung für die teleologische Auslegung oder Auslegung aufgrund von Prinzipien[35] sowie für die Prüfung der verfassungsrechtlichen Kompetenz (Art. 105 ff. oder Art. 74 Nr. 1 GG).

2. Fiskalzwecknormen

Die Fiskalzwecknormen[36] (auch Lastenausteilungs-[37], Ertrags- oder Finanzzwecknormen[38], fiskalische oder fiskalisch motivierte Normen genannt) sind die im Steuerrecht am häufigsten anzutreffenden Normen. Sie dienen dazu, die öffentlichen Haushalte mit den benötigten finanziellen Mitteln zu versorgen[39], denn die Besteuerung ist kein originärer Staatszweck[40]. Das erfolgt durch die Verteilung der Gesamtsteuerlast auf den einzelnen Steuerpflichtigen. Der primär fiskalische Zweck der Steuern - also auch der Einkommensteuer - ist in § 3 I AO kodifiziert. Danach sind Steuern Geldleistungen, die der Einnahmeerzielung der öffentlichen Haushalte dienen (Belastungswirkung).

Die Fiskalzwecknormen treffen eine konkrete Entscheidung über die Steuerwürdigkeit und zwar nach Maßstäben austeilender bzw. zuteilender Gerechtigkeit[41]. Sekundär haben Fiskalzwecknormen auch ökonomische und soziale Auswirkungen (Gestaltungswirkung)[42], dies ist aber lediglich eine Folge, nicht Zweck dieser Normen.

---

31 *Surrey*, Harvard Law Review Vol. 83 (1970), S. 705-738, Übersetzung in StuW 1981, S. 359 ff.

32 *Tipke/Lang*, Steuerrecht[16], § 4 Rn 24.

33 *Vogel* unterscheidet in StuW 1977, S. 97 (107) zw. Lastenausgleichs- u. Lenkungsnormen; *Birk*, Steuerrecht I, § 2 II zw. Fiskalzweck- und Lenkungsnormen; vgl. auch *v. Beckerath*, in: Kirchhof/Söhn, § 3 Rn A 578; *Rittler*, Auslegung der Steuergesetze, S. 27 ff.; Einzelheiten s. unter der jeweiligen Normgruppe.

34 Vgl. hierzu *Ruppe*, in: Hermann/Heuer/Raupach, EStG, Einf. ESt Anm. 55.

35 Vgl. *v. Beckerath*, in: Kirchhof/Söhn, § 3 Rn A 578; zur Relevanz der Gruppenbildung auch *Vogel* DStZ/A 1977, S. 5 (9); *Tipke* StuW 1976, S. 162 (162 f.).

36 *Birk*, Steuerrecht I, § 2 Rn 7; *Tipke/Lang*, Steuerrecht[16], § 4 Rn 20.

37 *Vogel*, StuW 1977, S. 97 (107).

38 So *Friauf*, StuW 1985, S. 308 (315); vgl. auch *Lang*, Bemessungsgrundlage, S. 68.

39 So schon RFH v. 14.3.29 - VI A 1473/28, RStBl. 1929, S. 329 (329).

40 *Moderegger*, Familienschutz, S. 46.

41 *Moderegger*, Familienschutz, S. 47.

42 Vgl. *Mann*, Steuerpolitische Ideale, S. 272, 343.

Sollte eine Fiskalzwecknorm verfassungswidrig sein, so kann sie auch nicht als Sozialzwecknorm (s.u.) aufrechterhalten werden. Das ist schon deshalb nicht möglich, da Lenkung oder Intervention immer etwas Bezwecktes, Finales ist[43].
Als Beispiele für Fiskalzwecknormen aus dem EStG sind zu nennen: Befreiungen nach § 3 Nr. 11 EStG (insbesondere Sozialhilfe), § 3 Nr. 49 EStG (Unterhaltsbezüge)[44], der Kinderfreibetrag (§ 32 VI EStG)[45], der Haushaltsfreibetrag (§ 32 VII EStG)[46]. Auch das Ehegattensplitting läßt sich als Fiskalzweckregelung rechtfertigen, sofern sich die Aufteilung des Einkommens nach § 32a V EStG an der wirtschaftlichen Realität einer intakten Durchschnittsehe orientiert, in der ein Transfer steuerlicher Leistungsfähigkeit stattfindet[47].

3. Sozialzwecknormen

Steuernormen verfolgen häufig einen Sozialzweck[48]. Solche sog. Sozialzwecknormen haben eine lenkende Funktion und sind im Gegensatz zu den Fiskalzwecknormen primär nicht fiskalisch, sondern sozial, kulturell, berufspolitisch, gesundheitspolitisch etc. motiviert (Gestaltungswirkung)[49]. Sie treffen keine konkrete Entscheidung über die Steuerwürdigkeit[50]. Immer haben Sozialzwecknormen neben den genannten Zwecken - sekundär - auch einen Fiskalzweck.
Sozialzwecknormen treten in Form von Steuervergünstigungen (z.B. Steuerbefreiungen, Steuerabschreibungen) oder Sonderbelastungen bzw. Sondersteuern (z.B. Abzugsverbote, erhöhte Steuersätze) auf. Sozial erwünschte Verhaltensweisen werden durch Steuerentlastungen „belohnt" (dies ist die Regel), bei unerwünschtem Verhalten erfolgt eine steuerliche Sonderbelastung[51] oder es werden eigenständige Sondersteuern geschaffen. Die Steuern werden in diesen Fällen als Instrumente gesellschaftlicher Lenkung gebraucht.
Neben einigen Sozialzwecksteuern (Hunde-, Alkohol-, Tabak-, Ökosteuer) sind Sozialzwecknormen auch weitgehend unsystematisch in den verschiedenen Gesetzen eingefügt (z.B. §§ 51 ff. AO[52], § 5 I Nr. 14 KStG, §§ 3 Nr. 26, 7a,

43 *Tipke/Lang*, Steuerrecht[16], § 4 Rn 20; *Tipke*, Steuerrechtsordnung, Bd. 1, S. 122.

44 *Tipke/Lang*, Steuerrecht[16], § 9 Rn 131; s. Kapitel 3 C. III., 1.

45 *Lang*, Die einfache und gerechte Einkommensteuer, S. 28; s. Kapitel 3 D. III. 2.

46 So auch *Traxel*, Freibeträge, S. 93; *Moderegger*, Familienschutz, S. 127.

47 BVerfG v. 3.11.82 - 1 BvR 620/78, 1335/78, 1104/79 u. 363/80, BVerfGE 61, 319 (346); *Lang*, Die einfache und gerechte Einkommensteuer, S. 28; *Moderegger*, Familienschutz, S. 141.

48 „Sozial" meint hier nicht bloß die Unterstützung einkommensloser oder einkommensschwacher Gruppen, sondern soviel wie: zum Nutzen der Allgemeinheit oder der Gesellschaft, im öffentlichen Interesse, das Zusammenleben der Bürger fördernd. Das schließt die Lenkung der Wirtschaft als soziales oder gesellschaftliches Mittel mit ein.

49 *Jakob*, Einkommensteuer, § 1 Rn 16; *Rittler*, Auslegung der Steuergesetze, S. 29.

50 *Tipke/Lang*, Steuerrecht[16], § 4 Rn 21.

51 *Vogel*, DStZ/A 1975, S. 409 (414); *Kirchhof*, NJW 1987, S. 3217 (3226).

52 *Tipke/Lang*, Steuerrecht[16], § 7 Rn 38, 36.

19a EStG[53]). Dies führt zur Unübersichtlichkeit des Steuerrechts und macht es schwer verständlich. Verstärkt wird dieser Effekt dadurch, daß die Normen dort im Gesetz zu finden sind, wo sie technisch hingehören und nicht ihrem Zweck entsprechend zusammengefaßt und geordnet an einer Stelle[54]. Dies führt des weiteren dazu, daß die Maßnahmen zur Lenkung der Wirtschaft nicht mit den offen gewährten Subventionen abgestimmt sind.

Sozialzwecknormen lassen sich in Lenkungs- und Umverteilungsnormen untergliedern[55].

a) Lenkungsnormen

Lenkungsnormen sollen einen Anreiz zu einem bestimmten Gemeinwohlverhalten bieten. Man spricht von der Gemeinwohlbezogenheit der Lenkungsnormen[56]. Sie sind nach dem Gemeinwohl- und Verdienstprinzip[57] gerechtfertigt. Soweit sie in Form von Steuervergünstigungen auftreten, also eine steuerentlastende Wirkung entfalten, haben sie denselben Effekt wie Subventionen oder Prämien[58].

b) Umverteilungsnormen

Umverteilungsnormen haben die Korrektur des Wohlstands im Interesse eines sozialen Ausgleichs als Ziel. Entsprechende Steuervergünstigungen sind durch das Bedürfnisprinzip[59] gerechtfertigt, im übrigen dient das Sozialstaatsprinzip als Rechtfertigungsgrundlage[60].

Der progressive Einkommensteuertarif ist eine Sozialzwecknorm mit Umverteilungszweck[61].

4. Vereinfachungszwecknormen

Vereinfachungszwecknormen[62] oder Vereinfachungsnormen[63] dienen der Erleichterung der Steuerrechtsanwendung durch den Steuerpflichtigen oder seine(n) Berater. Sie sollen die Kompliziertheit des Gesetzestextes vereinfachen, ihn praktikabler und ökonomischer gestalten. Das Steuergesetz soll trotz komplizierter Sprache und teilweiser Systemlosigkeit zur Verwirklichung gelangen[64]. Es gibt verschiedene Mittel und Instrumente, die der Verwaltungsökonomie hilfreich sein sollen, so z.B.

---

53 *Tipke/Lang*, Steuerrecht[16], § 20 Rn 7 f..

54 Zur Kritik *Lang*, Die einfache und gerechte Einkommensteuer, S. 27 ff; *Kirchhof*, Gutachten F zum 57. DJT 1988, S. 55 f.

55 *Jakob*, Einkommensteuer, § 1 Rn 16 sieht dagegen die Begriffe Sozialzweck- und Lenkungsnormen als identisch an; ebenso *Kirchhof*, StuW 1996, S. 3 (9).

56 *Tipke/Lang*, Steuerrecht[16], § 4 Rn 21.

57 S. dazu im einzelnen unter (Kapitel 1) B. VI. sowie Kapitel 2 A. III. 3c, bb.

58 *Tipke*, StuW 1988, S. 262 (273).

59 Dazu näher in (Kapitel 1) B. VI., 2. sowie Kapitel 2 A. III. 3c, bb.

60 *Tipke/Lang*, Steuerrecht[16], § 4 Rn 196; vgl. dazu auch Kapitel 2 A. III., 3c, aa.

61 *Tipke/Lang*, Steuerrecht[16], § 4 Rn 197; vgl. auch *Tipke*, Steuerrechtsordnung, Bd. 1, S. 411 ff.

62 *Tipke/Lang*, Steuerrecht[16], § 4 Rn 130.

63 *Traxel*, Freibeträge, S. 10; *Moderegger*, Familienschutz, S. 49.

64 Vgl. *Tipke*, Steuerrechtsordnung, Bd. 1, S. 124.

Typisierungen und Pauschalierungen (z.B. die Kilometer-Pauschbeträge in § 9 I Nr. 4 EStG)[65], gewisse Freibeträge und Freigrenzen. Auch Fiskalzweck- und Sozialzwecknormen können zusätzlich mit einem Vereinfachungszweck kombiniert sein.

IV. Der Einfluß der Normgruppen auf die Besteuerung

Steuern und insbesondere die Einkommensteuer nehmen Einfluß auf die ökonomischen Entscheidungen des Einzelnen und beeinflussen die Ausgestaltung seines privaten Lebens und das seiner Familie. Die unterschiedlichen Normgruppen bzw. -zwecke des EStG haben Bedeutung für seine Wirkungsweise sowie Formen und Prinzipien der Einkommensbesteuerung.

1. Die Besteuerung als Belastung (Fiskalzweck)

Die Pflicht zur Zahlung von Einkommensteuer belastet das Vermögen des Steuerpflichtigen, denn nach der Zahlung stehen dem Einzelnen weniger Mittel zur Bestreitung des Lebensunterhalts und Gestaltung des Privatlebens zur Verfügung. Dies wird durch die Fiskalzwecknormen geregelt[66]. Neben dieser Belastungswirkung haben die Fiskalzwecknormen aber noch andere ökonomische Auswirkungen, auch wenn diese Normen vom Gesetzgeber aus rein fiskalischen Motiven heraus erlassen wurden.

2. Die Gestaltungsfunktion der Besteuerung (Sozialzweck)

Die anderen Normen des EStG beeinflussen ebenfalls die Lebensgestaltung des einzelnen Steuerpflichtigen und seiner Familie. Gemeint sind die Sozialzwecknormen, die gezielt oder faktisch den Einzelnen zu einer Handlung oder Unterlassung veranlassen sollen. Zweck dieser Normen ist also gerade die Beeinflussung von Entscheidungen durch gestaltenden oder lenkenden Eingriff in die Besteuerungsgrundlagen[67]. Dabei verfolgt der Gesetzgeber ein konkretes Ziel, mit Hilfe des Steuerrechts soll es zu gesellschaftlichen Veränderungen kommen. Hierin liegt die lenkende und gestaltene Wirkung der Einkommensbesteuerung. Und es zeigt auch deutlich die zunehmende Funktion der Steuer als Instrument der Politik[68].

a) Steuerbegünstigung

Die primäre Wirkung von Sozialzwecknormen ist die Entlastung der Steuerpflichtigen durch gezielte oder auch unbeabsichtigte Steuerermäßigungen[69]. Diese Steuerbegünstigungen bilden die Kehrseite der Belastungswirkungen der Einkommens-

---

[65] S. auch Kapitel 2 A. II., 2b.

[66] Vgl. schon oben (Kapitel 1) B. III., 2.

[67] *Tipke/Lang*, Steuerrecht[16], § 4 Rn 21.

[68] So schon *Strickrodt*, FR 1958, S. 448 (449); *Moderegger*, Familienschutz, S. 47; *Bellstedt*, Steuer als Instrument, S. 152, 184 ff.; *Loritz*, StuW 1986, S. 9 (9).

[69] Vgl. *Tipke/Lang*, Steuerrecht[16], § 7 Rn 36.

steuer. Durch sie wird der finanzielle Handlungs- und Gestaltungsspielraum des Steuerpflichtigen wieder erweitert. Eine Steuerbegünstigung liegt also vor, wenn ein Steuerpflichtiger besser gestellt wird als die übrigen Steuerpflichtigen mit gleich hoher Leistungsfähigkeit[70]. Im Regelfall sind Steuerbegünstigungen mit Ertragsbeständen verbunden, die sie abändern oder erweitern[71]. Durch die Progression des Einkommensteuertarifes verstärkt sich der Begünstigungseffekt mit steigendem Einkommen.

b) Steuerverschärfung

Eine weitere Möglichkeit des Gesetzgebers zur gestaltenden und lenkenden Einflußnahme ist die Nichtanerkennung einzelner Tatbestände im Steuerrecht zur Unterbindung unerwünschter Verhaltensweisen[72]. Dieses Ergebnis kann auch dadurch erzielt werden, daß eine Gruppe von Steuerpflichtigen begünstigt wird, denn dadurch kommt es automatisch zur Benachteiligung der Nichtbegünstigten.

Alle Steuerbegünstigungen und -belastungen sind zunächst unter dem Aspekt zu beurteilen, ob sie dem Grunde nach zu Recht bestehen und danach, ob die durch sie erfolgende Steuererhöhung oder -ermäßigung, jeweils bezogen auf ihren Zweck, sachlich richtig erscheint[73].

V. Die für die Fiskalzwecknormen des EStG relevanten Besteuerungsprinzipien

1. Das Leistungsfähigkeitsprinzip als steuersystematische Grundlage[74]

a) Historische Entwicklung

Das Prinzip der Besteuerung nach der individuellen finanziellen (wirtschaftlichen) Leistungsfähigkeit wird schon seit langem als primärer Maßstab gerechter steuerlicher Lastenverteilung erörtert[75]. Erwähnt wird dieses Prinzip sowohl in der Verfassung der Vereinigten Staaten vom 17.9.1787 als auch in der französischen Erklärung der Menschen- und Bürgerrechte von 1789 (Art. XIII)[76]. Auch der englische Philosoph und Nationalökonom *Adam Smith* forderte schon die Besteuerung von Bürgern im Verhältnis zu ihren Fähigkeiten[77]. Während auch Art. 134 WRV[78] ex-

---

70 *Höhn*, FS f. Kaufmann, S. 125 (130).

71 *Selmer*, Steuerinterventionismus, S. 130.

72 *Selmer*, Steuerinterventionismus, S. 214.

73 *Loritz*, StuW 1986, S. 9 (12).

74 Zur verfassungsrechtlichen Grundlage s. Kapitel 2 A. II., 2c.

75 S. hierzu *Pohmer/Jurke*, FinArch, NF, Bd. 42 (1984), S. 445 ff.; *Moderegger*, Familienschutz, S. 53; *Lang*, Bemessungsgrundlage, S. 97.

76 *Bach*, StuW 1991, 116 (119); zu den heutigen Kodifikationen in anderen Verfassungen s. *Tipke*, StuW 1988, S. 262 (271).

77 In seinem Werk „An Inquiry into the Nature and Causes of the Wealth of Nations“ von 1776; Übersetzung von *Mann*, Steuerpolitische Ideale, S. 147: „Die Untertanen jedes Staates sollen zur Unterstützung ihrer Regierung soweit als möglich im Verhältnis zu ihren respektiven

plizit die Besteuerung nach dem Prinzip der Leistungsfähigkeit forderte, enthält das heutige Grundgesetz keine expliziten Besteuerungsmaximen. Insbesondere Art. 106 III 4 Nr. 2 GG[79] wird lediglich als ein aus föderativen Gründen normierte Vorkehrung gegen den Ausgabenwettlauf zwischen Bund und Ländern in der Finanzverfassung gewertet[80]. Hieraus kann aber nicht der Schluß gezogen werden, daß ein solches Prinzip vom Parlamentarischen Rat bei Schaffung des GG bewußt nicht aufgenommen wurde, denn auch in anderen Verwaltungsbereichen fehlt eine Beschreibung der Art und Weise staatlichen Wirkens[81]. Das Prinzip der individuellen finanziellen (wirtschaftlichen) Leistungsfähigkeit wird als fundamentaler Maßstab zur gerechten Verteilung der Steuerlast diskutiert[82]. Dies erfolgte zunächst durch die Finanzwissenschaften. Die Steuerrechtswissenschaft nahm sich seiner erst viel später an, wobei die verstärkte Beschäftigung mit der Einkommensteuer und dem Prinzip maßgeblich erst in den letzten Jahren stattfand[83].

b) Systemtragender Vergleichsmaßstab

Das Leistungsfähigkeitsprinzip ist maßgebliches Differenzierungskriterium bei der Bestimmung proportionaler Gleichheit im Steuerrecht[84]. Es ist der fundamentale Vergleichsmaßstab zur Erzielung steuerlicher Belastungsgleichheit für die Fiskalzwecknormen. Sozialzwecknormen müssen als Abweichungen von der gleichmäßigen Besteuerung nach der wirtschaftlichen Leistungsfähigkeit gerechtfertigt sein[85].

c) Das Leistungsfähigkeitsprinzip im Einkommensteuerrecht

Das Leistungsfähigkeitsprinzip ist für sich genommen sehr vieldeutig. Es bildet jedoch als Rechtsprinzip den Ausgangspunkt für eine tiefgehende rechtliche Struk-

---

zur Unterstützung ihrer Regierung soweit als möglich im Verhältnis zu ihren respektiven Fähigkeiten beitragen; d.h. im Verhältnis zum Einkommen, das sie unter dem Schutze des Staates genießen.".

78 Er lautete: „Alle Staatsbürger ohne Unterschied tragen im Verhältnis ihrer Mittel zu allen öffentlichen Lasten nach Maßgabe der Gesetze bei."; vgl. auch Einleitung B. I., 2.

79 Wonach „eine Überbelastung der Steuerpflichtigen vermieden" werden muß.

80 *Moderegger*, Familienschutz, S. 56; *Kirchhof*, StuW 1985, S. 319 (322); a.A. *Vogel*, DStJG, Bd. 12 (1989), S. 123 (142), der durch die Finanzverfassung eine Grundsatzentscheidung im Sinne des Leistungsfähigkeitsprinzips als vorgegeben sieht.

81 *Moderegger*, Familienschutz, S. 56.

82 Vgl. *Pohmer/Jurke*, FinArch, NF, Bd. 42 (1984), S. 445-489 zur Geschichte und Bedeutung des Leistungsfähigkeitsprinzips aus finanzwissenschaftlicher Sicht.

83 Das spiegelt sich besonders in den Beschlüssen des 57. DJT, NJW 1988, S. 2998 (3005 ff.) wider, nach denen die Einkommensteuer am Leistungsfähigkeitsprinzip zu messen ist (S. 3005) und nur den Teil des Einkommens belasten darf, der für den Steuerpflichtigen disponibel ist (S. 3006).

84 Vgl. *Lang*, StuW 1990, S. 107 (112); zur Anerkennung in der Rechtsphilosophie s. *Rawls*, Eine Theorie der Gerechtigkeit, S. 312 ff.; *Henkel*, Einführung in die Rechtsphilosophie, S. 398.

85 Vgl. unten (Kapitel 1) B. VI.

turierung und Konkretisierung der Besteuerung[86]. Es bedarf noch der Konkretisierung und das sowohl in sachlicher als auch in persönlicher Hinsicht[87].
Es ist zu klären, wie die steuerliche Leistungsfähigkeit zu bemessen ist, denn hierzu gibt es verschiedene Möglichkeiten. Als Maßstab hierfür kommen das Einkommen, das Vermögen, aber auch der Konsum oder eine Kombination aus den vorgenannten Komponenten in Betracht.
Konkretisiert wird das Leistungsfähigkeitsprinzip durch die Auswahl und Gestaltung der Steuerbemessungsgrundlagen, diese sollen möglichst lückenlos die wirkliche Leistungsfähigkeit des Steuerschuldners abbilden. Das Wesen einer gleichmäßigen Besteuerung ist davon abhängig, welche Vorgänge oder Zustände steuerlich belastet werden[88]. Zunächst muß ein Bemessungskriterium gefunden werden, dann wird dieses in die Besteuerungsgrundlage aufgenommen. Die Auffassungen, welches das geeignetste Besteuerungsobjekt darstellt, haben sich im Laufe der Zeit erheblich gewandelt. Während in den letzten Jahrhunderten vor allem der Grund und Boden als optimales Steuerobjekt angesehen wurde, sind es nunmehr verschiedene Indikatoren und zwar das Einkommen, der Konsum und das Vermögen[89]. Damit liegen eine statische (Vermögen) und zwei dynamische (Einkommen, Konsum) Indikatoren vor, wobei jeder von ihnen durch jede Steuer belastet wird[90].

2. Weitere Direktiven des Leistungsfähigkeitsprinzips im Einkommensteuerrecht

a) Das Nettoprinzip

Das Nettoprinzip ist ein wesentlicher Grundpfeiler der Einkommensteuersystematik. Es ergibt sich aus dem Grundsatz der Besteuerung nach der wirtschaftlichen Leistungsfähigkeit, auf dem die Einkommensteuer beruht[91].
Das Prinzip liegt allen Einkunftsarten des EStG zugrunde und ihm zufolge können die erwerbssichernden Aufwendungen von den steuerpflichtigen Einnahmen abgezogen werden (vgl. § 2 II i.V.m. §§ 4 ff. und 9 EStG)[92]. Nach der überwiegenden Meinung im Schrifttum ist das Nettoprinzip konstituierendes Merkmal der Einkommensteuer und steht als solches nicht zur Disposition des Gesetzgebers[93]. Das

---

86 *Tipke/Lang*, Steuerrecht[16], § 4 Rn 83.
87 Vgl. *Bach*, StuW 1991, S. 116 (119 f.).
88 *Tipke/Lang*, Steuerrecht[16], § 4 Rn 92.
89 *Kirchhof*, in: Kirchhof/Söhn, § 2 Rn A 180 ff; *Birk*, Steuerrecht I, § 6 Rn 8.
90 *Tipke/Lang*, Steuerrecht[16], § 4 Rn 95 f.
91 Offen gelassen in BVerfG v. 2.10.69 - 1 BvL 12/67, BVerfGE 27, 58 (65); so aber die Steuerjuristische Abteilung des 57. DJT, NJW 1988, S. 2998 (3006), die das Nettoprinzip als wesentliches Einkommensteuerprinzip anerkannt hat.
92 BFH v. 30.1.95 GrS 4/92 - Vorlagebeschluß v. 9.7.92 IV R 115/90 (IV R 136/90), BStBl. II 1995, S. 281 (284).
93 Statt vieler *Tipke/Lang*. Steuerrecht[16], § 9 Rn 55; bestätigt durch den Beschluß des 57. DJT, NJW 1988, S. 2998 (3006).

Nettoprinzip ist im System des EStG angelegt, eine weitergehende (verfassungsrechtliche) Prüfung erfolgt später[94].

Das Nettoprinzip enthält ein Abzugsgebot und zwar *objektiv*[95] für Aufwendungen, die mit der Einkünfteerzielung in Zusammenhang stehen (Erwerbsaufwand) und *subjektiv*[96] für den indisponiblen Lebenshaltungsaufwand, also die Steuerfreiheit des Existenzminimums[97].
Die Umschreibung des objektiven Nettoprinzips ergibt sich aus den im EStG enthaltenen Definitionen der Begriffe „Betriebsausgaben" (§ 4 IV EStG) und „Werbungskosten" (§ 9 I EStG) und der in § 2 II EStG enthaltenen Grundsatzregelung. Beide Begriffe sind - auch über den Wortlaut des § 9 I EStG hinaus - vom Veranlassungsprinzip geprägt[98]. Damit läßt sich allgemein feststellen, daß nach dem objektiven Nettoprinzip die Aufwendungen von den Einnahmen aus einer der Einkommensteuer unterliegenden Steuerquelle abzuziehen sind, die durch diese Quelle veranlaßt worden ist.
Für das subjektive Nettoprinzip gibt es keine gesetzliche Umschreibung, denn das Einkommensteuergesetz enthält keine allgemeine Vorschrift darüber, welche Aufwendungen zur Erhaltung der eigenen Existenz oder zum Unterhalt der Familie notwendig sind.

b) Das Prinzip der Individualbesteuerung
Nach § 1 EStG ist Steuersubjekt und damit auch Steuerschuldner die natürliche Person, jeder Ehegatte ist für sich ein Steuersubjekt[99]. Eine Individualbesteuerung[100] liegt vor, wenn sowohl die Bemessungsgrundlage (Indikator der Leistungsfähigkeit), als auch die Steuerlast (mittels des Steuertarifes) auf den einzelnen Steuerpflichtigen zugeschnitten ist[101]. Das Prinzip der Individualbesteuerung oder das Individualprinzip[102] betrifft ausschließlich die materiellrechtliche Ermittlung der Bemessungsgrundlage und deren Zurechnung. Nach dem Prinzip der Besteuerung nach der individuellen wirtschaftlichen Leistungsfähigkeit wird das Einkommen

---

94 S. Kapitel 2 A. III., 3b.
95 Daher auch objektives Nettoprinzip genannt, *Tipke/Lang*, Steuerrecht[16], § 9 Rn 54; *Kirchhof*, StuW 1985, S. 319 (328) spricht vom erwerbssichernden Nettoprinzip.
96 Insoweit subjektives Nettoprinzip genannt; *Tipke/Lang*, Steuerrecht[16], § 9 Rn 69 nennt es allgemeines privates Nettoprinzip; *Kirchhof*, StuW 1985, S. 319 (322) existenzsicherndes Nettoprinzip.
97 *Kirchhof*, in: Kirchhof/Söhn, § 2 Rn A 126 ff.; *Seeger*, in: Schmidt[17], § 2 Rn 11.
98 *v. Bornhaupt*, in: Kirchhof/Söhn, § 9 Rn B 152 ff. m.w.N.
99 Insoweit ist § 26b EStG etwas undeutlich, wenn er von der Zusammenrechnung der Einkünfte der Ehegatten und der gemeinsamen Behandlung als Steuerpflichtigen spricht.
100 Ausf. hierzu *Becker*, Individualbesteuerung.
101 *Lang*, Bemessungsgrundlage, S. 625; *Moderegger*, Familienschutz, S. 69.
102 Nach BVerfG v. 17.1.57 - 1 BvL 4/54, BVerfGE 6, 55 (67) bestimmt dieses Prinzip das Einkommensteuerrecht.

jedes Einkommensteuerrechtssubjektes, also auch jedes Familienmitgliedes für sich allein ermittelt und als Grundlage für die Ermittlung der Leistungsfähigkeit herangezogen[103]. Der Gegensatz dazu wäre die Haushaltsbesteuerung, also die Zusammenfassung von Steuerpflichtigen zu einem Steuersubjekt[104]; eine solche hat es in der Bundesrepublik Deutschland nie gegeben[105]. Damit fällt die Leistungsfähigkeit der Wirtschaftseinheit „Haushalt" nicht unter den Begriff der individuellen Leistungsfähigkeit i.S.d. EStG.
Bei der Familienbesteuerung ist „Haushaltsbesteuerung" die Beschreibung für die verfahrensrechtliche Zusammenveranlagung und die materiellrechtliche Zusammenrechnung von Steuerbemessungsgrundlagen der Personen einer Haushaltsgemeinschaft, ohne daß diese Gemeinschaft als Steuerrechtssubjekt anzusehen wäre[106].
Es gibt allerdings Überlegungen, die Familie als solche zu besteuern, da das erzielte Einkommen eben nicht nur einer Person, sondern faktisch wie rechtlich aufgrund familienrechtlicher Bindungen einer Personenmehrheit zugute komme[107].

c) Das Annuitätsprinzip[108]
Die Einkommensteuer erfaßt und besteuert das jeweilige Jahreseinkommen, sie ist eine periodische Steuer in Form einer Jahressteuer. Für die Besteuerung nach der Leistungsfähigkeit wird als Ideal jedoch das Lebenseinkommen angesehen[109]. Die Einkommensteuer will zwar auch ein Ideal erreichen, wählt aber das Annuitätsprinzip aus Praktikabilitätserwägungen.
Der Tarif nach § 32a EStG ist ein Jahrestarif. Dieses Jahressteuerprinzip (§ 2 VII 1 EStG) konkretisiert das Annuitätsprinzip. Es ist kein wertendes, sondern ein technisches Prinzip und hat direkte Auswirkungen auf das Leistungsfähigkeitsprinzip, denn jede Einteilung des Lebenseinkommens in Abschnitte ist auf irgendeine Weise willkürlich. Benachteiligt werden hierdurch insbesondere die Steuerpflichtigen, die in wenigen Jahren ihr Existenz erwirtschaften wie z.B. Sportler, Künstler sowie Akademiker, die erst nach langen Ausbildungsjahren Einkommen erzielen, dann aber i.d.R. ein höheres[110]. Als Lösung käme eine Durchschnittsbesteuerung auf

---

[103] *Lingemann*, Familienbesteuerung, S. 160; *Tipke/Lang*, Steuerrecht[16], § 9 Rn 22.
[104] *Littmann*, FinArch, NF, Bd. 27 (1968), S. 174 (180 f.).
[105] *Becker*, Individualbesteuerung, S. 58 u. 87; zur Haushaltsbesteuerung in Preußen, in der Weimarer Republik bzw. im Nationalsozialismus s. Einleitung B. I., 1., 2. bzw. III. 3.
[106] BVerfG v. 17.1.57 - 1 BvL 4/54, BVerfGE 6, 55 (67 ff.); *Mennel*, DStR 1971, S. 487 (487 f.).
[107] *Kirchhof*, Essener Gespräche zum Thema Staat und Kirche 21, S. 117 (122 f.).
[108] *Moderegger*, Familienschutz, S. 73 spricht vom Periodizitätsprinzip; ebenso *Tipke/Lang*, Steuerrecht[16], § 9 Rn 44.
[109] Dazu *Tipke*, StuW 1971, S. 2 (16); *Mitschke*, StuW 1980, S. 122 (122 ff.); *ders.*, StuW 1988, S. 111 (111 ff.).
[110] Vgl. hierzu *Lang*, Bemessungsgrundlage, S. 187.

Lebenszeit[111] in Betracht, sie wäre fair und würde die Leistungsfähigkeit am besten reflektieren. Dem widerspricht allerdings, daß der Fiskus auf den regelmäßigen Eingang von Steuern angewiesen ist.
Für Familien bedeutet das Prinzip bei uneinheitlich hohen Einkommen in verschiedenen Jahren eine Einkommensteuerbelastung, die von der gesetzlich vorgeschriebenen Steuerperiode abhängig ist. Außerdem können große Nachteile gerade für kinderreiche Familien entstehen, da diese gezwungen sind, innerhalb weniger Jahre große Aufwendungen für Unterhalt und Ausbildung zu tätigen, diese aber infolge des Jahresprinzips nicht auf einen längeren Zeitraum steuermindernd verteilen können.

d) Das Zu- und Abflußprinzip
Das Zu- und Abflußprinzip ist eine weitere Konkretisierung des Leistungsfähigkeitsprinzips[112]. Die Besteuerung nach der Leistungsfähigkeit kann nur richtig funktionieren, wenn sowohl Einkommen als auch Aufwendungen periodengemäß genau bestimmbar sind. Maßgebend für eine gerechte Einkommensbesteuerung ist der konkrete Zeitpunkt, in welchem Einnahmen zufließen und abzugsfähige Ausgaben steuerlich entstehen. Das Zuflußprinzip besagt, daß die Einnahmen innerhalb des Kalenderjahres bezogen sind, in dem sie dem Steuerpflichtigen zugeflossen sind (§ 11 I 1 EStG). Ausgaben sind nach dem Abflußprinzip in dem Kalenderjahr abzusetzen, in dem sie geleistet worden sind (§ 11 II 1 EStG)[113].

3. Das Praktikabilitätsprinzip
Ziel des Praktikabilitätsprinzips ist die Vermeidung von überkomplizierten und undurchführbaren Gesetzen. Das erfolgt mit Hilfe der Vereinfachungszwecknormen, die die Steuerrechtsanwendung aus technischen und ökonomischen Gründen erleichtern, vereinfachen und praktikabler gestalten[114]. Dies geschieht durch die Anwendung von Pauschalierungen, Schaffung von Freibeträgen und Freigrenzen, Typisierungen, Pauschbeträgen, Durchschnittssätzen etc.[115]. Sie können sowohl Fiskalzweck- als auch Sozialzwecknormen vereinfachen, so daß sie neben diesen zwar keine eigenständige Normgruppe darstellen[116], aber einen eigenen Zweck.
Das Praktikabilitätsprinzip steht - aus steuersystematischer Sicht - gleichwertig neben dem Leistungsfähigkeitsprinzip[117].

---

[111] *Hackmann*, Die Besteuerung des Lebenseinkommens, S. 47 ff.; *Tipke,* JuS 1985, S. 345 (349); *Mitschke,* StuW 1980, S. 122 (124); *ders.*, StuW 1980, S. 252 (252 ff.) mit einem Textentwurf zu einer EStG-Änderung; dazu *Hackmann,* StuW 1980, S. 318 (318 ff.).

[112] *Hirsch*, Abflußprinzip, S. 37 ff.

[113] Ausf. *Lang*, Bemessungsgrundlage, S. 275 ff., 290 ff., 298 ff., 320 ff.

[114] Vgl. *Arndt,* NVwZ 1988, S. 787 (789); s. auch oben (Kapitel 1) B. III., 4.

[115] Hierzu *Arndt*, Praktikabilität und Effizienz, 1983, S. 14 f., 16 f.; vgl. auch *Starck*, in: v. Mangoldt/Klein/Starck, Art. 3 Rn 18 f.; s. ferner Kapitel 2 A. II, 2b.

[116] A.A. *Vogel,* StuW 1977, S. 97 (107).

[117] A.A. *Traxel*, Freibeträge, S. 16.

4. Das Nominalwertprinzip

Das Nominalwertprinzip[118] ist ein einfachgesetzliches Prinzip, also ein das innere System detaillierendes Prinzip, ohne verfassungsrechtliche Verbindlichkeit[119]. Dieses Prinzip bemißt sämtliche Geldgrößen nominal (Grundsatz: 1 DM = 1 DM), mit der Folge, daß Geldveränderungen keinen Einfluß auf die steuerliche Bemessungsgrundlage haben[120]. Nach Feststellung des BVerfG besteht auch kein verfassungsrechtlicher Anspruch auf Ausgleich der Geldentwertung seitens des Staates durch Verzicht auf Steuereinnahmen[121].

Dem Leistungsfähigkeitsprinzip entspräche eher ein Realwertprinzip[122]. Bei diesem Prinzip wird auf die Kaufkraft des Geldes abgestellt und nicht auf irgendwelche Idealwerte zurückgegriffen.

VI. Die für die Sozialzweckbesteuerung relevanten Prinzipien

Die Sozialzwecknormen weichen planmäßig vom Leistungsfähigkeitsprinzip ab, oder es wird zumindest vom Gesetzgeber in Kauf genommen[123]. Steuervergünstigungen verschonen eine an sich vorhandene Leistungsfähigkeit, planmäßige Verschärfungen belasten eine vorhandene Leistungsfähigkeit über Gebühr. Als Beispiel ist hier die Kilometerpauschale (§ 9 I 3 Nr. 4 EStG) anzuführen, die aus ökologischen Gesichtspunkten heraus zu niedrig angesetzt wurde[124]. Damit wird das Nettoprinzip durchbrochen, welches das Leistungsfähigkeitsprinzip konkretisiert. Solche Prinzipdurchbrechungen bedürfen im Hinblick auf die Gerechtigkeits- und Systematisierungsfunktion des Leistungsfähigkeitsprinzips der Rechtfertigung[125]. Im Einzelnen kann die Rechtfertigung auf die folgenden drei Prinzipien gestützt werden: das Gemeinwohl-, das Bedürfnis- und das Verdienstprinzip. Diese Prinzipien stellen letztlich Gerechtigkeits- oder Fairnißregeln dar[126] und sind daher in diesem Rahmen zu erörtern.

---

[118] Vgl. hierzu *Seeger*, in: Schmidt[17], § 2 Rn 12.

[119] *Tipke/Lang*, Steuerrecht[16], § 4 Rn 15.

[120] *Weber-Grellet*, in: Schmidt[17], § 5 Rn 82; *Kirchhof*, in: Kirchhof/Söhn, § 2 Rn A 102.

[121] BVerfG v. 19.12.1978 - 1 BvR 335, 427, 811/76, BVerfGE 50, 57 (106 f.); zustimmend *Papier*, in: Maunz/Dürig, Art. 14 Rn 191.

[122] *Tipke/Lang*, Steuerrecht[16], § 4 Rn 15, 104, § 9 Rn 56; a.A. *Jachmann*, Verfassungsrechtliche Grenzen, S. 71, die annimmt, daß es zum Nominalwertprinzip wohl keine handhabbare Alternative gäbe; vgl. auch *Tipke*, Steuerrechtsordnung, Bd. 1, S. 503 ff.; sowie *Vogel*, StuW 1977, S. 97 (114 f.) zu der Frage, ob eine „Abschichtung" der Geldentwertungsfolgen möglich ist.

[123] S. oben (Kapitel 1) B. III., 3.; *Loritz*, StuW 1986, S. 9 (13).

[124] Das Lenkungsziel wurde im Verlauf der Gesetzesberatungen mehrfach genannt, vgl. BT-Drucks. 4/2661, S. 87 ff. u. BT-Drucks. 5/1068, S. 23; *Vogel* hat in StuW 1977, S. 97 (113) überzeugend dargestellt, wie fragwürdig dieses Ziel ist.

[125] S. dazu in Kapitel 2 A. III., 3c.

[126] *Bareis*, Harzburger Steuerprotokoll, S. 25 (33).

1. Das Gemeinwohlprinzip

Das Gemeinwohlprinzip[127] stellt das Generalprinzip dar. Das Steuerrecht verteilt Gemeinlasten, dann muß die Verteilung dieser Lasten mit Gründen und Interessen des Gemeinwohls erklärt werden können[128]. Eine Sonderbehandlung, die nur im Interesse einzelner Bürger oder Gruppen erfolgt, ist daher nicht zu rechtfertigen. Insgesamt darf das Leistungsfähigkeitsprinzip zwar eingeschränkt, nicht aber völlig ausgehebelt werden[129].
Auch bei der Fortführung von Unternehmen durch die Erben setzt das BVerfG das Gemeinwohlprinzip insoweit ein, als es das Unternehmen als dem Gemeinwohl besonders verpflichtet und an dieses gebunden ansieht[130] und daraus folgert, daß die Fortführung eines Betriebes durch Erben nicht an der Erbschaftsteuerlast scheitern darf[131].

2. Das Bedürfnisprinzip

Das Bedürfnisprinzip[132] berücksichtigt die ökonomische Bedürftigkeit durch Steuerentlastungen. Dabei sind entsprechende Sozialzwecknormen ganz streng von den Fiskalzwecknormen zu trennen, die eine nicht vorhandene steuerliche Leistungsfähigkeit berücksichtigen. Bei der Bemessung der Höhe der staatlichen Sozialleistungen verlangt das Bedürfnisprinzip eine Differenzierung nach dem Grad des sozialen Schutzbedürfnisses, sofern dieses nicht selbst, durch Hilfe der Familie oder von dritter Seite gedeckt werden kann[133]. Als Beispiel zu nennen ist das Baukindergeld nach § 34 f EStG.

3. Das Verdienstprinzip

Beim Verdienstprinzip wird - unabhängig von der Einkommenshöhe - ein bestimmtes Verhalten belohnt, das dem Interesse der Allgemeinheit dient[134]. Dies erfolgt durch einen Anreiz wie etwa durch Steuervergünstigungen. So werden durch das Verdienstprinzip z.B. Steuerbefreiungen für Vergütungen an besonders verdiente Personen (§ 3 Nrn. 20, 22 EStG) gerechtfertigt[135]. Eine Entfaltung des Prinzips im Einkommensteuerrecht ist nur über die Sozialzwecknormen möglich.

---

[127] Zur verfassungsrechtlichen Fundierung s. Kapitel 2 A. III. 3c, bb.

[128] BVerfG v. 22.6.95 - 2 BvL 37/91, BVerfGE 93, 121 (148) - Vermögensteuer, verlangt eine gemeinwohlbezogene Rechtfertigung von Steuervergünstigungen, ansonsten liege eine Verletzung des Gleichheitssatzes vor; vgl. dazu *Tipke/Lang*, Steuerrecht[16], § 4 Rn 218, 126.

[129] *Tipke/Lang*, Steuerrecht[16], § 4 Rn 126.

[130] BVerfG v. 22.6.95 - 2 BvR 552/91, BVerfGE 93, 165 (175) - Erbschaftsteuer.

[131] BVerfG v. 22.6.95 - 2 BvR 552/91, BVerfGE 93, 165 (176) unter Hinweis auf die verminderte Leistungsfähigkeit der Erben.

[132] Hierzu *Tipke*, Steuerrechtsordnung, Bd. 1, S. 286 f. u. 513 f.; *ders.*, Steuergerechtigkeit, S. 63; zur verfassungsrechtlichen Fundierung s. Kapitel 2 A. III., 3c, bb.

[133] *Moderegger*, Familienschutz, S. 75.

[134] *Traxel*, Freibeträge, S. 15; *Franz*, StuW 1988, S. 17 (19).

[135] *Tipke/Lang*, Steuerrecht[16], § 9 Rn 134.

VII. Exkurs: Ökonomische Vorgaben für die Steuergesetzgebung

Der Steuergesetzgeber hat auch aus ökonomischer Sicht bestimmte Vorgaben zu beachten. Die ökonomische Seite bestimmt die Wirkungen eines Steuersystems[136]. Der Finanzwissenschaft geht es in erster Linie um volkswirtschaftlich optimale Verteilungskriterien (sog. Allokation)[137].
In der Finanzwissenschaft wird - im Gegensatz zur Rechtswissenschaft[138] - schon seit jeher über ein sog. gutes oder rationales Steuersystem nachgedacht. Bereits 1776 entwickelte der Nationalökonom *Adam Smith* die vier Besteuerungsgrundsätze Gleichheit, Bequemlichkeit, Wohlfeilheit und Bestimmtheit der Besteuerung[139]. Diese sog. klassischen Steuermaximen sind bis heute aktuell.
Die moderne Finanzwissenschaft hat die Gedanken von *Adam Smith* aufgegriffen und fordert eine wirtschaftliche Effizienz des Steuersystems[140]. Diese Forderung wird letztlich auf den rechtlichen Anspruch nach größtmöglicher Freiheit des Steuersubjekts, das Übermaßverbot und auf das Gebot der Gleichbehandlung ökonomisch vergleichbarer Sachverhalte durch den Steuereingriff gestützt[141]. Nach heutiger ökonomischer Sicht gelten folgende fünf Kriterien für ein optimales Steuersystem: Effizienz, Gerechtigkeit, Einfachheit („Wohlfeilheit"), Flexibilität und Transparenz[142], also nur eine etwas andere Umschreibung der klassischen Maximen.

C. Ergebnis

Faßt man die aus systematischer Sicht formulierten Kriterien für eine adäquate Ausgestaltung von Steuergesetzen zusammen, so kann festgehalten werden: Die Steuergesetze sind für den Steuerpflichtigen verständlich zu formulieren, klar zu strukturieren und an sachgerechten Prinzipien zu orientieren. An diesen Maßstäben soll sich der (Steuer-) Gesetzgeber orientieren. Es sind jedoch nur Vorgaben, ein Verstoß hiergegen führt nicht zur Verfassungswidrigkeit der einzelnen Normen bzw. Gesetze.

---

136 Zu einem rationalen Steuersystem aus ökonomischer Sicht vgl. *Franke*, Steuerpolitik, S. 83 ff.; sowie *Haller*, Die Steuern, S. 347 ff.

137 *Elschen*, StuW 1991, S. 99 ff.; *Bareis*, Harzburger Steuerprotokoll, S. 25 (29 ff.).

138 *Tipke* lieferte 1993 mit der Steuerrechtsordnung, Bd. 2 den ersten, umfassenden und detaillierten Entwurf zu einem juristisch rationalen System von Steuerarten.

139 In seinem Werk „An Inquiry into the Nature and Causes of the Wealth of Nations" von 1776; Übersetzung von *Recktenwald*, Der Wohlstand der Nationen, S. 703 ff.

140 *Stiglitz/Schönfelder*, Finanzwissenschaft[2], S. 408 f.

141 Vgl. *Lingemann*, Familienbesteuerung, S. 34.

142 *Stiglitz/Schönfelder*, Finanzwissenschaft[2], S. 408 ff.; vgl. dazu *Tipke/Lang*, Steuerrecht[16], § 8 Rn 3 ff.

Kapitel 2: Verfassungsrechtliche Vorgaben für die Steuergesetzgebung

Thema des folgenden Abschnitts ist die Bestimmung der verfassungsrechtlichen Vorgaben für die Steuergesetzgebung. Der Staat bzw. der Gesetzgeber darf Steuern erheben. Bei der Entscheidung, welche Steuern er von wem erhebt und besonders bei der Frage, in welcher Höhe dies erfolgt, ist er nicht vollkommen frei. Die Verfassung liefert nämlich nicht nur die Grundlage, d.h. die Erlaubnis für die Erhebung von Steuern, sondern enthält auch materielle Grundsätze für die Verteilung steuerlicher Lasten. Sie stellt Vorgaben auf, die der Gesetzgeber zwingend beachten muß. Welche dies im einzelnen sind, soll im folgenden dargestellt werden.
Ausgehend von allgemeinen Vorgaben, die der Steuergesetzgeber zu beachten hat, soll in einem zweiten Schritt geklärt werden, welche Vorgaben der Verfassung ganz speziell für die Besteuerung von Familien zu entnehmen sind.

A. Allgemeine verfassungsrechtliche Vorgaben für die Steuergesetzgebung

Im Rahmen der nachstehenden Darstellung der allgemeinen Vorgaben für die Steuergesetzgebung ist zwischen den objektivrechtlichen Vorgaben, die dem Staat Grenzen für die Gesamtbesteuerung setzen, und den subjektivrechtlichen Vorgaben, die eine allgemeine Begrenzung des staatlichen Steuerzugriffs auf den einzelnen potentiellen Steuerschuldner enthalten, zu differenzieren. Innerhalb des zweiten Bereichs wird sodann zwischen Freiheits- und Gleichheitsgrundrechten zu unterscheiden sein.

I. Objektivrechtliche Vorgaben

1. Das Prinzip der Steuerstaatlichkeit

Ein objektivrechtlicher Ansatz zur Begrenzung der steuerlichen Gesamtbelastung der Allgemeinheit könnte zunächst im Prinzip der Steuerstaatlichkeit angelegt sein. Dieses Prinzip legitimiert die Deckung des öffentlichen Finanzbedarfs durch Steuern und ist verfassungsrechtlich verankert[1].
Dic Erhebung von Steuern bedarf keiner Rechtfertigung etwa durch eine der Steuerbelastung korrespondierende staatliche Leistung[2]. Steuern werden im Interesse

---

[1] Statt vieler *Papier*, in: Maunz/Dürig, Art. 14 Rn 67; *Jachmann*, Verfassungsrechtliche Grenzen, S. 5; *Isensee*, FS f. Ipsen, S. 409 ff.; vgl. speziell zur Einkommensteuer *Kirchhof*, in: Kirchhof/Söhn, § 2 Rn A 150 ff.

[2] *Isensee*, FS f. Ipsen, S. 409 (416); *Vogel*, Grundzüge des Finanzrechts des Grundgesetzes, HStR Bd. IV, § 87 Rn 90, Fn 370.

der Allgemeinheit und mithin auch von dieser erhoben. Mit der Steuer als Allgemeinlast steht eine relative Gleichheit der Steuerpflichtigen untereinander in der Belastungsverteilung in Einklang[3]. Im Steuerstaat muß auch nicht die Erhebung der einzelnen Steuer gerechtfertigt werden[4], es bedarf nur der Verteilung der Belastung in einem gleichheitsrechtlichen Rahmen[5]. Aus Freiheitsrechten kann sich allenfalls eine Begrenzung der Höhe des Steuerzugriffs ergeben[6].

Die Finanzverfassung des Grundgesetzes (Art. 104a ff. GG) orientiert - entsprechend dem Prinzip des Steuerstaates[7] - die Finanzierung der staatlichen Aufgaben grundsätzlich an der Steuererhebung[8]. Darin liegt die Garantie einer grundsätzlich privatwirtschaftlichen Ordnung, die wirtschaftliche Freiheit wird durch die Steuerpflicht ermöglicht[9]. Der Staat muß sich über die Steuern finanzieren, weil er am Ertrag der Wirtschaft nicht direkt beteiligt wird[10]. Er partizipiert an den ökonomischen Erfolgen der Wirtschaftssubjekte[11]. Zum Selbsterhalt ist er gezwungen, diese zu schonen, denn wenn er zur Konfiskation[12] übergeht, greift er auch die eigene Substanz an. Der Steuerstaat lebt also (neben der Steuergleichheit) wesentlich von der Erhaltung der Steuerquelle[13]. Daraus ergibt sich jedoch noch keine konkrete Grenze für die Besteuerung[14]. Der Wirtschaft kann nämlich bei großer Produktivität selbst bei einer sehr hohen Steuerlast noch ein ausreichender Anteil am Gewinn verbleiben, so daß die Ausgewogenheit zwischen Staat und Wirtschaft als steuerstaatliches Gebot gewahrt bleibt.

Eine aus dem Prinzip der Steuerstaatlichkeit herzuleitende Grenze für den Steuerzugriff könnte sich aber daraus ergeben, daß der Staat dem Allgemeinwohl verpflichtet ist. Diese Allgemeinwohlverpflichtung staatlichen Handelns erwächst aus

---

3 *Jachmann*, Verfassungsrechtliche Grenzen, S. 6; zur Relevanz der Steuergleichheit für die Steuerrechtfertigung s. auch *Birk*, StuW 1989, S. 212 (213); *Isensee*, FS f. Ipsen, S. 409 (418).

4 So aber *Friauf*, DStJG 12 (1989), S. 3 (5).

5 Vgl. hierzu unten (Kapitel 2) A. II., 2.

6 Anderer Ansatz von *Kirchhof*, der eine Rechtfertigung für jede einzelne Steuer durch einen besonderen Belastungsgrund fordert (HStR Bd. IV, § 88 Rn 52); dagegen *Tipke*, Steuerrechtsordnung, Bd. 2, S. 531; allgemein zur Steuerrechtfertigung *Tipke*, Steuerrechtsordnung, Bd. 1, S. 253 ff. m.w.N.

7 *Vogel*, Der Finanz- und Steuerstaat, HStR Bd. I, § 27 Rn 51 ff.; *Pieroth*, in: Jarass/Pieroth[4], Art. 105 Rn 1.

8 *Vogel*, Der Finanz- und Steuerstaat, HStR Bd. I, § 27 Rn 70 m.w.N.

9 *Jachmann*, Verfassungsrechtliche Grenzen, S. 5.

10 *Vogel*, Der Finanz- und Steuerstaat, HStR Bd. I, § 27 Rn 52, 59.

11 Vgl. *Wittmann*, StuW 1993, S. 35 (41); *Isensee*, FS f. Ipsen, S. 409 (417).

12 Zu diesem Problem im einzelnen s. (Kapitel 2) A. II., 1b.

13 *Isensee*, FS f. Ipsen, S. 409 (418).

14 *Vogel*, Der Finanz- und Steuerstaat, HStR Bd. I, § 27 Rn 61, 74; *Jachmann*, Verfassungsrechtliche Grenzen, S. 28.

der Verbindung von Freiheit und sozialer Gleichheit im sozialen Rechtsstaat[15]. Ein sozialer Rechtsstaat ist ein auf das Gemeinwohl ausgerichteter Staat[16]. Daraus ist die Verpflichtung der Steuererhebung auf das Allgemeinwohl zu folgern[17].
Allerdings hat der Begriff „Allgemeinwohl" keinen festgelegten Inhalt, sondern er verändert sich mit dem Wandel der Gesellschaft ständig. Daher geht auch das BVerfG bei der inhaltlichen Konkretisierung des Begriffs von einem weiten Gestaltungsspielraum des Gesetzgebers aus[18]. Aber selbst wenn sich der Inhalt konkretisieren läßt, steht die Umsetzung immer unter der Bedingung ihrer Finanzierbarkeit. Damit zieht die finanzielle Belastbarkeit des Staates insbesondere sozialstaatlichen Leistungen eine äußerste Grenze. Um klären zu können, wann die Grenze der finanziellen Belastbarkeit erreicht ist, muß festgestellt werden, welche Vorgaben die Verfassung dem Staat hinsichtlich seines Finanzverhaltens macht. Diese ergeben sich aus den von der Verfassung aufgestellten Staatszielen des gesamtwirtschaftlichen Gleichgewichts und der Wirtschaftlichkeit staatlichen Handelns[19].

2. Gesamtwirtschaftliches Gleichgewicht

Das gesamtwirtschaftliche Gleichgewicht ist grundlegender Bestandteil der sozialstaatlichen Forderung nach Vermehrung des gesellschaftlichen Wohlstandes[20]. Es soll als Maßstab für die maximale Leistungsfähigkeit der Wirtschaft dienen[21], so ist insbesondere Art. 109 II GG eine staatliche Verantwortung für das gesamtwirtschaftliche Gleichgewicht im Rahmen der Haushaltswirtschaft zu entnehmen. Konkretisiert wird das wirtschaftliche Gleichgewicht unter Rückgriff auf § 1 S. 2 StabG durch vier wirtschaftliche Teilziele, nämlich die Stabilität des Preisniveaus, das außenwirtschaftliche Gleichgewicht, den hohen Beschäftigungsstand und das angemessene Wirtschaftswachstum.
Allerdings handelt sich auch bei dem Terminus „wirtschaftliches Gleichgewicht" um einen unbestimmten Rechtsbegriff, der wie das Allgemeinwohl auf der Basis eines weiten Gestaltungsspielraums auszufüllen ist[22]. Damit läßt sich ihm auch wieder nur eine Obergrenze für die Besteuerung entnehmen und zwar insoweit, als die Besteuerung die vier genannten Teilziele nicht gefährden darf. Ein gesamtwirtschaftliches Gleichgewicht ist grundsätzlich auch bei sehr hoher Steuerbelastung

---

15 *Benda*, Der soziale Rechtsstaat, HVerfR, § 17 Rn 169; *Zacher*, Das soziale Staatsziel, HStR Bd. I, § 25 Rn 86 f., 96.

16 *Benda*, Der soziale Rechtsstaat, HVerfR, § 17 Rn 200.

17 *Jachmann*, Verfassungsrechtliche Grenzen, S. 25.

18 BVerfG v. 25.2.60 - 1 BvR 239/52, BVerfGE 10, 354 (370 f.); BVerfG v. 3.10.73 - 1 BvL 30/71, BVerfGE 36, 73 (84); BVerfG v. 26.4.78 - 1 BvL 29/76, BVerfGE 48, 227 (234); BVerfG v. 13.1.82 - 1 BvR 848, 1047/77, 916, 1307/78, 350/79 u. 475, 902, 965, 1177, 1238, 1461/80, BVerfGE 59, 231 (263).

19 *Jachmann*, Verfassungsrechtliche Grenzen, S. 29.

20 *Zacher*, Das soziale Staatsziel, HStR Bd. I, § 25 Rn 50 ff.

21 Vgl. *Herzog*, in: Maunz/Dürig, Art. 20 VIII Rn 23.

22 *Stern*, Staatsrecht II, S. 1079; *Jarass*, in: Jarass/Pieroth[4], Art. 109 Rn 4, jeweils m.w.N.

möglich. Damit ist die sich hieraus ergebende Grenze sehr weitgehend und kaum praktikabel, so daß der Steuergesetzgeber insoweit auch nur einer Evidenzkontrolle ausgesetzt ist.

3. Das Postulat der Wirtschaftlichkeit der Steuererhebung

Engere Grenzen für die Belastung der Allgemeinheit durch Steuern könnten sich aus der Forderung der Wirtschaftlichkeit staatlicher Haushalts- und Wirtschaftsführung ergeben. So folgt aus Art. 114 II 1 GG das Wirtschaftlichkeitsprinzip, welches den Kontrollmaßstab für die öffentliche Haushalts- und Wirtschaftsführung bildet[23]. Hieraus wiederum läßt sich die verfassungsrechtliche Verpflichtung des Staates ableiten, sein Finanzverhalten am Wirtschaftlichkeitsprinzip auszurichten[24]. Inhaltlich umfaßt dieses Prinzip eine Verpflichtung des Gesetzgebers zu prüfen, ob sich nicht mit gleichem Aufwand ein größerer Nutzen (sog. Maximalprinzip) bzw. mit weniger Aufwand ein gleicher Nutzen (sog. Minimalprinzip) erzielen läßt[25]. Es handelt sich dabei um ein wesentliches Element der Allgemeinwohlverpflichtung des Staates, denn jede unwirtschaftliche Maßnahme ist gemeinwohlwidrig[26]. Eine Grenze für die Besteuerung ergibt sich also zunächst insofern, als die durch die Steuererhebung zu erzielenden Einnahmen nicht außer Verhältnis zu dem hierfür erforderlichen Verwaltungsaufwand stehen dürfen. Gemeint ist dabei - im Unterschied zur ökonomischen Betrachtung - nur der Erhebungsaufwand auf staatlicher Seite. Ein Verstoß gegen das Wirtschaftlichkeitsprinzip läge daher u.a. dann vor, wenn der Gesetzgeber zur Erreichung von im materiellen Recht vorgegebenen Zielen Vorgaben für das Verfahrensrecht aufstellen würde, die im Hinblick auf das Ziel zu einem sachlich nicht mehr gerechtfertigten Aufwand führen würden.

Zu beachten ist zudem, daß sich das Wirtschaftlichkeitsprinzip primär an den Haushaltsgesetzgeber richtet, sich also auf die Ausgaben und nicht auf die Einnahmen bezieht. Damit ist seine Auswirkung auf die Einnahmeerzielung des Staates durch Steuern nur eine mittelbare Folge. Es stellt sich also die Frage, welche Folgerungen aus dem Wirtschaftlichkeitsprinzip (mittelbar) für den Steuergesetzgeber zu ziehen sind: Die Verknüpfung der Allgemeinwohlverpflichtung des „Ausgaben-Gesetzgebers“[27] mit der des Steuergesetzgebers, d.h. die Begrenzung der Steuerbelastung auf das zur Verfolgung des Gemeinwohls unter Wirtschaftlichkeitsgesichtspunkten Erforderliche, führt zu einem strukturellen Problem. Der Haushaltsgrundsatz der Gesamtdeckung (auch Non-Affektation genannt) bestimmt, daß grundsätzlich alle Einnahmen der Deckung der gesamten Ausgaben dienen, wobei

---

23 *Jarass*, in: Jarass/Pieroth[4], Art. 114 Rn 6.
24 *Jachmann*, Die Fiktion im öffentlichen Recht, S. 733.
25 Vgl. im einzelnen *Kisker*, Staatshaushalt, HStR Bd. IV, § 89 Rn 112 m.w.N.
26 So auch *v. Arnim*, VVDStRL 39 (1981), S. 286 (317 Fn 124); s. ferner *Kisker*, Staatshaushalt, HStR Bd. IV, § 89 Rn 112 m.w.N.
27 *v. Arnim*, VVDStRL 39 (1981), S. 286 (317).

diesem Grundsatz kein Verfassungsrang zukommt[28]. Aber neben den verfassungsrechtlichen Anforderungen an die Verwendung der Mittel für die einzelnen staatliche Aufgaben ergibt sich aus der Verfassungswidrigkeit einer staatlichen Ausgabe noch keine Verfassungswidrigkeit der Gesetze, aufgrund derer die Mittel erhoben worden sind[29].

Die Trennung zwischen der Einnahmeerzielung des Staates durch Steuern und der staatlichen Mittelverwendung könnte nur dann überwunden werden, wenn ein verfassungsrechtlicher Maßstab für die Steuererhebung die Art und Weise der Mittelverwendung mit einbezöge. Hierzu könnte das sog. Reproduktivitätsprinzip dienen[30]. Diesem Prinzip zufolge findet der Steuerstaat seine Grundlage und Berechtigung darin, daß er über die Steuern auf produzierte Wirtschaftsgüter einen Teil von dem zurückbekommt, was er seinerseits zur Schaffung dieser Werte beigetragen hat[31]. Eine Besteuerung ist danach nur dann gerechtfertigt, wenn mindestens soviel als Leistung an die Gesamtheit der Bürger zurückfließt, wie an Steuern erhoben worden ist[32].

Die Steuererhebung ist nach rechtsstaatlichen Grundsätzen nur zulässig, soweit sie für ihren Zweck erforderlich ist[33]. Das Reproduktivitätsprinzip, das eine Verknüpfung von Einnahmen und Ausgaben herstellt, verpflichtet zur Prüfung, ob die durch Steuern finanzierten Ausgaben des Staates zur Erfüllung seiner Aufgaben erforderlich sind[34]. Ein genauer Nachweis der Reproduktivität staatlicher Steuererhebung ist aber in der Regel unmöglich[35]. Es spricht vielmehr eine - wohl schwer zu widerlegende[36] - grundsätzliche Vermutung dafür, daß öffentliche Mittel sachgemäß und ihrem Zweck - dem öffentlichen Wohl - entsprechend verwendet werden[37]. Im übrigen liefert die Steuerrechtfertigung aber noch keinen Hinweis auf das Maß der Besteuerung, die Steuerbemessung ist insoweit von der Rechtfertigung gelöst[38].

Der Vollzug der Unmenge an komplizierten und sich ständig ändernden Steuergesetzen führt bei der staatlichen Einnahmeerzielung zu einem hohen Verwaltungsaufwand. Damit steht die derzeitige Steuergesetzgebung im Widerstreit mit dem Wirtschaftlichkeitsprinzip. Jedoch kann von der Verfassungswidrigkeit eines

---

28 *Stern*, Staatsrecht II, S. 1244; *Kisker*, Staatshaushalt, HStR Bd. IV, § 89 Rn 77.

29 *Vogel*, Grundzüge des Finanzrechts des Grundgesetzes, HStR Bd. IV, § 87 Rn 102 m.w.N.; *Jachmann*, Verfassungsrechtliche Grenzen, S. 32.

30 *Vogel*, Der Finanz- und Steuerstaat, HStR Bd. I, § 27 Rn 65 ff.; *ders.*, Grundzüge des Finanzrechts des Grundgesetzes, HStR Bd. IV, § 87 Rn 102.

31 *Vogel*, Staat 25 (1986), S. 481 (516 f.).

32 *Vogel*, Der Finanz- und Steuerstaat, HStR Bd. I, § 27 Rn 67.

33 *Vogel*, Grundzüge des Finanzrechts des Grundgesetzes, HStR Bd. IV, § 87 Rn 102.

34 *Vogel*, Der Finanz- und Steuerstaat, HStR Bd. I, § 27 Rn 67.

35 *Vogel*, Grundzüge des Finanzrechts des Grundgesetzes, HStR Bd. IV, § 87 Rn 103.

36 Hierzu *Jachmann*, Verfassungsrechtliche Grenzen, S. 33.

37 *Vogel*, Grundzüge des Finanzrechts des Grundgesetzes, HStR Bd. IV, § 87 Rn 103.

38 *Vogel*, Der Finanz- und Steuerstaat, HStR Bd. I, § 27 Rn 68.

Steuergesetzes wegen Unwirtschaftlichkeit allenfalls in Ausnahmefällen ausgegangen werden, etwa wenn der Verwaltungsaufwand mehr als 30 v.H. des Ertrags einer Steuer ausmacht[39] und die Steuererhebung nicht durch besondere Gründe, insbesondere Lenkungsaspekte[40], gerechtfertigt ist.

Für die Frage nach der Bemessung der Steuer ist daher ein anderer Maßstab zu suchen. Setzt man nicht bei der Steuerverwendung an, sondern beim Ausmaß der durch die Steuererhebung selbst bewirkten Freiheitsbegrenzung, könnte sich ein solcher in den Freiheitsgrundrechten finden. Zu fragen ist daher, inwieweit diese die individuelle Steuerbelastung begrenzen[41].

4. Das Gebot der Systemgerechtigkeit

Es stellt sich ferner die Frage, ob der Verfassung und hier speziell Art. 3 I GG ein Gebot für den Gesetzgeber zur Systemtreue bzw. -gerechtigkeit[42] zu entnehmen ist. Ein solches Gebot könnte den (Steuer-)Gesetzgeber zwingen, sich an ein einmal gewähltes System zu halten und dieses konsequent umzusetzen.

Die Notwendigkeit einer Untersuchung des Begriffs „Systemgerechtigkeit" im vorliegenden Zusammenhang ergibt sich aus der teilweisen Nähe von Forderungen zur Herstellung von Familiengerechtigkeit zu Forderungen zur Herstellung von Systemgerechtigkeit in bestimmten Systemen[43]. Dies gilt besonders für die Einkommensteuer. Argumente der Systemgerechtigkeit werden auf der anderen Seite aber auch herangezogen, um bestimmte Forderungen abzuwehren, etwa wenn die Notwendigkeit der Abzugsfähigkeit der Aufwendungen für das Existenzminimum oder die darüber hinausgehenden Unterhaltsaufwendungen für Kinder im Einkommensteuerrecht mit Systemargumenten abgelehnt wird[44].

Entwickelt wurde das Rechtsinstitut der Systemgerechtigkeit (der Folgerichtigkeit bzw. der inneren Konsequenz einer gesetzlichen Regelung) vom BVerfG[45]. Das Institut bildet einen Ansatz für die Konkretisierung des Gleichheitssatzes zur Über-

---

39 S. insoweit zur Vermögensteuer *Jachmann*, Verfassungsrechtliche Grenzen, S. 31.

40 Vgl. dazu *Jachmann*, StuW 1998, S. 193 (200 ff.).

41 S. dazu (Kapitel 2) A. II., 1.

42 Vgl. zum Überblick über die Verwendung dieser Argumentationsfigur in Rspr. und Lehre *Peine*, Systemgerechtigkeit, S. 21 ff. mit zahlreichen Nachweisen; ferner *Bleckmann*, Staatsrecht II, S. 669 ff.

43 *F. Klein*, FS f. Zeidler, S. 773 (780); *Pechstein*, Familiengerechtigkeit, S. 201 ff.

44 So *Bareis*, StuW 1991, S. 38 (48 ff.); s. dazu im einzelnen Kapitel 3 A. V., 3.

45 Im Schrifttum schwankt die Einschätzung der Bedeutung der Systemgerechtigkeit ganz erheblich, wobei aber alle den Verfassungsrang des Gedankens der Systemgerechtigkeit anerkennen, vgl. dazu *Canaris*, Systemdenken und Systembegriff, S. 16 ff.; *F. Ossenbühl*, VVDStRL 29 (1971), S. 137 (183, 207); *Battis*, FS f. Ipsen, S. 15 ff. mit zahlreichen Nachweisen.

prüfung gesetzgeberischen Handelns[46]. Das BVerfG hat den Gedanken der Systemgerechtigkeit bzw. Folgerichtigkeit zunächst im Zusammenhang mit der Wahlgleichheit verwendet[47], ihn dann aber auf verschiedenste Rechtsgebiete ausgedehnt, wie z.B. auf das Sozialversicherungsrecht[48], vor allem aber auf das Steuerrecht[49]. In der hier erstgenannten Entscheidung führte das Gericht aus, daß es dem Gesetzgeber freistehe, ob er das Mehrheits- oder das Verhältniswahlsystem einführe. Wenn er sich jedoch für eines dieser Systeme entscheide, so müsse auch Folgerichtigkeit herrschen. Damit ist der von der Systemgerechtigkeit geforderte Ablauf beschrieben: Zunächst ist der Gesetzgeber - aufgrund seiner Kompetenz zur politischen Entscheidung - bei der erstmaligen Regelung von Sachverhalten frei in seiner Wahl, sofern er dabei nicht das Grundgesetz verletzt (Art. 20 III 1. Hs. GG)[50]. Auf die ursprüngliche Freiheit folgt in einem zweiten Schritt die Bindung. Durch sie ist es dem Gesetzgeber verwehrt, eine vom System und vom Zweck des ursprünglichen Gesetzes abweichende Regelung zu treffen[51]. Systemgerechtigkeit ist demnach als Folgerichtigkeit der Gesetzgebung zu verstehen, d.h. eine vom Gesetzgeber einmal gewählte Konzeption muß später konsequent umgesetzt werden[52]. Selbstbindung des Gesetzgebers heißt dabei in diesem Fall, daß spätere Gesetzgebungsakte durch allgemeiner gehaltene Gesetze begrenzt werden[53]. Ein Anknüpfungspunkt für Art. 3 I GG könnte in einer unzulässigen Differenzierung im Hinblick auf die unterschiedliche Behandlung gleicher Sachverhalte durch das frühere und das spätere Gesetz gesehen werden.
Das BVerfG geht weiterhin davon aus, daß der Gesetzgeber, auch wenn er sich nur in Teilbereichen für ein bestimmtes Prinzip entscheidet, sich diesem Prinzip insgesamt unterstellt bzw. verpflichtet[54].

Das Postulat der Systemgerechtigkeit wurde aber vom BVerfG, insbesondere bei der Übertragung auf andere Rechtsgebiete, nicht stringent durchgeführt. Vielmehr

---

[46] *Selmer*, AöR Bd. 101 (1976), S. 399 (454); Bezugsrahmen bleibt nach der Rspr. des BVerfG der Gleichheitssatz; anders *Degenhart*, Systemgerechtigkeit und Selbstbindung, der (S. 51 ff.) die Verbindung mit dem Gleichheitssatz aufgibt und versucht (S. 79 ff.), die Verfassungsproblematik gesetzgeberischer Systemwidrigkeit von übergreifenden Verfassungsprinzipien aus mit Blick auf spezielleres Verfassungsrecht zu erschließen, um von hier aus zu einer Beachtlichkeit einfachgesetzlicher Wertungen zu gelangen.

[47] BVerfG v. 23.1.57 - 2 BvE 2/56, BVerfGE 6, 84 ff.

[48] BVerfG v. 25.7.60 - 1 BvL 5/59, BVerfGE 11, 283 (292 f.).

[49] BVerfG v. 3.12.58 - 1 BvR 488/57, BVerfGE 9, 3 (19 f.); BVerfG v. 29.11.61 - 1 BvR 758/57, BVerfGE 13, 331 (341 f.).

[50] Ausf. *Peine*, Systemgerechtigkeit, S. 208 ff., 239; vgl. auch *Jachmann*, ZBR 1994, S. 1 (8).

[51] BVerfG v. 16.10.57 - 1 BvL 13/56, 46/56, BVerfGE 7, 129 (153).

[52] Vgl. hierzu *Peine*, Systemgerechtigkeit, S. 104.

[53] S. dazu *Maurer*, Kontinuitätsgewähr und Vertrauensschutz, HStR Bd. III, § 60 Rn 62 f.; *Jachmann*, Die Fiktion im öffentlichen Recht, S. 692.

[54] So BVerfG v. 23.1.57 - 2 BvE 2/56, BVerfGE 6, 84 (90); BVerfG v. 22.10.85 - 1 BvL 44/83, BVerfGE 71, 81 (95 f.) zum Verhältniswahlsystem.

sind nach Ansicht des höchsten deutschen Gerichts Systembrüche nicht schlechthin verboten, sondern nur als Indiz für eine gleichheitswidrige Willkür zu werten[55]: so indiziere zwar die Abweichung von einem sonst befolgten Prinzip - wie z.B. einer vom Gesetzgeber ansonsten anerkannten Sachgesetzlichkeit[56] - einen Verstoß gegen das Gleichheitsgebot, gleichwohl liege keine Verletzung des Art. 3 I GG vor, wenn alle Adressaten in gleicher Lage von der abweichenden Behandlung gleich betroffen seien (also die Systemwidrigkeit für sich allein genommen noch nicht Art. 3 I GG verletzt)[57]. Der Gesetzgeber könne jedenfalls dann von den selbst gesetzten Regeln abweichen, wenn sachliche Gründe hierfür vorliegen[58]. Die Systemwidrigkeit für sich allein genommen stellt also noch keinen Verstoß gegen Art. 3 I GG dar. Erst wenn kein sachlicher Grund für die Abweichung vorliegt, ist eine Vorschrift als systemwidrig und damit als verfassungswidrig aufzuheben[59]. Später verschärfte das Gericht seine Rechtsprechung, indem es statt sachlich vertretbarer nunmehr überzeugende Gründe für eine Ausnahmevorschrift verlangte[60]. Solche Gründe wiederum lägen nur dann vor, wenn ihr Gewicht der Abweichung von dem grundsätzlich gewählten Ordnungsprinzip entspräche[61]. Diese erhöhten Anforderungen wurden aber in der Folgezeit nicht durchgehalten[62].

Als Ergebnis ist festzuhalten, daß das BVerfG allgemein den Grundsatz gesetzgeberischer Systemgerechtigkeit anerkennt und der Gesetzgeber danach - gemessen an Art. 3 I GG - nur von einer gesetzlich gewählten Sachgesetzlichkeit abweichen kann, wenn die Gründe für die Abweichung als so gewichtig anzusehen sind, daß sie dem Ausmaß der geregelten Ausnahme entsprechen. Für die Systemabweichung muß ein sachlicher Grund vorliegen[63]. Ausgehend von der Kompetenz des Gesetz-

---

55 BVerfG v. 16.12.58 - 1 BvL 3, 4/57, 8/58, BVerfGE 9, 20 (28); BVerfG v. 10.11.81 - 1 BvL 18, 19/77, BVerfGE 59, 36 (49); BVerfG v. 19.10.82 - 1 BvL 39/80, BVerfGE 61, 138 (148 f.); vgl. auch *Battis*, FS f. Ipsen, S. 11 (14).

56 Dazu *Schneider*, Gesetzgebung, Rn 59.

57 BVerfG v. 16.12.58 - 1 BvL 3, 4/57, 8/58, BVerfGE 9, 20 (28); BVerfG v. 10.11.81 - 1 BvL 18, 19/77, BVerfGE 59, 36 (49); BVerfG v. 19.10.82 - 1 BvL 39/80, BVerfGE 61, 138 (148 f.); vgl. auch *Kirchhof*, Der allgemeine Gleichheitssatz, HStR Bd. V, Rn 232 f.

58 BVerfG v. 5.3.74 - 1 BvL 17/72, BVerfGE 36, 383 (394); vgl. auch *Schneider*, Gesetzgebung, Rn 59.

59 BVerfG v. 27.6.61 - 1 BvL 17, 20/58, BVerfGE 13, 31 (38), mit dieser Entscheidung hob das BVerfG erstmals eine Norm als systemwidrig und damit verfassungswidrig auf.

60 BVerfG v. 29.11.61 - 1 BvR 758/57, BVerfGE 13, 331 (340 f.).

61 Vgl. schon BVerfG v. 5.4.52 - 2 BvH 1/52, BVerfGE 1, 208 (247 f.); s. auch BVerfG v. 8.10.63 - 2 BvR 108/62, BVerfGE 17, 122 (132 ff.); BVerfG v. 13.12.66 - 1 BvL 13/65, BVerfGE 20, 374 (377).

62 Vgl. hierzu die Kritik der Literatur, die dem BVerfG mangelnde Konsequenz vorwirft: *Lerche* DÖV 1961, S. 496 (497); *F. Klein*, Gleichheitssatz und Steuerrecht, S. 144, 160; *Degenhart*, Systemgerechtigkeit, S. 17.

63 Vgl. auch *Schneider*, Gesetzgebung, Rn 59.

gebers zur Systementscheidung[64] sieht das Gericht aber in der bloßen Systemwidrigkeit innerhalb einer gesetzlich geschaffenen Ordnung keinen Verfassungsverstoß[65]. Die Rechtsprechung des BVerfG zwingt demnach zur Abstufung zwischen schlicht systemwidrigen (noch nicht evident sachfremden) und gleichheitssatzwidrigen, systemwidrigen (willkürlichen) Normen.

5. Das Rechtsstaatsprinzip

Abschließend soll geklärt werden, ob sich aus dem Rechtsstaatsprinzip und den aus ihm herzuleitenden Prinzipien Vorgaben bzw. Grenzen für den Steuergesetzgeber ergeben. Im Rechtsstaatsprinzip ist das rechtsphilosophische Gebot der Rechtssicherheit verfassungsrechtlich fundiert[66].

Das aus dem in Art. 20 I GG verankerten Rechtsstaatsprinzip abzuleitende Prinzip der Rechtssicherheit bindet den Gesetzgeber (Art. 20 III GG)[67]. Grundlage für einen Rechtsstaat ist die Klarheit über den (Fort-)Bestand rechtswirksamer Staatsakte[68]. Das Prinzip gewährleistet einen Schutz durch ein prinzipielles Verbot für rückwirkende Gesetze. Die Rechtssicherheit kann aber auch bei einer Einschränkung bzw. Aufhebung von Gesetzen für die Zukunft betroffen sein, wenn auf deren Fortbestand vertraut wurde. Dies gilt insbesondere für Steuervergünstigungen, die häufig erst der Auslöser bzw. Beweggrund für ein bestimmtes Verhalten sind und oft die Grundlage für langfristige Planungen bilden Das BVerfG hat ein schutzwürdiges Vertrauen auf den Fortbestand solcher Gesetze grundsätzlich nicht anerkannt[69]. Es müsse allerdings eine Abwägung zwischen dem Gemeinwohl und dem Vertrauensschutzinteresse der Betroffenen erfolgen[70]. Notwendig ist also eine Prüfung im Einzelfall.

Ein Element des Rechtsstaatsgebots bildet herkömmlich - als Ausprägung des Gebots der Rechtssicherheit - das Gebot der ausreichenden Bestimmtheit von Rechtsvorschriften. Aus diesem Bestimmtheitsgebot ergibt sich eine allgemeine verfas-

---

64 BVerfG v. 10.11.81 - 1 BvL 18, 19/77, BVerfGE 59, 36 (39); vgl. auch *Kirchhof*, Der allgemeine Gleichheitssatz, HStR Bd. V, § 124 Rn 231; *Peine*, Systemgerechtigkeit, S. 239.

65 S. insbes. BVerfG v. 10.11.81 - 1 BvL 18, 19/77, BVerfGE 59, 36 (49 f.); BVerfG v. 19.10.82 - 1 BvL 39/80, BVerfGE 61, 138 (149); BVerfG v. 1.7.87 - 1 BvL 21/82, BVerfGE 76, 130 (140); sowie *Peine*, Systemgerechtigkeit, S. 55 f.; *Kirchhof*, Der allgemeine Gleichheitssatz, HStR Bd. V, § 124 Rn 231.

66 Dazu *Jachmann*, Die Fiktion im öffentlichen Recht, S. 662 ff. m.w.N.

67 *Jarass*, in: Jarass/Pieroth[4], Art. 20 Rn 21 f.

68 *Sachs*, in: Sachs, Art. 20 Rn 76.

69 BVerfG v. 27.6.61 - 1 BvL 17, 20/58, BVerfGE 13, 31 (45 f.); BVerfG v. 23.3.71 - 2 BvL 2/66, 2 BvR 168, 196, 197, 210, 472/66, BVerfGE 30, 367 (387); BVerfG v. 31.10.84 - 1 BvR 35, 356, 794/82, BVerfGE 68, 193 (222).

70 BVerfG v. 15.2.67 - 1 BvR 569, 589/62, BVerfGE 21, 173 (184); BVerfG v. 23.3.71 - 2 BvL 2/66, 2 BvR 168, 196, 197, 210, 472/66, BVerfGE 30, 367 (387); BVerfG v. 13.3.79 - 2 BvR 72/76, BVerfGE 50, 386 (394 f.).

sungsrechtliche Grenze jeglicher Gesetzesgestaltung, d.h. verfassungsrechtliche Mindestanforderungen an gesetzliche Regelungen. Daraus lassen sich auch Anforderungen an die Abfassung von Steuergesetzen folgern.
Besonders wenn der Rechtsstaat dem Bürger eingreifend gegenübertritt, muß er die Voraussetzungen und die Rechtsfolge so klar formulieren, daß der Betroffene die Rechtslage erkennen und sein Verhalten entsprechend daran ausrichten kann, was auch die Stetigkeit des Rechts erfordert[71]. Insbesondere grundrechtsrelevante Vorschriften müssen in ihren Voraussetzungen und ihrem Inhalt so bestimmt gefaßt sein, daß die Rechtslage für den Normadressaten erkennbar ist und er sein Verhalten darauf einstellen kann[72]. Das Gebot erfordert damit Normenklarheit und Transparenz[73].
Der Bestimmtheitsgrundsatz erfordert gerade im Steuerrecht große Beachtung, denn im Steuerverfahren gilt das Deklarationsprinzip, d.h. aus den §§ 149 ff. AO und aus den verschiedenen Einzelsteuergesetzen ergeben sich weitgehende Steuererklärungspflichten, die den Steuerpflichtigen zwingen, die Besteuerungsgrundlagen selbst zu ermitteln und die Steuergesetze anzuwenden. Das erfordert weitreichende Schlußfolgerungen. Der Bürger kann der Deklarationspflicht nur nachkommen, wenn er erkennen kann, was und warum etwas vom Steuergesetz verlangt wird. Damit ergibt sich aus dem Deklarationsprinzip eine Minimalanforderung an die Einfachheit und Verständlichkeit des Steuerrechts[74].

6. Zusammenfassung

Der Verfassung läßt sich eine Entscheidung zur Steuerstaatlichkeit entnehmen. Sowohl die generelle Erhebung von Steuern als auch die Erhebung von einzelnen Steuern bedarf daher nicht der Rechtfertigung. Erst die Verteilung der Steuerlast muß in einem gleichheitsrechtlichen Rahmen einer Prüfung unterzogen werden. Einschränkungen können sich auch aus Freiheitsgrundrechten ergeben, die Einzelheiten sollen im folgenden noch geklärt werden.[75]
Aus dem Postulat eines gesamtwirtschaftlichen Gleichgewichts ergibt sich allenfalls eine Evidenzkontrolle. Auch aus dem Wirtschaftlichkeitsprinzip läßt sich keine konkrete Vorgabe für den Steuergesetzgeber herleiten.
Ferner läßt sich festhalten, daß der Gesetzgeber an kein allgemeines Gebot der Systemtreue bzw. -gerechtigkeit gebunden ist.
Das Rechtsstaatsprinzip bindet über das Prinzip der Rechtssicherheit den Gesetzgeber und verlangt von diesem, Gesetze bestimmt genug abzufassen. Es schützt das Vertrauen der Steuerpflichtigen grundsätzlich nur vor rückwirkenden Geset-

---

71 *Neumark*, Steuerpolitik, S. 364 ff.; *Seer*, StuW 1995, S. 184 (186); s. auch *Jachmann*, Die Fiktion im öffentlichen Recht, S. 706 ff., 927 ff.

72 Vgl. *Jarass*, in: Jarass/Pieroth[4], Art. 20 Rn 39.

73 St. Rspr. seit BVerfG v. 23.10.51 - 2 BvG 1/51, BVerfGE 1, 14 (45).

74 *Seer,* StuW 1995, S. 184 (187); *Kirchhof,* Stbg 1995, S. 68 (68 f.).

75 S. dazu (Kapitel 2) A. II., 1. und 2.

zesänderungen. Aus dem Bestimmtheitsgrundsatz läßt sich eine Pflicht des Gesetzgebers entnehmen, Steuergesetze einfach und verständlich sowie voraussehbar zu gestalten. Dem Rechtsstaatsprinzip sind also Mindesterfordernisse gesetzlicher Regelungsklarheit zu entnehmen.

II. Subjektivrechtliche Vorgaben

1. Freiheitsrechtliche Grenzen der Besteuerung

Nunmehr soll der Frage nachgegangen werden, ob sich eine allgemeine Begrenzung des staatlichen Steuerzugriffs auf den einzelnen potentiellen Steuerschuldner ergeben kann, die primär nicht bei der Verwendung der Steuern ansetzt, sondern beim Ausmaß der durch die Steuererhebung selbst bewirkten Freiheitsbegrenzung. Zu fragen ist nach einer freiheitsrechtlich fundierten Restriktion der individuellen Steuerbelastung.

Die Freiheitsgrundrechte - insbesondere Art. 1 I, 2 I GG (Menschenwürde), Art. 12 GG (Berufsfreiheit) und Art. 14 GG (Eigentum) - statuieren Besteuerungsgrenzen gerade für eine Ertragsbesteuerung in einer dreifachen Weise[76]: Zum einen ergibt sich aus den Freiheitsgrundrechten zusammen mit dem verfassungsimmanenten Subsidiaritätsprinzip der Vorrang der Privatnützigkeit privatwirtschaftlicher Einnahmeerzielung (dazu unter a). Die Besteuerung darf zum anderen die grundrechtliche Freiheitsausübung nicht ökonomisch sinnlos machen, d.h. erdrosselnd wirken (dazu unter b). Ferner ist eine Umverteilung bzw. Wohlstandskorrektur via Steuer grundsätzlich ausgeschlossen[77].

a) Die Freiheitsgrundrechte und das Sozialstaatsprinzip

In einem ersten Schritt ist zu klären, inwieweit sich aus den Freiheitsgrundrechten und dem Sozialstaatsprinzip (Art. 20 I, 28 I 1 GG) Vorgaben bzw. Grenzen für die Steuergesetzgebung ergeben.

Das Sozialstaatsprinzip postuliert in Gestalt eines Staatsziels einen Gestaltungsauftrag an den Gesetzgeber, für eine gerechte Sozialordnung sowie für soziale Sicherung zu sorgen (Daseinssicherung und Fürsorge)[78]. Dabei geben die Art. 20 I, 28 I 1 GG nur das Ziel, die gerechte Sozialordnung vor, nicht aber wie, d.h. auf welche Art und Weise dieses Ziel zu erreichen ist[79]. Das Prinzip soll dabei einerseits auf den Abbau tatsächlicher Ungleichheiten hinwirken, andererseits aber auch i.V.m. Art. 1 I 1 GG soziale Mindeststandards gewährleisten[80]. Den Grundrechten lassen sich unter Einfluß des Sozialstaatsprinzips grundsätzlich keine Leistungs-

---

76 Ausf. *Jachmann*, Verfassungsrechtliche Grenzen, S. 34 ff.

77 *Jachmann*, StuW 1998, S. 193 (197).

78 *Schmalz*, Staatsrecht, Rn 170; *Tipke/Lang*, Steuerrecht[16], § 4 Rn 194.

79 BVerfG v. 18.7.67 - 2 BvF 3, 4, 5, 6, 7, 8/62, 2 BvR 139, 140, 334, 335/62, BVerfGE 22, 180 (204).

80 BVerfG v. 3.7.73 - 1 BvR 153/79, BVerfGE 35, 348 (355 f.).

rechte entnehmen, Ausnahmen sind u.a. der Anspruch auf die Schaffung von Mindestvoraussetzungen für ein menschenwürdiges Dasein[81] und der Anspruch auf das Existenzminimum[82]. Es besteht danach ein verfassungsrechtlicher Anspruch auf Sozialhilfe[83].

In diesem Sinne handelt es sich aber nicht ausschließlich um Zielbestimmungen, sondern auch um Schranken für den Gesetzgeber bei der Besteuerung. Analog zur verfassungsrechtlichen Begründung des Anspruchs auf Sozialhilfe gebietet das Sozialstaatsprinzip i.V.m. Art. 1 I GG die Steuerfreiheit des Existenzminimums[84] mindestens in Höhe der Sozialhilfe[85]. Insoweit wirken sozialrechtliche Maßstäbe auf das Steuerrecht ein, denn der Staat darf dem Bürger nicht etwas nehmen, was er ihm zu geben hat, wenn es ihm fehlt[86]. Ein solcher Umweg wäre verfassungswidrig[87], denn die Garantie der Menschenwürde aus Art. 1 I GG konstituiert über den leistungsrechtlichen Anspruch auf eine menschenwürdige Existenz hinaus eine richtungsweisende Wertentscheidung[88], die auch das gesetzgeberische Ermessen begrenzt. Damit ist inhaltlich eine Verfassungsgarantie gemeint, die den Einzelnen nicht zum bloßen Objekt staatlichen Handelns macht, sondern ihm die tatsächliche Möglichkeit gewährt, seine Würde selbst zu wahren. Wenn aber das selbstverantwortlich erwirtschaftete Existenzminimum der Steuer unterworfen und später vom Staat wieder ausgezahlt würde, so wäre genau dies nicht möglich. Es gehört zur geschützten Selbstbestimmtheit, daß jeder, der eigenes Einkommen erzielt, welches für die objektiv indisponiblen Bedürfnisse ausreicht, auch von diesen eigenen Mitteln leben darf, ohne durch Besteuerung in die Situation sozialer Bedürftigkeit zu geraten, die - auch bei bestehendem Rechtsanspruch auf die sozialen Transferleis-

---

81 BVerfG v. 29.5.90 - 1 BvL 20, 26/84 u. 4/86, BVerfGE 82, 60 (80).

82 BSozG v. 22.1.86 - 10 RKg 24/84, NJW 1987, S. 463 (463).

83 BVerfG v. 18.6.75 - 1 BvL 4/74, BVerfGE 40, 121 (133); *Pfeifer*, SGb 1997, S. 14 (16); vgl. auch *Stein*, Staatsrecht, S. 172.

84 So der Erste Senat des BVerfG v. 29.5.90 - 1 BvL 20, 26/84 u. 4/86, BVerfGE 82, 60 (85); der Zweite Senat begründete die Steuerfreiheit des Existenzminimums unter Bezugnahme auf Art. 2 I GG bzw. Art. 14 I und 12 I GG, BVerfG v. 25.9.92 - 2 BvL 5, 8, 14/91, BVerfGE 87, 153 (169) - Grundfreibetrag; in der Literatur wird z.T. Art. 3 I i.V.m. Art. 1 I GG als Rechtsgrundlage angesehen, so *Pezzer,* StuW 1989, S. 219 (223 f.); vgl. auch *Jachmann*, Verfassungsrechtliche Grenzen, S. 11 f., 34.

85 BVerfG v. 25.9.92 - 2 BvL 5, 8, 14/91, BVerfGE 87, 153 (171); der 57. DJT forderte dagegen im Anschluß an *Kirchhof*, Gutachten F zum 57. DJT, S. 51 in einem Beschluß, das steuerliche Existenzminimum müsse über dem des Sozialrechts liegen (NJW 1988, S. 2998 (3006)).

86 Vgl. hierzu Leitsatz 2 des Beschlusses v. 25.9.92 - 2 BvL 5, 8, 14/91, BVerfGE 87, 153; so auch *Söhn*, FinArch, NF, Bd. 46 (1988), S.154 (169).

87 *Pezzer*, StuW 1989, S. 219 (224); *Jüptner*, StVj 1990, S. 307 (310) hält ihn zumindest für verfassungsrechtlich fragwürdig; a. A. wohl *Herzog*, DStZ 1988, S. 287 (291).

88 Vgl. *Zippelius*, in: Bonner Kommentar, Art. 1 I, II Rn 102 m.w.N.

tungen - immer noch das Bestreiten von Grundbedürfnissen aus fremden Mitteln darstellt[89].
Der Grundsatz der Steuerfreiheit des Existenzminimums ist älter als die Einkommensteuer und findet sich schon bei *Montesquieu*[90]. Eingang in die Steuergesetzgebung bzw. das Einkommensteuerrecht hat das Existenzminimum durch den in die Tarifvorschriften eingearbeiteten Grundfreibetrag gefunden (§ 33 EStG)[91].

Dem Sozialstaatsprinzip ist weiterhin ein Subsidiaritätsprinzip immanent[92], d.h. es besteht ein Vorrang von Eigenleistung und Privateigentum vor staatlicher Hilfe und staatlichem Eigentumsersatz. Es muß die Eigenständigkeit der Gesellschaft und damit ihre Fähigkeit, auch das Soziale selbst zu bewirken, erhalten bleiben[93]. Hierzu benötigt die Gesellschaft eine finanzielle Entscheidungs- und Bewegungsfreiheit, die auch durch den Steuerstaat nicht unterlaufen werden darf. Das heißt, der Staat darf der Gesellschaft nicht über die Besteuerung ihre Eigenständigkeit nehmen. Dieses objektivrechtliche Prinzip der Eigenständigkeit der Gesellschaft findet in der sozialstaatlichen Prämisse des Primats der Selbstverantwortung des Einzelnen seine Entsprechung. Durch diesen Vorrang wird die Verbindung zwischen Sozialstaatlichkeit und grundrechtlicher Freiheit[94] im sozialen Rechtsstaat geschaffen. Dabei muß das Gleichgewicht zwischen Sozialstaat und freiheitlichem Rechtsstaat erhalten bleiben, es geht v.a. um den Ausgleich von Sozialstaatlichkeit und grundrechtlicher Freiheit[95]. Die sozialstaatlich vorausgesetzte Selbstverantwortung ist aber ohne die Möglichkeit, Teile von existenzermöglichenden Gütern zu erwerben, zu nutzen und darüber zu verfügen, nicht vorstellbar. Aus dem Vorrang der Selbstverantwortung folgt das Verbot, dem Einzelnen über steuerliche Belastungswirkungen die Möglichkeit zu entziehen, seiner Verantwortung durch Freiheitsausübung gerecht zu werden. Die Selbstverantwortung basiert - auf der Grundlage der Menschenwürdegarantie - auf den Grundrechten auf freie Entfaltung der Persönlichkeit (Art. 2 I GG), auf die Berufsfreiheit (Art. 12 I GG) und auf das Eigentum (Art. 14 I GG)[96].

89 *Jüptner*, StVj 1990, S. 307 (310); *Pezzer*, StuW 1989, S. 219 (224); *Löwer*, StVj 1991, S. 97 (102 f.) rekurriert zusätzlich auf die speziellen Freiheitsrechte der Art. 12 I und 14 I GG.

90 *Montesquieu*, Vom Geist der Gesetze, Bd. 1, S. 295: ein physischer Mindestbedarf (Nécessaire physique) darf nicht besteuert werden; ausf. geschichtliche Darstellung bei *Lingemann*, Familienbesteuerung, S. 88 ff.

91 S. *Drenseck*, in: Schmidt[17], § 33 Rn 14.

92 Einfachgesetzlich bspw. verankert in § 2 BSHG (Grundsatz der Subsidiarität der Sozialhilfe); vgl. hierzu auch *Lieber*, DStZ 1997, S. 207 (210); ausf. dazu *Isensee*, Subsidiaritätsprinzip und Verfassungsrecht.

93 *Zacher*, Das soziale Staatsziel, HStR Bd. I, § 25 Rn 26.

94 Das findet seine Fortsetzung im Schutz der Familie; vgl. *Zacher*, Das soziale Staatsziel, HStR Bd. I, § 25 Rn 29.

95 Vgl. *Stern*, Staatsrecht I, S. 922 ff.

96 *Jachmann*, Verfassungsrechtliche Grenzen, S. 26; vgl. auch *Friauf*, DStJG 12 (1989), S. 3 (29).

Jeder muß in einer sozialstaatlich organisierten Solidargemeinschaft für seinen Unterhalt und den seiner Angehörigen im Rahmen seiner Möglichkeiten sorgen. Insoweit spricht man von der Gemeinwohlverantwortung des Einzelnen[97]. Der einzelne Bürger leistet seinen Beitrag für das Allgemeinwohl in der Regel aus freien Stücken[98]. Erst wenn sich diese Verfassungserwartung nicht erfüllt, aktualisiert sich die subsidiäre Gemeinwohlverpflichtung des Staates. Dieses Subsidiaritätsprinzip, das auf den Vorrang der Privatinitiative abzielt, ist zwingendes Element der Gemeinwohlkonzeption des sozialen Rechtsstaates des Grundgesetzes.

Das Prinzip des Vorrangs der individuellen Freiheitsausübung weist den Weg zu einer Begrenzung steuerlicher Belastungswirkungen und zwar bezogen auf den einzelnen Steuerpflichtigen. Konkrete Schlußfolgerungen in Richtung auf eine Obergrenze für die individuelle Steuerbelastung ergeben sich hieraus im Rahmen der Rechtfertigung des jeweiligen steuerlichen Grundrechtseingriffs.

b) Art. 14 GG als Belastungsgrenze?

Belastungsgrenzen, die aus dem Verbot einer erdrosselnden Steuer erwachsen, sind - wie dargelegt[99] - schon im Prinzip der Steuerstaatlichkeit angelegt[100]. Genauer umrissen werden sie allerdings erst durch die Freiheitsgrundrechte. Mit der Bezeichnung „Erdrosselung" ist im Ergebnis ein nicht gerechtfertigter Eingriff in Freiheitsgrundrechte (Art. 14 GG) gemeint.

Die Rechtsprechung des BVerfG[101] zu der Frage, inwieweit steuerliche Belastungswirkungen in die Eigentumsfreiheit i.S.d. Art. 14 GG eingreifen, ist dabei durch folgende Entwicklung gekennzeichnet: In den fünfziger Jahren hatte das BVerfG entschieden, daß der Auferlegung von Geldleistungspflichten durch den Staat grundsätzlich keinerlei Grenzen gesetzt seien. Die Eigentumsgarantie des Grundgesetzes (Art. 14 GG) sei gegenüber dem steuerlichen Zugriff des Staates ohne Bedeutung, da Art. 14 GG nicht das Vermögen als solches schütze[102]. Erst in den sechziger Jahren revidierte es seine Meinung und verbot dem Gesetzgeber zumindest die Auferlegung sog. „Erdrosselungssteuern"[103]: eine Steuer, die nicht aus dem Ertrag des Eigentums finanziert werden könne, führe zu einer schrittweisen Konfiskation des besteuerten Eigentumsgegenstandes und dies stelle einen verfas-

---

[97] Vgl. dazu *Lehner*, Einkommensteuerrecht und Sozialhilferecht, S. 345; *Isensee*, Grundrechtsvoraussetzungen und Verfassungserwartungen, HStR Bd. V, § 115 Rn 192, 202.

[98] *Isensee*, Grundrechtsvoraussetzungen und Verfassungserwartungen, HStR Bd. V, § 115 Rn 75.

[99] S. oben (Kapitel 2) A. I., 1.

[100] *Isensee*, FS f. Ipsen, S. 409 (435); *Jachmann*, StuW 1996, S. 97 (99).

[101] Zum Meinungsstand in der Literatur s. *Wieland*, in: Dreier, Art. 14 Rn 47 ff.

[102] BVerfG v. 20.7.54 - 1 BvR 459, 484, 548, 555, 623, 651, 748, 783, 801/52, 5, 9/53, 96, 114/54, BVerfGE 4, 7 (17).

[103] BVerfG v. 14.12.65 - 1 BvR 571/60, BVerfGE 19, 253 (268); BVerfG v. 22.3.83 - 2 BvR 475/78, BVerfGE 63, 343 (368).

sungswidrigen Eingriff in die Eigentumsgarantie des Grundgesetzes dar[104]. Eine Verletzung von Art. 14 GG durch die Auferlegung von Geldleistungspflichten hat das BVerfG allerdings bislang noch nie ernsthaft in Betracht gezogen[105].
Der Zweite Senat des BVerfG hob demgegenüber bei der freiheitsbeschränkenden Wirkung von Steuergesetzen Art. 2 I GG hervor, an dem diese jedenfalls zu messen seien, wobei zu berücksichtigen sei, „daß Steuergesetze in die allgemeine Handlungsfreiheit gerade in deren Ausprägung als persönliche Entfaltung im vermögensrechtlichen und im beruflichen Bereich (Art. 14 I, 12 I GG) eingreifen“[106].

In den Vermögen- und Erbschaftsteuerbeschlüssen vom 22.6.1995 hat das BVerfG die Besteuerungsgewalt des Staates weitergehend begrenzt[107]. Das Gericht leitet im Vermögensteuer-Beschluß[108] über die Erdrosselungsrechtsprechung hinaus aus den Grenzen der Sozialbindung des Eigentums eine weitergehende Belastungsobergrenze ab und schützt so das der Erwerbssicherung dienende Vermögen wesentlich stärker als zuvor. Erstmals legte das BVerfG hiermit eine konkrete Obergrenze für die Steuerbelastung fest: den sog. Halbteilungsgrundsatz (hergeleitet aus „zugleich“ in Art. 14 II GG)[109]. Danach darf die Vermögensteuer „zu den übrigen Steuern nur hinzutreten, soweit die steuerliche Gesamtbelastung ... in der Nähe einer hälftigen Teilung zwischen privater und öffentlicher Hand verbleibt“[110].

Zusammenfassend läßt sich festhalten, daß die Freiheitsgrundrechte nur einen großen Rahmen abstecken, innerhalb dessen die Steuergerechtigkeit durch die Steuergleichheit zu verwirklichen ist. Sie fordern die Beachtung der Besonderheiten des Einzelfalles, die der einzelne in Wahrnehmung seiner Freiheit gestaltet hat und geben somit der Steuergleichheit eine individualisierende Tendenz vor.

2. Gleichheitsrechtliche Grenzen der Besteuerung

a) Gleichmäßigkeit der Besteuerung als Ausfluß des Art. 3 GG[111]
Die Steuer ist eine Gemeinlast. Davon ausgehend ist nach den Anforderungen der Verfassung an steuerliche Belastungswirkungen im Sinne einer steuerlichen Verteilungsgerechtigkeit zu fragen[112].

---

[104] Vgl. dazu auch *Feldmann*, StuW 1998, S. 114 (117).
[105] *Wieland*, in: Dreier, Art. 14 Rn 45; s. auch die Rechtsprechungsübersicht bei *Leibholz/Rinck/Hesselberger*, Art. 14 Rn 371 ff.
[106] BVerfG v. 25.9.92 - 2 BvL 5, 8, 14/91, BVerfGE 87, 153 (169).
[107] BVerfG v. 22.5.96 - 2 BvL 37/91, BVerfGE 93, 121 ff.; BVerfG v. 22.5.96 - 2 BvR 552/91, BVerfGE 93, 165 ff.
[108] BVerfG v. 22.5.96 - 2 BvL 37/91, BVerfGE 93, 121 ff.
[109] So auch *Kirchhof*, StbJb 1994/95, S. 5 (8 f.); zur Kritik daran vgl. *Feldmann*, StuW 1998, S. 114 (118).
[110] BVerfG v. 22.5.96 - 2 BvL 37/91, BVerfGE 93, 121 (138).
[111] Dazu ausf. *F. Klein*, Gleichheitssatz und Steuerrecht.

Im Steuerstaat ist die Steuergleichheit eine elementare Grundlage[113]. Individualrechtlich wird die Steuergleichheit bzw. das Gebot einer Steuergerechtigkeit durch Art. 3 I GG gewährleistet[114]. Dem entspricht die gleichmäßige Beteiligung der Bürger an den Aufgaben des Gemeinwesens als Forderung der Demokratie[115]. Der Gleichheitssatz verlangt im Steuerrecht eine gleichmäßige Belastung der Steuerpflichtigen sowohl in rechtlicher als auch in tatsächlicher Hinsicht (sog. Gleichheitseffizienz)[116]. Dabei sind die Wertentscheidungen des Grundgesetzes zugunsten von Ehe und Familie sowie das Sozialstaatsprinzip zu beachten[117].

Aber was ist nun unter „Steuergleichheit" zu verstehen? Wann liegt eine Gleichbehandlung von Steuerpflichtigen vor und wann nicht? Zur Darstellung, welche Kriterien hierfür heranzuziehen sind, soll die Rechtsprechungsentwicklung des BVerfG aufgezeigt werden.

Das BVerfG interpretierte den Gleichheitssatz zunächst als Willkürverbot. Danach war der Gleichheitssatz verletzt, wenn ein vernünftiger, sich aus der Natur der Sache ergebender oder sonstwie sachlich einleuchtender Grund für eine gesetzliche Differenzierung oder Gleichbehandlung nicht zu finden, d.h. eine Bestimmung als willkürlich anzusehen war[118]. Dabei kam dem Gesetzgeber ein weiter Gestaltungsspielraum zu. Erst wenn ein einleuchtender Grund für die gesetzliche (Nicht-)Differenzierung überhaupt nicht mehr erkennbar war, führte dies zu einer Beanstandung durch das Gericht[119].

Nach der neueren Rechtsprechung des Ersten Senats des BVerfG ist der Gleichheitssatz verletzt, wenn eine Gruppe von Normadressaten im Vergleich zu anderen Normadressaten anders behandelt wird, ohne daß dafür Unterschiede von solcher Art und solchem Gewicht bestehen, daß diese eine Rechtfertigung für die Un-

---

112 *Söhn*, FinArch, NF, Bd. 46 (1988), S. 154 (167); *Isensee*, FS f. Ipsen, S. 409 (418); grundlegend zum Prinzip der Lastengleichheit als Maßstab für die Verteilung von Grundpflichten *Hofmann*, Grundpflichten und Grundrechte, HStR Bd. V, § 114 Rn 37.

113 *Isensee*, FS f. Ipsen, S. 409 (418).

114 BVerfG v. 17.1.57 - 1 BvL 4/54, BVerfGE 6, 55 (70) - Haushaltsbesteuerung; BVerfG v. 24.6.58 - 2 BvF 1/57, BVerfGE 8, 51 (68 f.) - Parteispenden; BVerfG v. 23.11.76 - 1 BvR 150/75, BVerfGE 43, 108 (118 ff.) - Kinderfreibetrag; BVerfG v. 3.11.82 - 1 BvR 620/78, 1335/78, 1104/79 u. 363/80, BVerfGE 61, 319 (343 ff.) - Ehegattensplitting; vgl. auch *Tipke*, Steuerrechtsordnung, Bd. 1, S. 313 f.; *Heun*, in: Dreier, Art. 3 Rn 65.

115 *Isensee*, FS f. Ipsen, S. 409 (430).

116 BVerfG v. 27.6.91 - 2 BvR 1493/89, BVerfGE 84, 239 (268) - Zinssteuer; BVerfG v. 22.6.95 - 2 BvL 37/91, BVerfGE 93, 121 (134) = BStBl. II 1995, S. 655 (660) - Vermögensteuer.

117 BVerfG v. 23.11.76 - 1 BvR 150/75, BVerfGE 43, 108 (118 f.); BVerfG v. 22.2.84 - 1 BvL 10/80, BVerfGE 66, 214 (223); BVerfG v. 10.2.87 - 1 BvL 18/81 u. 20/82, BVerfGE 74, 182 (199 f.); BVerfG v. 27.6.91 - 2 BvR 1493/89, BVerfGE 84, 239 (268); im einzelnen dazu unter Kapitel 2 B.

118 BVerfG v. 23.10.51 - 2 BvG 1/51, BVerfGE 1, 14 (52).

119 BVerfG v. 17.1.79 - 1 BvL 25/77, BVerfGE 50, 142 (162).

gleichbehandlung bilden können (sog. *neue Formel*)[120]. Hiernach ist der Maßstab für die Prüfung der Verletzung des Gleichheitssatzes also die Frage, ob verschiedene Personengruppen ohne sachlichen Grund unterschiedlich behandelt werden[121]. Diese inhaltliche Konkretisierung des Gleichheitssatzes durch das BVerfG betrifft zunächst die Stärke der Einschränkung der Gestaltungsfreiheit des Gesetzgebers[122]. Auch nach der neuen Formel verbleibt die Entscheidung über die Gewichtung der Sachverhaltselemente bei der Frage, ob deren Verschiedenheit eine Ungleichbehandlung rechtfertigt, grundsätzlich beim Gesetzgeber[123]. Dabei muß dieser das verfassungsrechtliche Gewicht der durch die Gleich- bzw. Ungleichbehandlung betroffenen Belange maßgeblich berücksichtigen. Der rechtfertigende Grund muß in einem adäquaten Verhältnis zur Ungleichbehandlung stehen. Hierbei fallen Auswirkungen auf grundrechtlich gesicherte Freiheiten besonders ins Gewicht[124].
Ob beim Vergleich von verschiedenen Gruppen Unterschiede als relevant beurteilt werden, richtet sich nach dem angewandten Vergleichsmaßstab. Hierfür gibt der Gleichheitssatz allerdings keinen konkreten Anhaltspunkt. Ob das Leistungsfähigkeitsprinzip als Maßstab für eine gerechte Besteuerung zu wählen ist, soll im folgenden[125] noch erörtert werden.

b) Typisierung und Pauschalierung

In Steuergesetzen werden häufig Typisierungen und Pauschalierungen (= Typisierung rechnerischer Grundlagen) verwendet[126]. Darin könnte ein Verstoß gegen Art. 3 I GG zu sehen sein. Daran ist insoweit zu denken, als jede Typisierung letztlich in einem Konflikt mit dem Ziel individualer Gerechtigkeit steht[127]. Wie die Typisierung bringt darüber hinaus auch die pauschale Besteuerung Ungleichheiten mit sich.

---

[120] BVerfG v. 7.10.80 - 1 BvL 50, 89/79, 1 BvR 240/79, BVerfGE 55, 72 (88); BVerfG v. 31.5.88 - 1 BvL 22/85, BVerfGE 78, 232 (247 f.); BVerfG v. 23.1.90 - 1 BvL 4, 5, 6, 7/87, BverfGE 81, 228 (236); BVerfG v. 29.5.90 - 1 BvL 20, 26/84 u. 4/86, BVerfGE 82, 60 (86); st. Rspr; vgl. zu den Ausnahmen allerdings *Vogel*, DStJG 12 (1989), S. 123 (139, Fn 62); s. auch *Pechstein*, Familiengerechtigkeit, S. 357 f.

[121] Auch der Zweite Senat folgt dieser Rspr. des Ersten Senats, nimmt aber die neue Formel als Beispiel für die bisherige Rspr. (BVerfG v. 15.10.85 - 2 BvL 4/83, BVerfGE 71, 39 (58 f.); BVerfG v. 30.9.87 - 2 BvR 933/82, BVerfGE 76, 256 (329 f.) oder verwendet weiter die Willkürformel (BVerfG v. 6.10.83 - 2 BvL 22/80, BVerfGE 65, 141 (148); BVerfG v. 14.5.86 - 2 BvL 2/83, BVerfGE 72, 200 (254)).

[122] *Katz*, Staatsrecht, § 30 Rn 709; *Jachmann*, Die Fiktion im öffentlichen Recht, S. 690.

[123] BVerfG v. 29.4.81 - 1 BvL 11/78, BVerfGE 57, 107 (115); BVerfG v. 16.3.82 - 1 BvR 938/81, BVerfGE 60, 123 (134).

[124] BVerfG v. 3.11.82 - 1 BvR 900/78, 851, 1495/80, 833, 1069/78, 343, 1039/79, 163, 294, 1258/80 u. 48, 1202/81, BVerfGE 62, 117 (146).

[125] S. (Kapitel 2) A. II., 2c.

[126] S. Kapitel 1 B. III., 4.

[127] Vgl. dazu den Bericht der Einkommensteuerkommission, S. 30; *Arndt*, NVwZ 1988, S. 787 (790); ausführlich *Osterloh*, Gesetzesbindung und Typisierungsspielräume.

Das Grundgesetz, das den Gesetzgeber an allgemeingültige Regelungen bindet und eine Gleichbehandlung aller Bürger sowie die Gleichheit im Gesetzesvollzug statuiert, fordert jedoch geradezu eine typisierende Gesetzgebung. Jede gesetzliche Regelung muß verallgemeinern[128]. Besonders bei der Regelung von Massenerscheinungen, wie sie insbesondere im Steuerrecht auftreten, muß der Gesetzgeber typisierende bzw. pauschalierende Regelungen erlassen[129]. Rechtfertigen lassen sich Pauschalierungen grundsätzlich nur als Vereinfachungszwecknormen[130]. Sie können einen Beitrag zur Steuergerechtigkeit leisten, indem sie durch die Pauschalierung von Erwerbsaufwendungen die ungleiche Gewährung von Steuerabzügen im Massenverfahren verringern. In diesem Fall kommt allerdings eine Rechtfertigung allenfalls als Sozialzwecknorm in Betracht[131].
Bei Verwendung typisierender bzw. pauschalierender Regelungen muß der Gesetzgeber nicht jede Besonderheit und jeden Einzelfall durch eine Sonderregelung berücksichtigen. Eine typisierende bzw. pauschalierende Regelung verstößt nach zutreffender h.M. nicht gegen Art. 3 I GG, sofern die zwangsläufig auftretenden Härten nur einen kleinen Teil der Personen betreffen und nicht sehr intensiv sind[132]. Das verpflichtet den Gesetzgeber zu einer weiten, alle betroffenen Regelungsgegenstände und Gruppen einschließenden Beobachtungsperspektive. Er muß die Wirklichkeit realitätsgerecht erfassen[133]. Darüber hinaus muß der Gesetzgeber für einen gleichmäßigen Gesetzesvollzug etwa durch vollzugsvereinfachende Typisierungen sorgen, ansonsten liegt ein Gleichheitsverstoß vor.

c) Steuergerechtigkeit und Leistungsfähigkeit

Wie oben bereits angesprochen[134], muß ein Maßstab für eine gerechte Besteuerung gefunden werden. Es muß festgestellt werden, was als „wesentlich gleich" i.S.v. Art. 3 I GG anzusehen ist. Der Frage, ob das Leistungsfähigkeitsprinzip dafür einen tauglichen Vergleichsmaßstab bildet und - trotz fehlender ausdrücklicher Normierung[135] - verfassungsrechtlich verankert ist, soll im folgenden nachgegangen werden.

---

[128] BVerfG v. 30.5.90 - 1 BvL 2/83, 9, 10/84, 3/85, 11, 12, 13/89, 4/90 u. 1 BvR 764/86, BVerfGE 82, 126 (151).

[129] BVerfG v. 28.6.60 - 2 BvL 19/59, BVerfGE 11, 245 (254); BVerfG v. 30.5.90 - 1 BvL 2/83, 9, 10/84, 3/85, 11, 12, 13/89, 4/90 u. 1 BvR 764/86, BVerfGE 82, 126 (151 f.); BVerfG v. 8.10.91 - 1 BvL 50/86, BVerfGE 84, 348 (359 f.).

[130] *Tipke/Lang*, Steuerrecht[16], § 9 Rn 286; s. auch Kapitel 1 B. III., 4.

[131] Dazu *Tipke*, Niedergang, S. 146 ff.; s. auch Kapitel 1 B. III., 3.

[132] BVerfG v. 8.10.91 - 1 BvL 50/86, BVerfGE 84, 348 (360); BVerfG v. 17.11.92 - 1 BvL 8/87, BVerfGE 87, 234 (255); *Arndt*, NVwZ 1988, S. 787 (789).

[133] BVerfG v. 17.11.92 - 1 BvL 8/87, BVerfGE 87, 234 (261) - Existenzminimum, unter Verweis auf BVerfG v. 22.2.84 - 1 BvL 10/80, BVerfGE 66, 214 (223).

[134] S. (Kapitel 2) A. II., 2a.

[135] Zur Diskussion der Aufnahme des Begriffs in eine explizite Verfassungsnorm vgl. *Schemmel*, StuW 1995, S. 39 ff.; *Schneider*, StuW 1994, S. 58.

aa) Verfassungsrechtliche Verankerung

Nachdem im ersten Kapitel[136] bereits das Leistungsfähigkeitsprinzip als steuersystematische Grundlage dargestellt worden ist, soll hier zunächst untersucht werden, ob es in der Verfassung fundiert ist.

(1) Rechtsprechung des BVerfG

Das BVerfG hat aus Art. 3 I GG unmittelbar den Grundsatz der Steuergerechtigkeit abgeleitet[137]. Die wichtigste Forderung dieses Gebotes sei es, die Besteuerung nach der wirtschaftlichen Leistungsfähigkeit auszurichten: Jeder Bürger dürfe nur nach Maßgabe seiner wirtschaftlichen Leistungsfähigkeit mit Steuern belastet werden. Das BVerfG hat dem Leistungsfähigkeitsprinzip in seiner jüngeren Rechtsprechung sogar zunehmend mehr Bedeutung verliehen und zwar speziell unter dem Aspekt der subjektiven Leistungsfähigkeit[138].

(2) Standpunkte in der Literatur

Das Leistungsfähigkeitsprinzip als verfassungsrechtliche Vorgabe für die Steuergesetzgebung gerät zunehmend in die Kritik[139]. Aufgrund der fehlenden direkten Normierung in der Verfassung bestehen hinsichtlich der verfassungsrechtlichen Bedeutung unterschiedliche Auffassungen.

(a) Befürworter des Leistungsfähigkeitsprinzips

Als Hauptbefürworter des Leistungsfähigkeitsprinzips ist *Tipke*[140] zu nennen, der dieses Prinzip als Fundamentalprinzip des Steuerrechts und in der Verfassung verankertes Rechts- und Rahmenprinzip ansieht[141]. Aus dem Gleichheitssatz sei zu folgern, daß eine gesetzliche Regelung auf einem Prinzip beruhen müsse, das hinsichtlich des Zwecks der Normen sachgerecht zu sein habe. Die wirtschaftliche Situation und mithin die Leistungsfähigkeit spiele im Steuerrecht eine prinzipielle

---

[136] Vgl. Kapitel 1 B. III., 1.

[137] BVerfG v. 27.6.61 - 1 BvL 17, 20/58, BVerfGE 13, 331 (338); BVerfG v. 23.11.76 - 1 BvR 150/75, BVerfGE 43, 108 (118); BVerfG v. 22.2.84 - 1 BvL 10/80, BVerfGE 66, 214 (223 f.); BVerfG v. 29.5.90 - 1 BvL 20, 26/84 u. 4/86, BVerfGE 82, 60 (86); weitere Nachweise bei *Kirchhof*, StuW 1984, S. 297 (304 f.).

[138] BVerfG v. 22.2.84 - 1 BvL 10/80, BVerfGE 66, 214 (223) - Unterhaltsaufwendungen; BVerfG v. 29.5.90 - 1 BvL 20, 26/84 u. 4/86, BVerfGE 82, 60 (86 f.) - Existenzminimum; BVerfG v. 25.9.92 - 2 BvL 5, 8, 14/91, BVerfGE 87, 153 (169 ff.) - Grundfreibetrag.

[139] So sehen Vertreter der Finanzwissenschaft das Prinzip als fehlgeschlagenen Forschungsansatz und haben sich von der Auseinandersetzung mit den speziellen Besteuerungsmaximen abgewandt, wie *Elschen*, StuW 1991, S. 99 (100); aber auch Teile der Betriebswirtschaft stellen das Prinzip zunehmend in Frage, vgl. etwa *F.W. Wagner*, StuW 1992, S. 2 ff.; zur Kritik s. auch *Pechstein*, Familiengerechtigkeit, S. 273 ff.; sowie *Lang*, StuW 1983, S. 269 (269).

[140] In seinem Lehrbuch seit der ersten Auflage, jetzt *Tipke/Lang*, Steuerrecht[16], § 4 Rn 81 ff.; sowie *Tipke*, FS f. Wacke, S. 211 ff.

[141] So auch *Friauf*, StuW 1985, S. 308 (313); ähnlich auch *Costede*, FS f. Felix, S. 17 (18), der das EStG bei einer Verpflichtung auf das Prinzip der Leistungsfähigkeit, als gerechte und in sich stimmige Ordnung ansieht; vgl. auch *Lang*, Entwurf eines Steuergesetzbuchs, S. 61 Rn 291 f.

Rolle. Somit sei das Leistungsfähigkeitsprinzip aus dem Gleichheitssatz ableitbar und besitze Verfassungsrang[142]. Es sei als grundlegendes Prinzip der Steuergerechtigkeit anzusehen[143]. Neben Art. 3 I GG sei noch das Sozialstaatsprinzip (Art. 20 I GG) heranzuziehen[144]. Das sozialstaatliche Leistungsfähigkeitsprinzip besage, daß sich die Verteilung der Steuer als Gemeinlast danach zu orientieren habe, wieviel der einzelne nach seiner wirtschaftlichen Situation zu leisten in der Lage sei[145]. Neben Art. 3 I GG nennen einige Befürworter noch weitere Herleitungen: das Sozialstaatsprinzip und die Freiheitsrechte[146], Art. 14 GG[147], Art. 14 und Art. 20 GG[148] und auch Art. 105 ff. GG[149].
Angesichts der Kritik am Leistungsfähigkeitsprinzip[150] haben die Befürworter gewisse Beschränkungen hinsichtlich seiner Geltung vorgenommen, sei es bezogen auf die direkte Besteuerung[151] oder nur bezogen auf das Einkommensteuerrecht[152]. Einigkeit besteht insoweit, als das Prinzip nur für Fiskalzwecknormen[153] gelten soll[154], nicht aber für Sozialzwecknormen[155].
Andere Befürworter wiederum differenzieren ähnlich zwischen Belastungswirkungen (= Geldentzug) und Gestaltungswirkungen (= Lenkungseffekten) einer Steuer[156]. Dieser Ansicht nach ist das Leistungsfähigkeitsprinzip - auch ohne ausdrückliche Nennung im Grundgesetz - eine verfassungsrechtliche Wertentscheidung, welche der „Wertekonkretisierung" bedürfe. Das bedeute für den Gesetzgeber, daß er zum einen seine Grundentscheidungen an diesen Wertvorgaben orientieren müsse und zum anderen, daß er diese normativen Grundentscheidungen

---

142 Vgl. *Starck*, in: v. Mangoldt/Klein/Starck, Art. 3 Rn 60; *K.-H.Ossenbühl*, Gerechte Steuerlast, S. 84 u. 94; *Jachmann*, Verfassungsrechtliche Grenzen, S. 9 f.; die zusätzlich das Sozialstaatsprinzip (Art. 20 GG) heranziehen; *Kirchhof*, VVDStRL 39 (1981), S. 213 (226 ff.) rekurriert Art. 14 GG; kritisch hierzu *Birk*, Leistungsfähigkeitsprinzip, S. 166; ausf. *Lehner*, Einkommensteuerrecht und Sozialhilferecht, S. 364 ff. m.w.N.

143 *Feldmann*, StuW 1998, S.114 (118).

144 *Jachmann*, Verfassungsrechtliche Grenzen, S. 9 ff.

145 *Jachmann*, Verfassungsrechtliche Grenzen, S. 11.

146 Birk, Leistungsfähigkeitsprinzip, S. 123 ff.

147 *Kirchhof*, StuW 1985, S. 319 (323).

148 *Bach*, StuW 1991, S. 116 (119).

149 *Vogel*, DStJG 12 (1989), S. 123 (142 f.).

150 S. dazu sogleich unter (b).

151 *Kirchhof*, StuW 1985, S. 319 (324).

152 *Söhn*, FinArch, NF, Bd. 46 (1988), S. 154 (161).

153 Vgl. zu den Fiskalzwecknormen Kapitel 1 B. III., 2.

154 *Tipke/Lang*, Steuerrecht[16], § 4 Rn 85; wobei *Pechstein*, Familiengerechtigkeit, S. 283 darauf hinweist, daß die Unterscheidung zwischen diesen Normen aufgrund der üblichen und oft unentwirrbaren Gemengelage der Motive des Gesetzgebers durchaus problematisch sein könne.

155 Vgl. zu den Sozialzwecknormen Kapitel 1 B. III., 3.

156 *Birk*, Steuerrecht I, § 7 Rn 16 ff.

bei der konkreten Ausgestaltung der Steuernormen zu verwirklichen und weiterzuentwickeln habe[157].

Dieser Ansicht zufolge kommt dem Leistungsfähigkeitsprinzip Verfassungsrang zu.

(b) Kritiker des Leistungsfähigkeitsprinzips

Kritiker[158] sprechen dem Prinzip der Besteuerung nach der finanziellen Leistungsfähigkeit seinen verfassungsrechtlichen Wert und seinen Nutzen ab[159] bzw. gestehen ihm nur eine eingeschränkte Bedeutung zu[160]. Mancher betrachtet es als bloße Argumentationshilfe in der steuerpolitischen Diskussion[161].

Für die Gegenseite ist das Leistungsfähigkeitsprinzip lediglich ein sachlicher Differenzierungsgrund neben vielen anderen, die eine bestimmte Entscheidung des Gesetzgebers als sachgerecht legitimieren können[162]. Demzufolge kann der Gesetzgeber eine Differenzierung mit dem Leistungsfähigkeitsprinzip begründen, er kann sich aber ebenso auf einen anderen sachgerechten Grund zur Einschränkung eben jenes Prinzips berufen. Damit wird der Verfassungsrang des Prinzips und seine qualifizierte Stellung als systemtragendes Prinzip des Steuerrechts bestritten. Diese Auffassung geht davon aus, daß dem Gesetzgeber die Wahl bleibt, in welcher Weise er differenzieren will, solange sich für die vorgenommen Unterscheidung ein sachlicher Grund finden läßt. Damit beschränkt sich die Prüfung von Steuernormen anhand des Gleichheitssatzes darauf, festzustellen, ob ein solcher sachlicher Grund vorliegt bzw. ob das Willkürverbot beachtet wurde.

Bei der Betrachtung der verschiedenen Meinungen drängt sich die Frage auf, ob die Unterschiede tatsächlich so groß sind. Dies soll im folgenden geklärt werden.

bb) Direktivkraft des Prinzips der Leistungsfähigkeit

Das Leistungsfähigkeitsprinzip läßt sich nicht explizit aus dem Gleichheitssatz des Art. 3 I GG entnehmen, seine Befürworter leiten es mittels der oben dargestellten teleologischen Überlegung daraus ab. Dabei wird z.T. darauf abgestellt, ob eine Norm fiskalisch motiviert sei oder nicht. Sei dies nicht der Fall, so könne die Steuer auch durch andere sachliche Gründe gerechtfertigt werden. Demzufolge gilt das Leistungsfähigkeitsprinzip nur für einen bestimmten Bereich. Damit kommt ihm aber die gleiche Bedeutung wie nach der Gegenmeinung zu, die es auch als einen möglichen Differenzierungsgrund betrachtet. Unterschiede bestehen also nur im Rang, der dem Prinzip zugestanden wird.

---

[157] *Birk*, Steuerrecht I, § 7 Rn 16.

[158] So *Arndt*, FS f. Mühl, S. 17 (38 f.); *ders.*, NVwZ 1988, S. 787 (790 ff.); *Bodenheim*, Zweck der Steuer, S. 226 ff.; *Martens*, KritVj 1987, S. 39 (51 ff.); vgl. auch *Herzog*, DStZ 1988, S. 287 (289 ff.).

[159] So auch *Herzog*, StbJb 1985/86, S. 27 (40) zur Rspr. des BVerfG, der die geringe verfassungsrechtliche Wirkkraft darin begründet sieht, daß es sich nur um Fragen des inneren Systems des Steuerrechts handele.

[160] So *Starck*, in: v. Mangoldt/Klein/Starck, Art. 3 Rn 58.

[161] *Franke*, StuW 1984, S. 32 (37).

[162] *Arndt*, FS f. Mühl, S. 17 ff.

Festzuhalten bleibt, daß der Gleichheitsgrundsatz (Art. 3 I GG) die wesentliche Basis der Steuergerechtigkeit darstellt und in Verbindung mit dem Sozialstaatsprinzip (Art. 20 I GG) zum Grundsatz der gleichmäßigen Besteuerung nach der wirtschaftlichen Leistungsfähigkeit führt. Insoweit kommt dem Leistungsfähigkeitsprinzip Verfassungsrang zu.

cc) Inhalt und Konkretisierung des Leistungsfähigkeitsprinzips

(1) Inhalt

Im steuerrechtlichen Schrifttum wird das Leistungsfähigkeitsprinzip als (ökonomische) Fähigkeit zur Steuerzahlung umschrieben[163]. Entscheidend für die Frage nach der verfassungsrechtlichen Bestimmung des Leistungsfähigkeitsprinzips ist die Pflicht zur Zahlung[164]. Für die Konkretisierung des Leistungsfähigkeitsprinzips muß zunächst die individuelle finanzielle Leistungsfähigkeit ermittelt werden und danach die gerechte Verteilung der Steuerlasten erfolgen.
Bei der Prüfung am Maßstab von Art. 3 I GG ist zwischen der horizontalen und der vertikalen Steuergerechtigkeit zu unterscheiden[165]. Das bedeutet, daß in horizontaler Richtung die Steuerpflichtigen mit gleich hoher Leistungsfähigkeit auch gleich hoch besteuert werden müssen[166]. In vertikaler Richtung muß die Besteuerung höherer Einkommen im Vergleich mit der Steuerbelastung niedriger Einkommen dem Gerechtigkeitsgebot genügen[167]. Dabei unterliegt der Gesetzgeber im horizontalen Bereich einer strikteren Bindung[168]. Eine Besteuerung ist bei nicht (mehr) vorhandener Leistungsfähigkeit nicht möglich[169]. Die Grenze der Besteuerung ist daher so zu bemessen, daß das Existenzminimum durch die Steuererhebung nicht unterschritten wird[170]. Diese aus dem Gleichheitsgrundsatz entwickelten Vorgaben für das Steuerrecht (horizontale und vertikale Gleichheit am Maßstab der Leistungsfähigkeit) versprechen eine effektive verfassungsgerichtliche Kontrolle[171].

Das Prinzip der Besteuerung nach der finanziellen Leistungsfähigkeit bildet entsprechend seiner Bedeutung als verfassungsrechtliche Wertentscheidung den Maß-

---

[163] *Tipke*, Steuerrechtsordnung, Bd. 1, S. 478 m.w.N., 482; *Kirchhof*, JZ 1982, S. 305 (306); *Arndt/Schumacher*, AöR Bd. 118 (1993), S. 513 (518 f.); vgl. auch *Bach*, StuW 1991, S. 116 (117) zu unterschiedlichen konzeptionellen Ansätzen.

[164] *Söhn*, FinArch, NF, Bd. 46 (1988), S. 154 (161).

[165] Vgl. BVerfG v. 29.5.90 - 1 BvL 20, 26/84 u. 4/86, BVerfGE 82, 60 (89 f.); *Birk*, Leistungsfähigkeitsprinzip, S. 165, 170 ff.

[166] BVerfG v. 29.5.90 - 1 BvL 20, 26/84 u. 4/86, BVerfGE 82, 60 (89).

[167] *Jachmann*, Verfassungsrechtliche Grenzen, S. 7.

[168] *Birk*, Leistungsfähigkeitsprinzip, S. 178.

[169] *Söhn*, StuW 1985, S. 395 (400).

[170] Zweifelhaft daher FG Hamburg v. 18.3.80 - III 158/79, EFG 1980, S. 345 (346) - rkr.; zutreffend *Starck*, in: v. Mangoldt/Klein/Starck, Art. 3 Rn 59.

[171] S. *Pfeifer*, SGb 1997, S. 14 (64).

stab für die gerechte Steuerlastverteilung nur im Rahmen des fiskalischen Steuerziels[172]. Nicht erfaßt sind die Gestaltungswirkungen[173], da sich diese nicht auf die individuelle Zahlungsfähigkeit beziehen, sondern nur auf die Motivation des Adressaten zielen[174] und damit - wegen ihrer Gegensätzlichkeit zum Leistungsfähigkeitsprinzip - aus anderen Normen heraus gerechtfertigt werden müssen[175].

Die Leistungsfähigkeit im Sinne der Fähigkeit Steuern d.h. Geldzahlungen zu erbringen, wächst mit der Höhe des disponiblen Einkommens. Gleiche Besteuerung meint numerisch unterschiedliche Besteuerung nach der wirtschaftlichen Leistungsfähigkeit[176]. Damit ist das Leistungsfähigkeitsprinzip Ausdruck der durch Art. 3 I GG statuierten proportionalen Gleichheit speziell bezogen auf das Steuerrecht.

Im Grundsatz der gleichmäßigen Besteuerung nach der wirtschaftlichen Leistungsfähigkeit ist die rechtsphilosophisch geforderte Verteilungsgerechtigkeit[177] verfassungsrechtlich fundiert.

(2) Notwendigkeit einer Konkretisierung[178]

Sowohl die Proportionalität der in Art. 3 I GG angeordneten Gleichheit als auch das Leistungsfähigkeitsprinzip bedürfen der Wertekonkretisierung durch den Gesetzgeber[179]. Der dem Gesetzgeber dabei zustehende Gestaltungsspielraum wird durch die Verfassung begrenzt, im Steuerrecht kommen hierfür primär lastenverteilende Normen in Betracht. Dabei ist insbesondere an das Sozialstaatsprinzip (Art. 20 I GG) zu denken[180]. Dieses Prinzip bezweckt eine soziale Sicherheit und soziale Gleichheit sowie die Mehrung des gesellschaftlichen Wohlstands an dem möglichst viele teilhaben sollen[181]. In einer höheren Leistungsfähigkeit liegt ein größeres Befriedigungspotential, damit korrespondiert im Sozialstaat eine höhere soziale Verantwortung[182]. Diese Verantwortung entspricht dem sozialstaatlichen Ziel sozialer Chancengleichheit[183]. Somit erweist sich das Sozialstaatsprinzip im Bereich der Steuerhebung zugunsten der Allgemeinheit als adäquater Maßstab für das i.S.v. Art. 3 I GG „wesentlich Gleiche“. Ausdruck wirtschaftlicher (subjektiver) Leistungsfähigkeit ist dabei nur das disponible Einkommen[184], ausgenommen

---

172 *Kirchhof*, StuW 1985, S. 319 (325); vgl. auch *K.-H. Ossenbühl*, Die gerechte Steuerlast, S. 85.

173 Vgl. dazu Kapitel 1 B. IV., 2.

174 *Kirchhof*, StuW 1985, S. 319 (325).

175 *Birk*, Leistungsfähigkeitsprinzip, S. 194 f.; *Kirchhof*, StuW 1984, S. 297 (299).

176 *Tipke*, Steuerrechtsordnung, Bd. 1, S. 478.

177 *Lang*, Bemessungsgrundlage, S. 12.

178 Hierzu *Tipke*, StuW 1988, S. 262 (272); *Bach*, StuW 1991, S. 116 (119 f.).

179 *Birk*, Steuerrecht I, § 7 Rn 16; *Lang*, Reformentwurf, S. 9.

180 BVerfG v. 3.11.82 - 1 BvR 620/78, 1335/78, 1104/79 u. 363/80, BVerfGE 61, 319 (343 f.); *Birk*, Leistungsfähigkeitsprinzip, S. 161 ff.; vgl. allgemein *Stern*, Staatsrecht I, S. 929.

181 *Zacher*, Das soziale Staatsziel, HStR, Bd. I, § 25 Rn 25, 48.

182 Vgl. *Birk*, StuW 1983, S. 293 (295, 298).

183 *Birk*, Leistungsfähigkeitsprinzip, S. 167.

184 Statt aller BVerfG v. 29.5.90 - 1 BvL 20, 26/84 u. 4/86, BVerfGE 82, 60 (87 f.).

ist davon also der existenzsichernde Aufwand[185]. Bei der Ermittlung des disponiblen Einkommens als Bemessungsgrundlage sind daher sowohl erwerbsbezogene Ausgaben (objektives Nettoprinzip) als auch bestimmte unvermeidbare Ausgaben außerhalb der Einkommenserzielungssphäre (subjektives Nettoprinzip) von den Erwerbseinnahmen abzuziehen[186].

(3) Methodik

In den Konkretisierungsentscheidungen wird z.T. ein stufenförmiger Vorgang gesehen, eine konsequente Abfolge von Wertungen ausgehend vom Leistungsfähigkeitsgrundsatz als Leit- und Rahmenprinzip[187]. Hierbei wird unterschieden zwischen Grundwertungen (oder Primärableitungen) und Einzelwertungen (Sekundärableitungen). Grundlegende Festlegungen für das gesamte Steuersystem werden mittels der Primärableitungen getroffen. Danach werden diese durch die Sekundärableitungen so detailliert ausgeformt, daß sie in konkrete Normen umsetzbar sind. Auf jeder Ebene werden Entscheidungen zwischen verschiedenen Wertungsalternativen erforderlich, die aber noch mit der vorangegangenen Wertung (der höheren Ebene) in Einklang stehen müssen. Ein fast vergleichbarer Ansatz basiert auf der Abfolge von Prinzipien - ausgehend von Grundwertungen -, welche als Hierarchie respektive Pyramide von Prinzipien (oder Wertungen) bezeichnet wird[188]. Der Auslegungsprozeß muß dabei von den o.g. verfassungsrechtlichen Grundentscheidungen geleitet werden und vor diesen Bestand haben.

III. Anforderungen an ein Steuersystem aus verfassungsrechtlicher Sicht

1. Das äußere System

Zum äußeren System aus verfassungsrechtlicher Sicht gehört das Finanzwesen. Die Finanzverfassung (Art. 104a-108 GG) regelt detailliert das öffentliche Finanzwesen. Dabei grenzt die Finanzverfassung die Ausgabenverantwortung von Bund und Ländern ab (Art. 104a GG), legt die Gesetzgebungskompetenz des Bundes und der Länder im Bereich der Steuern fest (Art. 105 GG) und verteilt die Aufkommenshoheit bei den einzelnen Steuern und Steuerarten auf Bund, Länder, Gemeinden bzw. Gemeindeverbände (Art. 106 GG).

Eine Begrenzung für den Steuergesetzgeber ergibt sich hieraus insoweit, als er keine neue Steuerart einführen darf, die nicht namentlich in Art. 106 GG erwähnt ist (Ausnahme: Verfassungsänderung mit Zwei-Drittel-Mehrheit, Art. 79 II GG). Jedoch kann er jederzeit z.B. eine neue Verbrauchs- oder Verkehrssteuer einführen. Zum anderen kann der Staat die Steuern, die ihm durch Art. 106 GG zugebilligt werden, größtenteils nach eigenem Ermessen ausgestalten, so daß diese

---

[185] Vgl. BVerfG v. 29.5.90 - 1 BvL 20, 26/84 u. 4/86, BVerfGE 82, 60 (85 f.); *Lehner*, Einkommensteuerrecht und Sozialhilferecht, S. 406 f.; s. auch (Kapitel 2) A. II., 2a.

[186] Vgl. dazu Kapitel 1 B. V., 2a sowie hinten (Kapitel 2) A. III., 3b.

[187] Dazu *Birk*, Leistungsfähigkeitsprinzip, S. 52 ff.

[188] *Tipke*, FS f. Wacke, S. 211 (214 f.); *Tipke/Lang*, Steuerrecht[16], § 4 Rn 13 ff.

Begrenzung sehr weitgehend ist. Einzige Ausnahme in dieser Hinsicht scheint Art. 106 III GG darzustellen, der eine Begrenzung der Steuerbelastung explizit fordert. Er betrifft aber nur einen eng begrenzten Teil des Steuerrechts (Umsatzsteuerverteilung) und ist darüber hinaus auch sehr vage formuliert. Mithin setzt auch diese Regelung der Besteuerungsgewalt des Staates keine wirksame Schranke.

2. Das innere System

Das innere System ist vom Gerechtigkeitsgedanken getragen, es geht um die Darstellung der Rechtfertigung und der Grenzen von Steuern, die sich aus den verfassungsrechtlichen Grundwertungen herleiten lassen. Art und Maß der Steuerbelastung werden durch das Lastengleichheitsgebot gesteuert, Umfang und Intensität der steuerlichen Gestaltung werden durch die Freiheitsgrundrechte begrenzt[189].
Das Ziel des inneren Systems ist die Konkretisierung der verfassungsrechtlichen Wertvorgaben, welche die Staatsgewalt steuern und begrenzen, so daß eine Systempyramide entsteht. Diese fungiert als Maßstab und Ordnungsfaktor des Steuerrechts und macht die Steuernormen zu einer Steuerrechtsordnung[190]. Grundlage des inneren Systems muß die Unterscheidung der Steuern nach ihren Wirkungen[191] sein. Gestaltungswirkungen sind entsprechend den Freiheitsgrundrechten zu begrenzen, Belastungswirkungen sind nach dem Gleichheitssatz gerecht zu verteilen[192].

3. Verfassungsdogmatische Fundierung der Besteuerungsprinzipien

a) Die Ratio der Besteuerungsprinzipien

Das Einkommensteuerrecht unterliegt bestimmten Prinzipien und Grundsätzen, die für eine gerechte Besteuerung und ein einheitliches Gesamtsystem sorgen sollen[193]. Die systematische Ordnung des Steuerrechts dient nicht einem abstrakten theoretischen Ziel, sondern ist instrumentale Voraussetzung für eine den Wertungen und Anforderungen unserer Verfassung konforme Besteuerung[194]. Gerade auch im Hinblick auf eine verfassungsgemäße Einkommensbesteuerung von Familien ist eine gerechte Bemessungsgrundlage zu fordern, für die bestimmte Maßstäbe und Steuerverteilungsprinzipien beachtet werden müssen. Aus Gründen des Rechts- und des Sozialstaates muß streng zwischen Fiskalzweck- und Sozialzwecknormen unterschieden werden[195].

---

189 *Birk*, Steuerrecht I, § 6 Rn 13; zu den Einzelheiten s. (Kapitel 2) A. II., 1.
190 Dazu umfassend *Tipke*, Steuerrechtsordnung, Bd. 2.
191 S. dazu Kapitel 1 B. IV.
192 Dazu im einzelnen (Kapitel 2) A. II.
193 Vgl. schon Kapitel 1 B. I., II.
194 Vgl. *Friauf*, StuW 1985, S. 308.
195 S. hierzu *Forsthoff*, VVDStRL 12 (1954), S. 8 (14 ff.).

Im folgenden soll untersucht werden, inwieweit die in Kapitel 1 bereits genannten Besteuerungsprinzipien verfassungsrechtlich fundiert sind.

b) Das Nettoprinzip

Vorliegend soll die verfassungsrechtliche Dimension des Nettoprinzips[196] geprüft werden. Konkret geht es um die Frage, ob das Prinzip verfassungsgemäß bzw. nach der Verfassung zwingend ist.

Der Deutsche Juristentag hat 1988 beschlossen, daß das Nettoprinzip ein indentitätskonstituierendes Merkmal der Einkommensteuer darstelle und als solches nicht zur Disposition des Gesetzgebers stehe[197].

Auch das BVerfG scheint mittlerweile anzuerkennen, daß dem geltenden Einkommensteuerrecht das Prinzip der Nettobesteuerung zugrunde liegt. Ob es allerdings verfassungsrechtlich vorgeschrieben ist, läßt das Gericht dahingestellt. Selbst wenn dies so sei, so könne der Gesetzgeber bei Vorliegen gewichtiger bzw. sachlich einleuchtender Gründe davon abweichen[198]. Der Gesetzgeber sei bei Normierung der Ausnahmen also nicht völlig frei. Er müsse darauf achten, daß eine unterschiedliche Behandlung im Hinblick auf den allgemeinen Gleichheitssatz (Art. 3 I GG) gerechtfertigt sei, wobei ihm allerdings eine weite Beurteilungs- und Gestaltungsfreiheit zustehe[199]. Außerdem dürfe er sich - wie stets bei der Ordnung von Massenerscheinungen - bei der Ausgestaltung seiner Normen typisierender und pauschalierender Regelungen[200] bedienen. Im Ergebnis läßt sich also festhalten, daß das Nettoprinzip nur beim Vorliegen sachlicher Gründe durchbrochen werden darf.

Das Nettoprinzip ergibt sich aus dem Grundsatz der Besteuerung nach der wirtschaftlichen Leistungsfähigkeit, der sich aus dem Gleichheitsgrundsatz ergibt[201].
Folglich ist auch das Nettoprinzip ein verfassungsrechtlich geschützter Grundsatz.
Verfassungsrechtliche Maßstäbe des subjektiven Nettoprinzips sind Art. 3 I GG mit dem Leistungsfähigkeitsprinzip als Vergleichsmaßstab, Art. 1 I GG (Unantastbarkeit der Menschenwürde), das Verbot der Erdrosselungssteuer und das Sozialstaatsprinzip (Art. 20 I, 28 I GG)[202].

---

196 Zum Inhalt vgl. Kapitel 1 B. V., 2a.

197 57. DJT 1988, Sitzungsbericht N, S. 214.

198 Grundl. BVerfG v. 2.10.69 - 1 BvL 12/67, BVerfGE 27, 58 (64 f.) - Kilometer-Pauschale; im weiteren BVerfG v. 7.11.72 - 1 BvR 338/68, BVerfGE 34, 103 (115); BVerfG v. 23.1.90 – 1 BvL 4, 5, 6, 7/87, BVerfGE 81, 228 (237 f.); zu dieser Rspr. *Herzog,* StbJb 1985/86, S. 38 ff.; *Arndt/Schumacher,* AöR Bd. 118 (1993), S. 513 (520 ff.).

199 BVerfG v. 23.1.90 - 1 BvL 4, 5, 6, 7/87, BVerfGE 81, 228 (237).

200 Vgl. dazu oben (Kapitel 2) A. II., 2b.

201 *Söffing*, Harzburger Steuerprotokoll, S. 233 (234).

202 *Tipke/Lang*, Steuerrecht[16], § 9 Rn 72; vgl. auch *Arndt/Schumacher*, DStR 1994, S. 1219 (1219).

c) Die für die Sozialzweckbesteuerung relevanten Prinzipien

Mit Sozialzwecknormen verfolgt der Gesetzgeber durch steuerliche Gestaltungswirkungen außerfiskalische Zwecke[203]. Diese Gestaltungswirkungen treten neben den Belastungswirkungen ein.

Die (begünstigenden) Sozialzwecknormen gehören materiell gesehen zum Wirtschaftsrecht, Sozialrecht oder anderen Gebieten, nicht jedoch zum Steuerrecht[204]. Sie müssen dem Gemeinwohl dienen und können sich an den diversen Regeln der Gerechtigkeit oder der Zweckmäßigkeit (Bedürfnis-, Bedarfs- oder Verdienstprinzip) orientieren[205]. Im Gegensatz zu den Fiskalzwecknormen, die von rechtsstaatlichen Besteuerungsprinzipien geprägt werden, sind die Sozialzwecknormen durch den Wohlfahrtszweck, durch sozialstaatliche Prinzipien geprägt[206].

Ist eine Sozialzwecknorm nicht gerechtfertigt, so liegt bei Vergünstigungen eine Privilegierung, also ein Steuergeschenk[207] und bei Steuer(-sonder)belastungen eine Diskriminierung vor. Umstritten ist allerdings, ob eine nicht gerechtfertigte Sozialzwecknorm als Fiskalzwecknorm aufrechterhalten werden kann, wenn sie dem Leistungsfähigkeitsprinzip objektiv entspricht[208]. Den Vergleichsmaßstab, nach dem zu prüfen ist, ob eine steuerliche Bevorzugung oder Benachteiligung gerechtfertigt ist, bildet das rechtfertigende Prinzip. Der Gesetzgeber darf - wie oben bereits festgestellt[209] - ordnend und lenkend mit Hilfe der Steuern in die Wirtschaft eingreifen, wobei dann aber eine verfassungsrechtliche Rechtfertigung in dem verfolgten Lenkungsziel und der gewählten Ausgestaltung erforderlich ist[210].

Außerfiskalische Steuerwirkungen können für die verfassungsrechtliche Rechtfertigung der Steuererhebung unter zwei Gesichtspunkten Bedeutung erlangen: zum einen kann der Sozialzweck einer Steuernorm die Rechtfertigung einer eventuellen Abweichung der Belastungswirkungen vom Maßstab der gleichen Besteuerung nach der Leistungsfähigkeit bilden, zum anderen kann die steuerliche Gestaltungswirkung einen Eingriff in die grundrechtliche Freiheitsbetätigung darstellen, welcher gesondert gerechtfertigt werden muß[211].

---

203 Vgl. dazu Kapitel 1 B. III., 3.

204 *Vogel*, StuW 1977, S. 97 (99); *Lang*, Bemessungsgrundlage, S. 68 m.w.N. in Fn 176.

205 *Tipke*, Steuergerechtigkeit, S. 16, 63; vgl. auch Kapitel 1 B. VI.

206 Anknüpfend an *Forsthoffs* These in VVDStRL 12 (1954), S. 8 (19): Rechtsstaat und Sozialstaat sind verschieden. Beide haben eigene Intentionen, Formen, Begriffe, wobei der Rechtsstaat auf Freiheit hin angelegt ist und der Sozialstaat dem Wohlfahrtszweck durch Leistung und Umverteilung (Teilhabe) dient.

207 Dazu *Kirchhof*, NJW 1988, S. 3217 (3226); *ders.*, StuW 1996, S. 3 (9).

208 Hierzu *Vogel*, StuW 1977, S. 97 ff; *Birk*, Leistungsfähigkeitsprinzip, S. 236 ff - er unterscheidet auch nach Normwirkungen; *ders.*, Steuerrecht I, § 7 Rn 18 ff.

209 S. Kapitel 1 B. III., 3.

210 *Kirchhof*, Stbg. 1997, S. 193 (196); vgl. auch *Birk*, Steuerrecht I, § 7 Rn 21.

211 Vgl. *v. Arnim*, VVDStRL 39 (1981), S. 286 (332 f.) zu der Dualität dieser Prüfung, allerdings im Rahmen von Art. 14 GG; s. auch *Birk*, Leistungsfähigkeitsprinzip, S. 231.

aa) Die Gleichheitswidrigkeit steuerlicher Gestaltungswirkungen

Der Gesetzgeber nimmt zur Erreichung der beabsichtigten Lenkungszwecke typischerweise eine - orientiert am Maßstab der gleichmäßigen Besteuerung nach der Leistungsfähigkeit - ungerechte Lastenverteilung in Kauf. Diese Abweichung muß durch den jeweiligen Lenkungszweck gerechtfertigt sein[212]. Dafür muß eine „erkennbare Entscheidung des Gesetzgebers“ vorliegen[213].

Neben Lenkungszwecken kommt als außerfiskalischer Zweck auch die Umverteilung in Betracht. Gleichheitsrechtlich sind sowohl die Steuerverschonung als auch die Sozialleistungen Mittel zur Umverteilung[214]. Außerfiskalische Einwirkungen in Form von Steuervergünstigungen stellen jedoch nicht solche Abzüge von der Bemessungsgrundlage dar, die einer wirklichen Minderung der Leistungsfähigkeit Rechnung tragen, wie z.B. bei Unterhaltsleistungen[215]. Eine schon durch die Besteuerung nach der Leistungsfähigkeit erzielte Umverteilung kann sowieso nicht gleichzeitig als besonderer Sozialzweck qualifiziert werden.

Blickt man allein auf Art. 3 I GG, so wäre - unter Berücksichtigung des Sozialstaatsprinzips - eine Umverteilung im Interesse sozialer Gerechtigkeit grundsätzlich zulässig[216]. Für die Rechtfertigung einer Umverteilung mittels des Sozialstaatsprinzips wären verfassungsdogmatisch dieselben Maßstäbe anzuwenden wie sonst bei der Begründung der Besteuerung nach der Leistungsfähigkeit.

bb) Das Gemeinwohl- und das Bedürfnisprinzip

Das BVerfG setzt das Gemeinwohlprinzip z.B. bei der Fortführung von Unternehmen durch die Erben insoweit ein, als es das Unternehmen als dem Gemeinwohl besonders verpflichtet und an dieses gebunden ansieht[217] und daraus folgert, daß die Fortführung eines Betriebes durch Erben nicht an der Erbschaftsteuerlast scheitern darf[218].

Das Bedürfnisprinzip wird verfassungsrechtlich abgeleitet aus Art. 3 I GG und dem Sozialstaatsprinzip, für die Familienbesteuerung zusätzlich auch aus Art. 6 I GG (dazu sogleich sub. B.). Es garantiert jedem Bürger staatlich ein Existenzminimum, sofern er nicht in der Lage ist, seinen Lebensunterhalt selbst zu erwirtschaften[219]. Daher gilt dieses Prinzip nur subsidiär.

---

212 Vgl. etwa *Vogel*, Grundzüge des Finanzrechts des Grundgesetzes, HStR Bd. IV, § 87 Rn 86; *Birk*, Steuerrecht I, § 7 Rn 21.

213 BVerfG v. 22.6.95 - 2 BvL 37/91, BVerfGE 93, 121 (147) = BStBl. II 1995, 655 (664).

214 *Zacher*, Das soziale Staatsziel, HStR Bd. I, § 27 Rn 73 m.w.N.

215 *Vogel*, Grundzüge des Finanzrechts des Grundgesetzes, HStR Bd. IV, § 87 Fn 355.

216 *Benda*, Der soziale Rechtsstaat, HVerfR § 17 Rn 171; krit. *Mußgnug*, JZ 1991, S. 993 (996).

217 BVerfG v. 22.6.95 - 2 BvR 552/91, BVerfGE 93, 165 (175) - Erbschaftsteuer.

218 BVerfG v. 22.6.95 - 2 BvR 552/91, BVerfGE 93, 165 (176) unter Hinweis auf die verminderte Leistungsfähigkeit der Erben.

219 *Bareis*, Harzburger Steuerprotokoll, S. 25 (34); so auch die These 2, BMF, Thesen der Einkommensteuer-Kommission zur Steuerfreistellung des Existenzminimums, S. 23 ff.

IV. Zwischenergebnis

Zusammenfassend läßt sich feststellen, daß die Besteuerungsgewalt des Gesetzgebers durch einige Verfassungsnormen allgemein begrenzt wird. Die oben aufgezeigten Vorgaben und Grenzen für den Steuergesetzgeber sind allerdings weit gesteckt, lassen ihm also einen großen Gestaltungsspielraum.

B. Spezielle Vorgaben der Verfassung für die Familienbesteuerung

Im weiteren soll festgestellt werden, welche Vorgaben der Verfassung ganz speziell für die Besteuerung von Ehegatten und Familien zu entnehmen sind. Da sich bereits andere Arbeiten ausführlich mit dem allgemeinen grundrechtsdogmatischen Schutz der Familie beschäftigt haben[220], soll hier der Versuch unternommen werden, diese Grundlagen auf das Notwendige zu beschränken.
Bei der Untersuchung, welche Vorgaben der Verfassung speziell für die Besteuerung von Familien zu entnehmen sind, muß zunächst der allgemeine Schutz der Familie durch Art. 6 I GG beleuchtet werden. Im Anschluß daran kann geklärt werden, welche Vorgaben Art. 6 I GG speziell für die Steuergesetzgebung aufstellt.

I. Der Schutz von Ehe und Familie durch Art. 6 I GG

1. Entstehung und Entwicklung des Art. 6 GG

In der Weimarer Reichsverfassung (WRV) wurde in den Art. 119 - 122 erstmals in der deutschen Verfassungsgeschichte der Schutz von Familien und Kindern geregelt und damit institutionell geschützt. Auf dieser Tradition beruht Art. 6 GG.[221]
Art. 6 GG ist jedoch im Gegensatz zu den Vorschriften der WRV durch eine freiheitlichere Tendenz gekennzeichnet, denn er statuiert keine Pflichten und gibt keine Definitionen vor, was z.B. unter Familie zu verstehen ist[222]. Insgesamt stehen Ehe und Familie in einem Spannungsverhältnis zwischen dem persönlichem Wert für den Einzelnen und seiner persönlichen Lebensgestaltung[223] und der großen Bedeutung für den Staat[224]. Seine dogmatische Entsprechung findet dies in Art. 6 GG durch die Kombination von Freiheitsgrundrecht und Institutsgarantie. Das Bundes-

---

[220] Vgl. etwa *Schmid*, Die Familie.
[221] *Schmid*, Die Familie, S. 244 ff.
[222] *Gröschner*, in: Dreier, Art. 6 Rn 4.
[223] BVerfG v. 11.4.67 - 2 BvL 3/62, BVerfGE 21, 329 (353) spricht von einer „Sphäre privater Lebensgestaltung, die staatlicher Einwirkung entzogen ist"; Verbindung mit Art. 2 I und Art. 1 I GG in BVerfG v. 5.6.73 - 1 BvR 536/72, BVerfGE 35, 202 (220); begriffliche Hervorhebung von Ehe und Familie bei *Gusy*, JA 1986, S. 183 (184 ff.).
[224] *Gröschner*, in: Dreier, Art. 6 Rn 4.

verfassungsgericht spricht zusammenfassend von der „Freiheitsgarantie für Ehe und Familie“[225].

Das in Art. 6 GG verankerte Familienrecht war, nachdem es im Entwurf des Herenchiemseer Konvents nicht erwähnt worden war, das Ergebnis eines Kompromisses im Parlamentarischen Rat[226]. Im Gegensatz zu Regelungen zur Erziehung und zum Schutz von Kindern und Müttern, konnte über die allgemeine Garantie von Ehe und Familie lange keine Einigung erzielt werden[227]. Es bestand Streit darüber, ob die Regelung Grundrechts- und Institutscharakter haben oder nur Richtlinien für den Gesetzgeber[228] darstellen sollte. Insofern lassen sich aus der historischen Entwicklung keine dogmatischen Grundfragen ableiten[229].

Die Entwicklung des Art. 6 GG zeigte sich nicht im Wortlaut (dieser ist seit 1949 unverändert), sondern in seiner gesellschaftlichen Interpretation, die im Laufe der Zeit einem grundlegenden Wandel unterlag.

2. Schutzbereich des Art. 6 I GG

a) Vorbemerkung

Art. 6 I GG stellt Ehe und Familie unter den besonderen Schutz des Staates. Diese Leitnorm enthält die Grundprinzipien von Ehe und Familie[230].

Der gesellschaftliche Wandel, der sich insbesondere in den letzten Jahrzehnten in Deutschland vollzogen hat, hat auch vor den Institutionen Ehe und Familie nicht halt gemacht. Die gesellschaftliche Vorstellung von einer Ehe war zum Zeitpunkt der Entstehung der Weimarer Verfassung, die die Ehe als Grundlage des Familienlebens und der Entfaltung und Vermehrung der Nation unter den besonderen Schutz der Verfassung stellt, noch eine andere als sie heute ist. Besonders drastisch macht sich der Wandel seit Konstitution der Grundrechte 1949 bemerkbar. Mag es in der 1. Hälfte dieses Jahrhunderts noch eine Selbstverständlichkeit gewesen sein, daß kurz nach der Eheschließung durch die Geburt von Kindern eine Familie entsteht, so ist die Lage heute doch ganz anders[231]. In zunehmender Zahl gibt es kinderlose Ehen und immer häufiger wachsen Kinder in Lebensbeziehungen auf, die ihre Grundlage nicht in der Ehe oder zumindest nicht in der Ehe ihrer Eltern finden. Dabei drängt sich die Frage auf, was das für die Interpretation des Art. 6 I GG zur Folge hat. Im folgenden sollen daher die grundlegenden Begriffe des Art. 6 I GG Ehe und Familie inhaltlich geklärt und dargestellt werden.

---

225 BVerfG v. 29.7.59 - 1 BvR 205, 332, 333, 367/58, 1 BvL 27, 100/58, BVerfGE 10, 59 (83).

226 *Schmid*, Die Familie, S. 264.

227 *Zacher*, Elternrecht, HStR Bd. VI, § 134 Rn 25 ff.; *Richter*, in: AK, Art. 6 Rn 6.

228 JöR, NF, Bd. 1 (1951), S. 92 (94, 98).

229 *Gröschner*, in: Dreier, Art. 6 Rn 10.

230 BVerfG v. 4.5.71 - 1 BvR 636/68, BVerfGE 31, 58 (70); BVerfG v. 27.5.70 - 1 BvL 22/63 u. 27/64, BVerfGE 28, 324 (360 f.) spricht vom „Leitbild“ der Ehe.

231 Zum enormen sozialen Wandel vgl. *Zippelius*, DÖV 1986, S. 805 ff.; *Lecheler*, DVBl. 1986, S. 905 ff.

Im Grundgesetz sind beide Begriffe nicht näher konkretisiert. Dies darf jedoch nicht zu dem Rückschluß führen, daß insoweit der Begriff Ehe oder sogar das gesamte Eherecht des BGB durch die Verfassung übernommen werden sollte[232]. Vielmehr muß wegen der Eigenständigkeit des Verfassungsrechts die Interpretation bzw. der Inhalt von Grundrechten aus dem Grundgesetz selbst hergeleitet werden[233]. Auszugehen ist von dem allgemeinen Wortverständnis zur Zeit der Verfassungsgebung unter Berücksichtigung eines Wandels des allgemeinen Begriffsverständnisses[234].

b) Ehe

Das BVerfG beschäftigte sich mit Art. 6 GG erstmals 1953[235], aber erst 1959 näher mit dem Begriff der Ehe i.S.v. Art. 6 I GG[236]. Das BVerfG spricht von der Vereinigung eines Mannes und einer Frau zur grundsätzlich unauflöslichen Lebensgemeinschaft[237] und dem Rechtsverhältnis aufgrund staatlicher Regelung[238] als den zwei Elementen des Ehebegriffs. Diese Definition des Begriffs Ehe wird seither vom BVerfG verwendet[239].

Aus Art. 6 I GG folgt der Grundsatz der Gleichwertigkeit jeder Ehe, d.h. alle Ehen haben in der Rechtsordnung den gleichen Rang und eine später geschlossene Ehe darf nicht geringer geachtet werden, als eine vorhergehende[240].

Ehe i.S.d. Art. 6 I GG ist nur die standesamtlich geschlossene und beurkundete Ehe, die kirchliche Trauung genügt für sich allein nicht[241]. Ausnahmen hierzu sind aber bei Beteiligung von Ausländern möglich, etwa durch Gewährung eines beschränkten Wirkungskreises des Art. 6 GG („hinkende Ehe")[242]. Das Recht begründet erst die Ehe, wobei aber die bestehende Lebensgemeinschaft die Grundlage bildet und diese in neuerer Zeit auch höher gestellt wird, als die rechtliche Anerkennung[243]. Das zeigt sich insbesondere daran, daß eine nach deutschem Recht ungültige Eheschließung - bei bestehender Lebensgemeinschaft - rechtlich als Ehe

---

232 *Gusy*, JA 1986, S. 183 (184).

233 BVerfG v. 4.5.71 - 1 BvR 636/68, BVerfGE 31, 58 (69).

234 Vgl. BVerfG v. 4.5.71 - 1 BvR 636/68, BVerfGE 31, 58 (82 f.); BVerfG 28.2.80 - 1 BvL 136/78, 1 BvR 890/77, 1300, 1440/78 u. 32/79, BVerfGE 53, 224 (245).

235 BVerfG v. 18.12.53 -1 BvL 106/53, BVerfGE 3, 225 (241 ff.).

236 BVerfG v. 29.7.59 - 1 BvR 205, 332, 333, 367/58, 1 BvL 27, 100/58, BVerfGE 10, 59 (66 f.), zur Verfassungsmäßigkeit von §§ 1628, 1629 BGB.

237 BVerfG v. 29.7.59 - 1 BvR 205, 332, 333, 367/58, 1 BvL 27, 100/58, BVerfGE 10, 59 (66).

238 BVerfG v. 30.11.82 - 1 BvR 818/81, BVerfGE 62, 323 (330).

239 Vgl. BVerfG v. 30.11.82 - 1 BvR 818/81, BVerfGE 62, 323 (330), unter Hinweis auf BVerfG v. 28.2.80 - 1 BvL 136/78, 1 BvR 890/77, 1300, 1440/78 u. 32/79, BVerfGE 53, 224 (245).

240 BVerfG v. 21.10.80 - 1 BvR 179, 464/78, BVerfGE 55, 114 (128 f.).

241 *Schmitt-Kammler*, in: Sachs, Art. 6 Rn 14.

242 BVerfG v. 30.11.82 - 1 BvR 818/81, BVerfGE 62, 323 (331); *Schmitt-Kammler*, in: Sachs, Art. 6 Rn 10 f.

243 *Gusy*, JA 1986, S. 183 (184).

zu behandeln ist[244], wohingegen eine Scheinehe keinen (zumindest nicht den vollen) Schutz genießt[245].
Art. 6 I GG garantiert auch die Freiheit der Eheschließung[246]. Daraus folgt die staatliche Pflicht, die Entscheidung keine Ehe einzugehen, zu respektieren. Nichteheliche Lebensgemeinschaften genießen den Grundrechtsschutz des Art. 6 GG nicht, wohl aber den des Art. 2 I GG.
Ehemerkmal ist die Geschlechtsverschiedenheit der Eheleute, Verbindungen von gleichgeschlechtlichen Partnern sind demzufolge, auch nach allgemeinem Verständnis, keine „Ehepaare"[247]. Für diese Paare gilt Art. 2 I GG[248]. In der Literatur mehren sich aber die Stimmen, die es für verfassungsrechtlich zulässig halten würden, wenn der (einfache) Gesetzgeber auch gleichgeschlechtlichen Partnern die Ehe ermöglichen würde[249].
Ehe i.S.d. Art. 6 I GG ist die Einehe, wobei aber im Ausland geschlossene Mehrehen von Ausländern auch dem Schutz unterfallen sollen[250]. Dies wäre übertragbar auf im Ausland wirksam geschlossene Ehen von gleichgeschlechtlichen Partnern, denn hierdurch würden „Strukturprinzipien" der Ehe[251] durch Entwicklungen eines fremden und nicht des deutschen Eheverständnisses modifiziert[252]. Auch auf politischer Ebene gibt es Tendenzen, gleichgeschlechtlichen Partnerschaften das Recht auf Eheschließung einzuräumen[253].
c) Familie
Der Familienbegriff[254] ist im Gegensatz zum Begriff der Ehe dogmatisch schwieriger zu erfassen. Der Verfassungsgeber hatte die „bürgerliche Kleinfamilie" als Ge-

---

244 BVerfG v. 30.11.82 - 1 BvR 818/81, BVerfGE 62, 323 (329 ff.); anders wohl noch BVerfG v. 7.10.70 - 1 BvR 409/67, BVerfGE 29, 166 (175 ff.), wo allerdings eine Lebensgemeinschaft nicht erkennbar war, aber das Gericht auf diesen Umstand auch nicht abgestellt hat.

245 Vgl. *Gröschner*, in: Dreier, Art. 6 Rn 64.

246 Ausf. BVerfG v. 4.5.71 - 1 BvR 636/68, BVerfGE 31, 58 (67 f.).

247 BVerfG NJW 1993, S. 3058 (3058 f.); OLG Köln NJW 1993, S. 1997 (1997 f.); LG Frankfurt/Main NJW 1993, S. 1998 (1998 f.); *Pieroth*, in: Jarass/Pieroth[4], Art. 6 Rn 2; *Bleckmann*, Staatsrecht II, S. 883 f.; a.A. AG Frankfurt/Main NJW 1993, S. 940 (941); vgl. auch *Bruns*, ZRP 1996, S. 6 ff.

248 Dazu *Bruns*, ZRP 1996, S. 6 (8 f.).

249 So *Ott*, NJW 1998, S. 117 (117, 119); a.A. *Pauly*, NJW 1997, S. 1955 (1955 ff.); diff. *Gröschner*, in: Dreier, Art. 6 Rn 32, der es als verfassungsrechtlich unzulässig ansieht, ungleich- und gleichgeschlechtliche Partnerschaften völlig gleichzustellen, aber eine staatliche Anerkennung etwa in Form der Registrierung für zulässig hält; zur steuerrechtlichen Gleichstellung s. BFH v. 12.4.91 - III R 85/89, NJW 1991, S. 2312.

250 *E. v. Münch*, in: v. Münch/Kunig[4], Art. 6 Rn 4; zurückhaltend BVerfG v. 12.5.87 - 2 BvR 1226/83, 101, 313/84, BVerfGE 76, 1 (41 f.); s. auch *Spickhoff*, JZ 1991, S. 323 (326 f.).

251 BVerfG v. 30.11.82 - 1 BvR 818/81, BVerfGE 62, 323 (330).

252 *Schmitt-Kammler*, in: Sachs, Art. 6 Rn 7.

253 Vgl. dazu Gesetzentwurf der Fraktion *Die Grünen*, BT-Drucks. 11/7197, S. 1 (10) u. BT-Drucks. 13/2728; sowie die Aufforderung des Europäischen Parlaments an die EG-Kommission, BT-Drucks. 12/7069.

254 Ausf. *Schmid*, Die Familie.

meinschaft von Eltern und Kindern[255] vor Augen, also ein Ehepaar mit seinen (vorwiegend minderjährigen) Kindern. Dabei erschien die Ehe als Vorstufe zur Familie[256]. Der Parlamentarische Rat wollte zwar sowohl die Ehe mit Kindern als auch die kinderlose Ehe als Familie bestimmen[257], jedoch kann der Beziehung zwischen kinderlosen Ehegatten nicht die Qualität einer Familie zukommen[258]. Die Qualifizierung als Familie ist auch nicht notwendig, da diese Beziehung als Ehe ohnehin dem Schutz des Art. 6 I GG unterfällt.
Das BVerfG hat schon 1959 die Familie als umfassende Gemeinschaft von Eltern und Kindern bestimmt[259]. In dieser Entscheidung sprach das Gericht von zwei Rechtsinstituten: einerseits die Ehe und andererseits die Familie. Daraus läßt sich ableiten, daß die Familie heute nicht mehr unbedingt das Ergebnis einer Ehe sein muß, sondern daß vielmehr die Familie von einer Ehe unabhängig ist[260]. Begreift man nun die Familie als Gemeinschaft zwischen Eltern und Kindern, die auf einer Ehe beruhen kann, aber nicht auf ihr beruhen muß, dann gilt der besondere Schutz des Art. 6 I GG - auch vor dem Hintergrund des Art. 6 II GG - Lebensgemeinschaften mit Kindern[261], wobei auch andere Formen von Lebensgemeinschaften vereinzelten Grundrechtsdimensionen unterstellt werden können, hierfür muß jedoch der Nachweis der Vergleichbarkeit erbracht werden[262]. Zieht man noch Art. 6 V GG (Gleichstellung der nichtehelichen Kinder) hinzu, so ergibt sich, daß jede Lebensgemeinschaft zwischen Eltern und Kindern eine Familie darstellt. Dementsprechend fällt auch die durch den Wegfall eines Elternteils unvollständig gewordene Familie unter den Tatbestand des Art. 6 I GG, ebenso das zwischen dem Kind und seiner unehelichen Mutter[263] bzw. seinem unehelichem Vater[264] bestehende Verhältnis sowie Elternpaare, die mit nichtehelichen Kindern zusammen leben („faktische Familien")[265]. Ferner sind auch Eltern mit Stief-, Adoptiv-[266] sowie Pflegekindern durch Art. 6 I GG geschützt[267].

---

255 Vgl. BVerfG v. 18.4.89 - 2 BvR 1169/84, BVerfGE 80, 81 (90).

256 Auffassung im Parlamentarischen Rat, zit. in BVerfG v. 17.1.57 - 1 BvL 4/54, BVerfGE 6, 55 (73 f.).

257 *Heuß*, JöR, NF, Bd. 1 (1951), S. 92 (95).

258 *Gröschner*, in: Dreier, Art. 6 Rn 51; *E. v. Münch*, Ehe und Familie, HVerfR, § 9 Rn 14; a.A. *Pirson*, in: Bonner Kommentar, Art. 6 Rn 22.

259 BVerfG v. 29.7.59 - 1 BvR 205, 332, 333, 367/58, 1 BvL 27, 100/58, BVerfGE 10, 59 (66).

260 a.A. *Lecheler*, Schutz von Ehe und Familie, HStR Bd. VI, § 133 Rn 42.

261 BVerfG v. 29.7.59 - 1 BvR 205, 332, 333, 367/58, 1 BvL 27, 100/58, BVerfGE 10, 59 (66); BVerfG v. 10.11.81 - 1 BvR 894/78, BVerfGE 59, 52 (63).

262 BVerfG v. 10.11.81 - 1 BvR 894/78, BVerfGE 59, 52 (63).

263 BVerfG v. 30.6.64 - 1 BvL 16, 17, 18, 19, 20, 21, 22, 23, 24, 25/62, BVerfGE 18, 97 (105 f.).

264 BVerfG v. 8.6.77 - 1 BvR 265/75, BVerfGE 45, 104 (123); BVerfG v. 30.11.88 - 1 BvR 37/85, BVerfGE 79, 203 (211); *Pieroth*, in: Jarass/Pieroth[4], Art. 6 Rn 4; a.A. *Lecheler*, Schutz von Ehe und Familie, HStR Bd. VI, § 133 Rn 45.

265 BFH v. 24.11.89 - VI R 66/88, NJW 1990, S. 1319 (1320 re. Sp.); *Schmitt-Kammler*, in: Sachs, Art. 6 Rn 16; *v. Campenhausen*, VVDStRL 45 (1987), S. 8 (23); dagegen stellt *Maunz*, in: Maunz/Dürig, Art. 6 Rn 16a auf die Verwandtschaft ab und diskutiert hierdurch zwei

Für Kinder folgt die Rechtsstellung als Familienmitglied aus dem Elternrecht des Art. 6 II GG und nicht aufgrund eigener Entscheidung[268].

d) Verhältnis der Ehe zur Familie

Nach den Ausführungen zum Ehe- und Familienbegriff ist zu fragen, in welchem Verhältnis die beiden Institute zueinander stehen.

In der heutigen Zeit ist eine Entkoppelung von Ehe und Familie feststellbar[269]. Ein Wandel im Normbereich darf bei der Auslegung nicht unberücksichtigt bleiben[270]. Es ist daher zu fragen, welche Bedeutung dieser soziale Wandel für die Auslegung des Art. 6 I GG hat.

Ehe und Familie treten besonderes im Rahmen des Förderungsgebots in eine Konkurrenzsituation um die knappen staatlichen Förderungsmittel[271]. Es wird kritisiert, daß das Steuerrecht durch das Ehegattensplitting die Ehe einseitig zu Lasten der Familie fördere[272]. Außerdem wird der Ehe aufgrund ihrer geringeren Bedeutung in der Realität der Anspruch auf Förderung abgesprochen. Aus der steigenden Bedeutung der Familien für die Gesellschaft durch die Pflege und Erziehung der Kinder, die später im Rahmen des Generationenvertrages nicht nur die für die Rente ihrer Eltern aufkommen müssen, sei zu folgern, daß nur noch die Familie Anknüpfungspunkt für eine begünstigende Behandlung sein dürfe[273].

Dem ist aber entgegenzuhalten, daß Ehe und Familie vom Grundgesetz als gleichberechtigte Schutzgüter angesehen werden[274]. Für die Verteilung von Begünstigungen zwischen Ehe und Familie enthält Art. 6 I GG keinen festen Maßstab[275]. Das BVerfG konnte in seiner Entscheidung zum Familienexistenzminimum nicht feststellen, daß die Familienförderung nicht dem Förderungsgebot genügt[276]. Auch wenn eine Entkoppelung von Ehe und Familie zu beobachten ist, also immer mehr

---

Familien (Mutter-Kind / Vater-Kind); BSozG v. 6.8.92 - 10 RKg 7/91, NJW 1993, S. 1159 (1160): zwei Halbfamilien.

266 So schon *Greve,* JöR, NF, Bd. 1 (1951), S. 92 (95); BVerfG v. 18.4.89 - 2 BvR 1169/84, BVerfGE 80, 81 (90).

267 *Schmitt-Kammler*, in: Sachs, Art. 6 Rn 16.

268 *Gusy,* JA 1986, S. 183 (185).

269 *Steiger*, VVDStRL 45 (1987), S. 55 (85); und *Friauf*, NJW 1986, S. 2595 (2602) sprechen in erster Linie von einem soziologischen Befund; vgl. auch (Kapitel 2) B. I., 2a.

270 *Larenz*, Methodenlehre, S. 360 ff.

271 *Zeidler*, Ehe und Familie, HVerfR (1. Aufl.), S. 596 f.

272 *E. v. Münch*, in: v. Münch/Kunig[4], Art. 6 Rn 21; *Lecheler*, DVBl. 1986, S. 905 (911).

273 *Zeidler*, Ehe und Familie, HVerfR (1. Aufl.), S. 602 ff.; *E. v. Münch*, Ehe und Familie, HVerfR, § 9 Rn 36 hält die Gleichbehandlung von Ehe und Familie im Steuerrecht für nicht gerechtfertigt.

274 *F. Klein*, FS f. Zeidler, S. 773 (775 f. u. 797).

275 BVerfG v. 4.5.60 – 1 BvL 17/57, BVerfGE 11, 64 (69); *E. v. Münch*, in: v. Münch/Kunig[4], Art. 6 Rn 11.

276 BVerfG v. 29.5.90 – 1 BvL 20, 26/84 u. 4/86, BVerfGE 82, 60 (81 f.).

Ehen geschieden werden bzw. Paare mit Kindern unverheiratet zusammenleben[277], so ist noch keine gesellschaftliche Abkehr von der Ehe zu erkennen. Dabei ist ferner zu bedenken, daß trotz eines Anstiegs des Anteils der unehelich geborenen Kinder, die weit überwiegende Anzahl von Kindern im Rahmen einer Ehe geboren[278] und (wenn auch nicht in der Ehe ihrer Eltern) erzogen wird. Damit hat das Institut der Ehe immer noch eine große Bedeutung in der heutigen Gesellschaft. Der soziale Bedeutungswandel der Ehe kann damit keine verfassungsrechtliche Pflicht[279] zur einer stärkeren Begünstigung der Familie im Vergleich zur Ehe begründen[280]. Daraus folgt, daß die Ehe denselben Schutz genießt, wie die Familie[281]. Art. 6 I GG rechtfertigt auch eine Begünstigung der Ehe als Lebensform[282], sie ist nicht aus dem Förderungsgebot des Art. 6 I GG auszuklammern[283].

e) Grundrechtsträger

Träger des Grundrechts können nur natürliche Personen sein, wobei der Schutz nicht nur der Gemeinschaft als solcher gilt, sondern vielmehr auch die betroffenen Personen (Ehepartner, Familienangehöriger) erfaßt[284]. In den Schutzbereich der Norm ist jedes einzelne Mitglied einbezogen und dazu berechtigt, dies geltend zu machen, aber jeweils nur in seinem Status als Familienangehöriger[285]. Art. 6 I GG ist ein Menschen- nicht nur ein Deutschenrecht[286].

3. Dimensionen des Art. 6 I GG

a) Allgemeines

Aus Art. 6 I GG läßt sich der generelle Garantiegehalt des Art. 6 GG und die systematische Interpretationsgrundlage für die einzelnen Regelungen der folgenden Absätze entnehmen.

---

[277] Vgl. Bundesministerium für Familie, Senioren, Frauen und Jugend, Die Familie im Spiegel der amtlichen Statistik, S. 78 ff.

[278] Bundesministerium für Familie, Senioren, Frauen und Jugend, Die Familie im Spiegel der amtlichen Statistik, S. 99: 1996 wurden in Deutschland 83% der Kinder ehelich geboren.

[279] Rechtspolitisch sollte allerdings die Förderung der Familie Vorrang haben, s. *Steiger*, VVDStRL 45 (1987), S. 55 (85).

[280] *Arndt/Schumacher*, AöR Bd. 118 (1993), S. 513 (575 f.).

[281] *Lingemann*, Familienbesteuerung, S. 55; a.A. (der Schutz der Familie hat im Fall der Konkurrenz Vorrang vor dem Schutz der Ehe) *Steiger*, VVDStRL 45 (1987), S. 55 (85); *Moderegger*, Familienschutz, S. 28, 40; zweifelnd *Herzog*, StbJb 1985/86, S. 27 (29).

[282] Vgl. BVerfG v. 12.5.87 – 2 BvR 1226/83, 101, 313/84, BVerfGE 76, 1 (51) zur Bezogenheit der Ehe auf die Familie; *v. Campenhausen*, VVDStRL 45 (1987), S. 7 (21); dagegen *Gröschner*, in: Dreier, Art. 6 Rn 43 ff.: dogmatische Entkoppelung von Ehe und Familie.

[283] *Arndt/Schumacher*, AöR Bd. 118 (1993), S. 513 (575 f.); anders *Gröschner*, in: Dreier, Art. 6 Rn 46 Fn 149 („entkoppelter Funktionsschutz“): Der Staat achtet die Ehe und fördert die Familie.

[284] *Pieroth*, in: Jarass/Pieroth[4], Art. 6 Rn 6; *Leibholz/Rinck/Hesselberger*, Art. 6 Rn 33.

[285] *Leibholz/Rinck/Hesselberger*, Art. 6 Rn 33; vgl. auch *Schmid*, Die Familie, S. 418 f.

[286] *Pieroth*, in: Jarass/Pieroth[4], Art. 6 Rn 6; *Schmitt-Kammler*, in: Sachs, Art. 6 Rn 22.

Art. 6 I GG stellt Ehe und Familie unter den besonderen Schutz der staatlichen Ordnung, die Individuen also nur in ihrer Eigenschaft als Mitglieder dieser Gemeinschaften[287]. Der Schutz ist nicht nur programmatischer Natur, sondern ist bindendes Verfassungsrecht[288]. Je nach „Entwicklungszustand" der Familie ist der Schutz abgestuft, grundsätzlich gilt er auch für Zweit- und weitere Ehen[289]. Nach ständiger Rechtsprechung des BVerfG ist Art. 6 I GG neben seiner Funktion als Grundrecht und Institutsgarantie eine wertentscheidende Grundsatznorm[290], hat also drei Wirkungsdimensionen. Als positive Seite enthält Art. 6 I GG ein Förderungsgebot an den Staat und als negative ein Benachteiligungs- bzw. Diskriminierungsverbot gegenüber der Familie seitens des Staates[291].

b) Art. 6 I GG als Freiheitsgrundrecht

Art. 6 I GG intensiviert als Freiheitsgrundrecht natürlicher Personen[292] den Schutz des Art. 2 I GG im Privatbereich[293]. Es gewährt vorbehaltlos[294] ein Abwehrrecht gegenüber staatlichen Eingriffen, die im materiellen oder persönlichen Bereich Ehe und Familie beeinträchtigen[295]. Demgegenüber wirkt sich innerhalb der Familie die institutionelle Freiheit aus. Die Familienmitglieder dürfen aber im Innenverhältnis nicht nach freiem Belieben verfahren, sondern sind nur insoweit frei in der Gestaltung, als dies in familiärer Verantwortung und Rücksicht geschieht[296]. Subjekt dieses Familienschutzes ist - anders als bei klassischen Freiheitsrechten - die Gemeinschaft und nicht das einzelne Familienmitglied für sich genommen[297].

c) Art. 6 I GG als Institutsgarantie

Art. 6 I GG ist neben seiner Funktion als Freiheitsgrundrecht auch eine sog. Instituts- bzw. Einrichtungsgarantie[298]. Eine Institutsgarantie[299] verbürgt eine

[287] Dazu BVerfG v. 12.5.87 - 2 BvR 1226/83, 101, 313/84, BVerfGE 76, 1 (44 f.); BVerfG v. 8.3.88 - 1 BvL 9/85 u. 43/86, BVerfGE 78, 38 (49).

[288] BVerfG v. 30.11.82 - 1 BvR 818/81, BVerfGE 6, 55 Leitsatz 5.

[289] BVerfG v. 21.10.80 - 1 BvR 179/ 464/78, BVerfGE 55, 114 (128 f.); *Schmitt-Kammler*, in: Sachs, Art. 6 Rn 18; einschränkend *Lecheler*, Schutz von Ehe und Familie, HStR Bd. VI, § 133 Rn 73, 88-90.

[290] BVerfG v. 17.1.57 - 1 BvL 4/54, BVerfGE 6, 55 (72); BVerfG v. 12.5.87 - 2 BvR 1226/83, 101, 313/84, BVerfGE 76, 1 (49).

[291] Grdl. BVerfG v. 30.11.82 - 1 BvR 818/81, BVerfGE 6, 55 (76) zur Haushaltsbesteuerung; BVerfG v. 12.5.87 - 2 BvR 1226/83, 101, 313/84, BVerfGE 76, 1 (49); BVerfG v. 18.4.89 – 2 BvR 1169/84, BVerfGE 80, 81 (92 f.); ausf. *Lingemann*, Familienbesteuerung, S. 600 ff.; *Pechstein*, Familiengerechtigkeit, S. 129 ff.; *Schmitt-Kammler*, in: Sachs, Art. 6 Rn 32.

[292] BVerfG v. 24.6.62 - 1 BvL 32/57, BVerfGE 13, 290 (297 f.).

[293] BVerfG v. 16.6.76 - 2 BvR 97/76, BVerfGE 42, 234 (236); BVerfG v. 5.2.81 - 2 BvR 646/80, BVerfGE 57, 170 (178).

[294] BVerfG v. 4.5.71 - 1 BvR 636/68, BVerfGE 31, 58 (68 f.).

[295] BVerfG v. 17.1.57 - 1 BvL 4/54, BVerfGE 6, 55 (76).

[296] BVerfG v. 18.4.89 - 2 BvR 1169/84, BVerfGE 80, 81 (92).

[297] Vgl. dazu im einzelnen (Kapitel 2) B. I., 2e.

[298] An dem Sinn zweifelnd *Ott*, NJW 1998, S. 117 (117); sowie *Steiger*, VVDStRL 45 (1987), S. 55 (58).

Rechtseinrichtung, die für den Staat von grundsätzlicher Bedeutung ist und verankert diese normativ[300].
Als eine solche gewährleistet Art. 6 I GG den Bestand der privatrechtlichen Einrichtung Ehe und Familie i.S.d. Festschreibung des Kernbestandes der Vorschriften des Ehe- und Familienrechts[301]. Der Gesetzgeber hat diesen „Ordnungskern" zu beachten[302]. Nur das Wesen des Instituts steht somit unter verfassungsrechtlicher Garantie[303].
Die nähere Bestimmung des Inhalts der Institutsgarantie bereitet allerdings dogmatische Schwierigkeiten. Problematisch ist (wie z.B. auch bei Art. 14 GG), daß einerseits von einem verfassungsrechtlich geschützten Garantiebereich auszugehen ist, andererseits jedoch dessen einfachgesetzliche Ausgestaltung vorausgesetzt werden muß[304]. Dem versucht das BVerfG zu entgehen, indem es an vorgefundenen überkommenen Lebensformen anknüpft und die Verbindung mit dem Freiheitsgrundrecht sucht[305]. Die Institutsgarantie erfordert eine funktionale Interpretation[306] unter Berücksichtigung der elementaren Bedeutung der Familie für die Gesellschaft[307].

d) Art. 6 I GG als wertentscheidende Grundsatznorm

Art. 6 I GG wird über die institutionelle Garantie hinaus als objektivrechtliche bzw. wertentscheidende Grundsatznorm angesehen[308]. Daraus ergibt sich - über den schon grundrechtlich und institutionell geforderten Verzicht auf störende Eingriff hinaus - eine Pflicht, Ehe und Familie zu schützen und zu fördern. Dem Gesetzgeber verbleibt jedoch bei Wahrnehmung dieser Aufgaben ein weiter Gestaltungsspielraum[309]. Aus Art. 6 I GG erwachsen regelmäßig keine konkreten Leistungsan-

---

[299] Die von *Schmitt*, Aufsätze, S. 143 ff. getroffene Unterscheidung zwischen Institutsgarantien für privatrechtliche Rechtsinstitute und institutionellen Garantien für öffentlichrechtliche Institute bzw. Institutionen wurde vom BVerfG nicht aufgegriffen. Das BVerfG und ein Großteil der Literatur differenziert nicht zwischen Institutsgarantie und institutioneller Garantie.

[300] Vgl. *Stern*, Staatsrecht III/1, S. 782 ff.

[301] BVerfG v. 17.1.57 - 1 BvL 4/54, BVerfGE 6, 55 (72); BVerfG v. 18.4.89 - 2 BvR 1169/84, BVerfGE 80, 81 (92); *Gröschner*, in: Dreier, Art. 6 Rn 19.

[302] Hierzu BVerfG v. 4.5.71 - 1 BvR 636/68, BVerfGE 31, 58 (69 f.); 62, 323 (330); vgl. *Schmid*, Die Familie, S. 293 ff. zur Ehe als Institution.

[303] BVerfG v. 12.5.87 - 2 BvR 1226/83, 101, 313/84, BVerfGE 76, 1 (49); BVerfG v. 18.4.89 – 2 BvR 1169/84, BVerfGE 80, 81 (92).

[304] *Gröschner*, in: Dreier, Art. 6 Rn 23; *Zeidler*, Ehe und Familie, HVerfR (1. Aufl.), S. 557.

[305] BVerfG v. 4.5.71 - 1 BvR 636/68, BVerfGE 31, 58 (69).

[306] Vgl. *Pirson*, in: Bonner Kommentar, Art. 6 Rn 6 ff.

[307] BVerfG v. 14.11.73 - 1 BvR 719/69, BVerfGE 36, 146 (167).

[308] Seit BVerfG v. 17.1.57 - 1 BvL 4/54, BVerfGE 6, 55 (72 f.); *Bleckmann*, Staatsrecht II, S. 891 f.; ausführlich dazu *Schmid*, Die Familie, S. 396 ff.

[309] BVerfG v. 13.12.66 - 1 BvR 512/65, BVerfGE 21, 1 (6); BVerfG v. 29.5.90 - 1 BvL 20, 26/84 u. 4/86, BVerfGE 82, 60 (81 f.).

sprüche[310]. Das BVerfG hat aus Art. 6 I GG das Förderungsgebot und das Benachteiligungsverbot hergeleitet[311].

aa) Das Förderungsgebot

Als eine Ausprägung des Art. 6 I GG besteht eine Förderpflicht des Staates. Vom allgemeinen Sprachverständnis ausgehend, deutet der Begriff Förderung auf Stärkung der Eigenverantwortung, Eigenleistung und Eigenständigkeit der Familie. Im Gebot der Förderung der Familie zeigt sich die sozialstaatliche Komponente des Familienschutzes, welche die Teilhabe der Familien an staatlichen Hilfen zum Inhalt hat. Das BVerfG, das das Förderungsgebot entwickelt hat, vermied es, dem Staat genauere Vorgaben zu machen und das Gebot näher auszuformen und zu konkretisieren[312]. Der Staat müsse Vorsorge für die immateriellen und materiellen Grundlagen des Familienlebens treffen[313], nicht jedoch durch Förderung jede tatsächliche finanzielle Mehrbelastung von Familien ausgleichen[314]. Aus dem Gebot erwachsen keine konkreten Ansprüche auf staatliche Leistung, vielmehr steht dem Gesetzgeber ein weiter Gestaltungsspielraum zu[315]. Die Grenzen ergeben sich aus Art. 3 I GG, beschränkt durch die besondere Wertentscheidung in Art. 6 I GG. Im Bereich der gewährenden Staatstätigkeit gebührt dem Gesetzgeber generell die Freiheit, den begünstigten Personenkreis festzulegen[316], wobei allerdings die Familie eine verfassungsrechtlich bevorzugte Bevölkerungsgruppe darstellt, innerhalb derer der Gesetzgeber - z.B. aus Bedürftigkeitsgesichtspunkten - einzelne zu fördern hat. Eine Förderungs- und Leistungspflicht des Staates zu Gunsten der Familie wäre jedenfalls dann anzunehmen, wenn ansonsten der Bestand der Familie generell als Institution gefährdet wäre. Im Fall der Verschlechterung der Rahmenbedingungen für Familien kann auch die Pflicht entstehen, familienbehindernden Tendenzen entgegenzuwirken[317].

Es läßt sich zusammenfassend festhalten, daß Art. 6 I GG ein Verfassungsauftrag zur Förderung von Ehe und Familie zu entnehmen ist, jedoch die konkrete Ausgestaltung dem Ermessen des Gesetzgebers überlassen bleibt. Abgesehen vom Fall der Reduzierung des gesetzgeberischen Ermessens, weil eine Förderpflicht besteht und

---

310 BVerfG v. 29.5.90 - 1 BvL 20, 26/84 u. 4/86, BVerfGE 82, 60 (81); *Schmitt-Kammler*, in: Sachs, Art. 6 Rn 31; s. aber *Lecheler*, Schutz von Ehe und Familie, HStR Bd. VI, § 133 Rn 104.

311 Grdl. BVerfG v. 17.1.57 - 1 BvL 4/54, BVerfGE 6, 55 (76).

312 BVerfG v. 6.5.75 - 1 BvR 332/72, BVerfGE 39, 316 (326); BVerfG v. 29.5.90 - 1 BvL 20, 26/84 u. 4/86, BVerfGE 82, 60 (81).

313 BVerfG v. 31.5.72 - 1 BvR 249/72 u. 1 BvQ 6/72, BVerfGE 33, 236 (238).

314 BVerfG v. 23.11.76 - 1 BvR 150/75, BVerfGE 43, 108 (120); BVerfG v. 20.5.87 - 1 BvR 762/85, BVerfGE 75, 348 (360).

315 BVerfG v. 29.5.90 - 1 BvL 20, 26/84 u. 4/86, BVerfGE 82, 60 (81); *Arndt/Schumacher*, AöR Bd. 118 (1993), S. 513 (565).

316 BVerfG v. 4.11.71 - 2 BvR 493/66, BVerfGE 32, 173 (190 f.).

317 Vgl. *Pirson*, in: Bonner Kommentar, Art. 6 Rn 26.

eine andere als die begehrte Maßnahme nicht in Betracht kommt, gibt es keinen Anspruch auf eine konkrete Förderungsmaßnahme.

bb) Das Benachteiligungsverbot

Zum Förderungsgebot gehört „spiegelbildlich" ein (subjektivrechtlich durchsetzbares) Benachteiligungs- bzw. Diskriminierungsverbot für Ehen und Familien im Verhältnis zu Nicht-Verheirateten und Nicht-Familien[318]. Art. 6 I GG konkretisiert also Art. 3 I GG in personeller Hinsicht[319], enthält demnach einen besonderen Gleichheitssatz.

Der Staat bzw. der Gesetzgeber darf die Ehe bzw. die Familie nicht schädigen, benachteiligen oder sonst beeinträchtigen[320]. Insbesondere dürfen einzelne Familienangehörige nicht schlechter dastehen, als sie als Einzelpersonen stünden. Dies gilt auch dann, wenn die Benachteiligung der Familie zufällig entsteht[321]. Jedoch soll Art. 6 I GG nicht jede Schlechterstellung der Ehe bzw. Familie im Einzelfall ausschließen. Eine solche ist hinzunehmen, wenn sich die Gesamtregelung im ganzen neutral oder vorteilhaft für Ehegatten/Familien auswirkt, einzelne Regelungen also durch andere ausgeglichen werden[322]. Allerdings kann eine Vorschrift, die sich nach ihrer Struktur und ihrer tatsächlichen Wirkung als für bestimmte Familien nachteilig darstellt, nicht mit dem Argument, daß andere Vorschriften des Gesetzes einen anders zusammengesetzten Kreis von Familien begünstigen, der Verfassungswidrigkeit entgehen[323]. Eine Vorschrift, die infolge ihrer Struktur mit einer gewissen Notwendigkeit sich teilweise dahin auswirkt, daß sie eine Benachteiligung der Ehe/Familie zur Folge hat, steht nicht in Einklang mit Art. 6 I GG[324].

Im Einzelnen soll das Verbot die Benachteiligung von Steuerpflichtigen mit Unterhaltspflichten gegenüber Steuerpflichtigen ohne eine solche verhindern und somit das Gleichheitsgebot wahren. Damit ist aus Art. 6 I GG i.V.m. Art. 3 I GG ein Benachteiligungsverbot der Familie als klassisches Abwehrrecht gegenüber dem Staat herzuleiten[325]. Hierbei lassen sich dem Verbot relativ konkrete Rechte entnehmen, da es für den Gesetzgeber indisponibel ist[326].

---

318 BVerfG v. 14.4.59 - 1 BvL 23, 34/57, BVerfGE 9, 237 (247); vgl. auch *Lecheler*, Schutz von Ehe und Familie, HStR Bd. VI, § 133 Rn 52.

319 *Schmitt-Kammler*, in: Sachs, Art. 6 Rn 32.

320 BVerfG v. 17.1.57 - 1 BvL 4/54, BVerfGE 6, 55 (76); BSozG v. 24.2.60 - 9 RV 710/56, BSozGE 12, 27 (30).

321 BVerfG v. 3.4.62 - 1 BvL 35/57, BVerfGE 14, 34 (39) für d. Ehe; *Moderegger*, Familienschutz, S. 37.

322 BVerfG v. 6.2.68 - 1 BvL 7/65, BVerfGE 23, 74 (83 f.); *Maier*, Staats- und Verfassungsrecht, S. 149; *Rieger*, Ehe und Familie, S. 49.

323 BVerfG v. 30.6.64 - 1 BvL 16, 17, 18, 19, 20, 21, 22, 23, 24, 25/62, BVerfGE 18, 97 (108).

324 BVerfG v. 30.6.64 - 1 BvL 16, 17, 18, 19, 20, 21, 22, 23, 24, 25/62, BVerfGE 18, 97 (110).

325 *Kulmsee*, DStZ 1998, S. 14 (15); *Lang*, FS f. Klein, S. 437 (446).

326 *Lang*, StuW 1990, S. 331 (338); *Lieber*, DStZ 1997, S. 207 (209).

Art. 6 I GG statuiert aber nicht nur ein Verbot rechtlicher Benachteiligung, sondern eröffnet auch die Möglichkeit steuerlicher Begünstigung[327].

e) Das Subsidiaritätsprinzip des Art. 6 I GG

Art. 6 I GG enthält i.V.m. Art. 6 II GG den Grundsatz der Subsidiarität, d.h. „daß in erster Linie die kleinere Gemeinschaft wirken soll und mit staatlichen Mitteln erst einzugreifen ist, wenn es unausweichlich wird“[328].

Die Freiheitsgarantie des Art. 6 I GG findet keine Entsprechung in einer staatlichen Kompetenz (wie z.B. Art. 6 II 2 GG in Art. 6 II 1 und 7 GG), deshalb ist davon auszugehen, daß bestimmte Bereiche des menschlichen Lebens ausschließlich für die Familie reserviert sind[329].

4. Das Verhältnis von Art. 6 I GG zu Art. 3 I GG

Es ist ferner zu klären, welche Stellung Art. 6 I GG im System der Verfassung einnimmt, insbesondere in welchem Verhältnis Art. 6 I GG zu anderen Verfassungsnormen steht. Die Betrachtung soll sich hier zunächst auf die Untersuchung des Verhältnisses zu Art. 3 GG beschränken, denn hinsichtlich der Besteuerung von Familien ist es von grundlegender Bedeutung, in welchem Verhältnis Art. 3 I GG und Art. 6 I GG zueinander stehen.

In der Rechtsprechung des BVerfG findet Art. 6 I GG als spezieller Gleichheitsgrundsatz Anwendung[330]. Die Prüfung ist bei Art. 3 I GG wie bei Art. 6 I GG insoweit dieselbe, als eine Ungleichbehandlung nur aufgrund einer sachgerechten Differenzierung möglich ist[331]. In welchem Verhältnis stehen aber nun die Verfassungsnormen zueinander?

Die Ausführungen zum Benachteiligungsverbot haben gezeigt, daß es grundsätzlich um die Anwendung der Grundsätze des allgemeinen Gleichheitssatzes im Anwendungsbereich des Art. 6 I GG geht. Primär ist im Rahmen dieser Prüfung also das Benachteiligungsverbot herauszustellen, welches die Ausprägung des Zusammenwirkens von Art. 3 I GG und Art. 6 I GG darstellt. Das Benachteiligungsverbot kann damit als spezieller Gleichheitssatz bezeichnet werden[332].

Der eine Ungleichbehandlung rechtfertigende Grund kann i.d.R. allein in der Ehe oder in einer Familienbeziehung nicht gefunden werden[333]. Das bedeutet, daß die

---

327 *Birk*, Leistungsfähigkeitsprinzip, S. 173 m.w.N.; *Moderegger*, Familienschutz, S. 37; vgl. auch BVerfG v. 17.1.57 - 1 BvL 4/54, BVerfGE 6, 55 (66 ff.).

328 BVerfG v. 29.7.59 - 1 BvR 205, 332, 333, 367/58, 1 BvL 27, 100/58, BVerfGE 10, 59 (83); vgl. auch *Isensee*, Subsidiaritätsprinzip und Verfassungsrecht, S. 160.

329 *Schmid*, Die Familie, S. 410.

330 *Rieger*, Ehe und Familie, S. 69 ff.; *Arndt/Schumacher*, AöR Bd. 118 (1993), S. 513 (565).

331 BVerfG v. 22.7.70 - 1 BvR 285/66, 445/67 u. 192/69, BVerfGE 29, 104 (112); *Rieger*, Ehe und Familie, S. 75.

332 *Arndt/Schumacher*, AöR Bd. 118 (1993), S. 513 (565).

333 BVerfG v. 12.5.87 – 2 BvR 1226/83, 101, 313/84, BVerfGE 76, 1 (72); *Pieroth*, in: Jarass/Pieroth[4], Art. 6 Rn 11.

Tatsache des Vorliegens einer Ehe oder des Bestehens einer Familie für sich alleine genommen noch keinen Grund darstellt, der eine Ungleichbehandlung rechtfertigen kann. Eine Ausnahme liegt jedoch dann vor, wenn die negative Rechtsfolge gerade an einem von der Verfassung vorausgesetzten Wesensmerkmal von Ehe bzw. Familie, wie etwa der Unterhaltspflicht, anknüpft[334]. Art. 6 I GG schränkt durch seine besondere Wertentscheidung also die dem Gesetzgeber im Rahmen von Art. 3 I GG zustehende Gestaltungsfreiheit ein[335]. Entscheidend ist, daß die Gleichbehandlung der Wertung entspricht, die durch den grundrechtlichen Schutz von Ehe und Familie vorgegeben wird[336].
Aus dem eben dargestellten folgt, daß Art. 6 I GG nicht die speziellere Norm gegenüber Art. 3 I GG darstellt bzw. darstellen muß[337], sondern beide sind nebeneinanderstehende Verfassungsnormen mit jeweils spezifischem Regelungsgehalt[338]. Art. 6 I GG enthält gegenüber Art. 3 I GG eine Verschärfung[339], dennoch bleibt Art. 3 I GG anwendbar, wenn er zu dem zu prüfenden Sachverhalt die stärkere sachliche Beziehung hat[340]. Allein anwendbar ist Art. 3 I GG, wenn zwei widerstreitende Positionen durch Art. 6 I GG geschützt sind[341], etwa für einen Vergleich zwischen Ehen im Verhältnis untereinander bzw. für einen Vergleich zwischen verschiedenen Ehen und Familien.[342]
Auf das Verhältnis von Art. 6 I GG zum Sozialstaatsprinzip wird im folgenden noch eingegangen[343].

5. Der Familienschutz im Sozialrecht und das Verhältnis zum Steuerrecht

In der vorliegenden Arbeit kann es nicht darum gehen, das Verhältnis von Steuer- und Sozialrecht im einzelnen darzustellen[344]. Die die Ehe und die Familie betreffenden Bestimmungen finden aber häufig ihrer Natur nach sowohl im Steuer- als auch im Sozialrecht einen geeigneten Regelungsort. Deshalb stellt sich die Frage, ob es einen Vorrang des einen oder des anderen Normenkomplexes gibt.

---

334 *Pirson*, in: Bonner Kommentar, Art. 6 Rn 81; vgl. auch BVerfG v. 12.2.64 - 1 BvL 12/62, BVerfGE 17, 210 (217).
335 Vgl. BVerfG v. 16.6.87 - 1 BvL 4, 6/84, BVerfGE 75, 382 (393).
336 Dazu *Pirson*, in: Bonner Kommentar, Art. 6 Rn 82.
337 So aber *E. v. Münch*, in: v. Münch/Kunig[4], Art. 6 Rn 59; dagegen *Leibholz/Rinck/ Hesselberger*, Art. 6 Rn 17 ff.
338 BVerfG v. 24.6.62 - 1 BvL 32/57, BVerfGE 13, 290 (296 f.); dazu auch *Pirson*, in: Bonner Kommentar, Art. 6 Rn 83.
339 BVerfG v. 26.11.64 - 1 BvL 14/62, BVerfGE 18, 257 (269); *Gröschner*, in: Dreier, Art. 6 Rn 124.
340 BVerfG v. 24.6.62 - 1 BvL 32/57, BVerfGE 13, 290 (296); vgl. auch BVerfG v. 20.5.87 – 1 BvR 762/85, BVerfGE 75, 348 (357).
341 *Gröschner*, in: Dreier, Art. 6 Rn 124.
342 Vgl. im weiteren (Kapitel 2) B. II., 1.
343 Vgl. (Kapitel 2) B. II., 5.
344 Hierzu sei u.a. auf die umfangreiche Darstellung von *Lehner*, Einkommensteuerrecht und Sozialhilferecht verwiesen.

Die Beziehungen zwischen Sozialrecht und Steuerrecht bewegen sich zunächst auf verfassungsrechtlicher Ebene, denn sozialrechtliche Maßstäbe wirken insoweit auf das Steuerrecht ein, als der Sozialstaat gemäß der Verfassung das materielle Existenzminimum zu gewährleisten hat. Das Sozialrecht wirkt damit auf verfassungsrechtlicher Ebene auf das Steuerrecht ein, dennoch sind beide gleichrangig[345]. Insofern hat das Steuerrecht sozialrechtlich bedeutsame Sachverhalte möglichst in Abstimmung mit dem Sozialrecht zu regeln, ist aber eigenständig und ungebunden[346]. Sinkt z.B. die Sozialhilfe unter die verfassungsrechtlich gewährleistete Höhe des Existenzminimums ab, so darf der Gesetzgeber dem nicht im Steuerrecht folgen, sondern muß vielmehr diesen verfassungswidrigen Zustand des Sozialhilferechts beseitigen[347].
Wichtig ist das Sozialrecht für die Frage seiner Aussagekraft für die Berücksichtigung von Unterhaltslasten im Steuerrecht. Das BVerfG hatte zunächst festgestellt, daß dem Sozialhilferecht grundsätzlich wesentliche Anhaltspunkte zu entnehmen seien[348]. Offen blieb in dieser Entscheidung allerdings, ob als Mindestgrenze für die steuerliche Verschonung zwangsläufiger Unterhaltslasten die Regelsätze der Sozialhilfe gelten sollten oder darüber hinaus auch alle weiteren Sozialhilfeleistungen. Aus der Rechtsprechung ist jedoch zu folgern, das jedenfalls bei Unterschreiten der Sozialhilfe-Regelsätze durch die steuerlich verschonten Unterhaltsleistungen, ein verfassungswidriger steuerlicher Zugriff vorliegt. Damit ist aber noch nicht gesagt, daß eine steuerliche Berücksichtigung von Unterhaltsleistungen in Höhe der Regelsätze der Sozialhilfe schon den verfassungsrechtlichen Anforderungen genügt[349].
Das BVerfG gesteht dem Gesetzgeber in ständiger Rechtsprechung eine weitgehende Gestaltungsfreiheit dahingehend zu, daß dieser bestimmen kann, auf welche Weise er Ehe und Familie schützen will und ob und ggf. in welchem Umfang eine Förderung gerade mit steuerlichen Mitteln erfolgen soll[350].

Bei der Familienförderung im Sinne einer tatsächlichen Besserstellung und nicht nur des reinen Ausgleichs tatsächlicher Nachteile[351] ist der Gesetzgeber nicht verpflichtet, diese im Rahmen des Einkommensteuerrechts vorzunehmen. Das kann auch außerhalb des Steuerrechts im Sozialrecht erfolgen. Der moderne Sozialstaat neigt zwar zur sozialrechtlichen Förderung, der freiheitlichen Verfassung entspricht es jedoch, die Familien zu stärken, die eigenständig sind und dem Staat finanziell

345 *Tipke*, Steuerrechtsordnung, Bd. I, S. 84 f. ; a.A. *Martens,* StVj 1989, S. 199 (208).
346 *Tipke/Lang*, Steuerrecht^{16}, § 1 Rn 25.
347 *Tipke/Lang*, Steuerrecht^{16}, § 1 Rn 25.
348 BVerfG v. 22.2.84 - 1 BvL 10/80, BVerfGE 66, 214 (224).
349 So aber die Dritte Kammer des Ersten Senats des BVerfG in den Nichtannahme-Beschlüssen v. 18.9.85 - 1 BvR 893/85 und v. 21.11.86 - 1 BvR 840/86; a.A. *Pezzer,* StuW 1989, S. 219 (222); im einzelnen in Kapitel 3 A. V., 3.
350 BVerfG v. 29.5.90 - 1 BvL 20, 26/84 u. 4/86, BVerfGE 82, 60 (81) – Familienexistenzminimum.
351 Zu dieser Unterscheidung vgl. *Görlich,* NJW 1979, S. 1575 (1577 ff.).

unabhängig gegenüberstehen[352]. Der Gesetzgeber wird dem Familienbild des Grundgesetzes am ehesten gerecht, wenn er über steuerrechtliche Sozialzweckregelungen die Lasten begünstigt, die besonders die Familien für die Gemeinschaft erbringen und nicht mittels direkter Subventionen[353]. Es geht um die Selbstverantwortung der Familie, sie soll finanziell in der Lage sein, selbstbestimmt zu leben und die auf ihr lastenden Verpflichtungen erfüllen zu können. Vor diesem Hintergrund ist die Steuervergünstigung das Mittel, das dem Familienschutz am ehesten gerecht wird. Durch die Steuervergünstigungen wird die Steuerlast der Familie verringert. Eine Förderung im Sozialrecht ist nur für solche Familien sinnvoll, die ein so geringes Einkommen erzielen, daß sie keine Einkommensteuer zahlen müssen.

Das BVerfG differenziert kaum zwischen Steuervergünstigung und Sozialleistung: Der Gesetzgeber könne finanzielle Belastungen der Familie die ihre Leistungsfähigkeit mindern, statt im Steuerrecht als förderungswürdigen Tatbestand im Sozialhilferecht definieren[354]. Nach Auffassung des BVerfG ist es unerheblich, ob der Gesetzgeber die durch Kinder verminderte Leistungsfähigkeit im Steuerrecht oder im Sozialrecht oder durch eine Kombination beider Gebiete berücksichtigt[355]. Damit unterscheidet das Gericht nicht deutlich genug zwischen Benachteiligungsverbot und Förderungsgebot bzw. zwischen Besteuerungseingriff und Sozialsubvention. Auch wird die Direktivkraft des Leistungsfähigkeitsprinzips nicht von der Bedeutung des Bedürfnisprinzips getrennt. Indem das BVerfG die Fiskalzwecknormen nicht scharf von den Sozialzwecknormen trennt, behandelt es Vorschriften, die eine verminderte steuerliche Leistungsfähigkeit berücksichtigen, fälschlicherweise wie begünstigende Sozialzwecknormen. Sozialzwecknormen unterstehen aber nicht dem Primat der Leistungsfähigkeit, sondern anderen Prinzipien der Sachgerechtigkeit, insbesondere dem Bedürfnisprinzip[356]. Ein Ausgleich von Nachteilen außerhalb des Steuerrechts kann sich mithin nie auf die Belastungswirkungen der Einkommensbesteuerung der Familie beziehen.

Auch in den beiden 1990 ergangenen grundlegenden Beschlüssen zur Familienbesteuerung[357] hat das BVerfG nicht klar den Vorrang der Steuerverschonung vor Sozialleistungen herausgestellt. Das Gericht erkennt darin die Doppelfunktion des

---

[352] *Lecheler*, Schutz von Ehe und Familie, HStR Bd. VI, § 133 Rn 96; *v. Campenhausen*, VVDStRL 45 (1987), S. 7 (37); vgl. auch BVerfG v. 29.11.61 - 1 BvR 758/57, BVerfGE 13, 331 (347) = Förderung von Familiengesellschaften.

[353] S. dazu *Lecheler*, DVBl. 1986, S. 905 (911); sowie *Lang*, StuW 1990, S. 331 (333).

[354] BVerfG v. 3.11.82 - 1 BvR 620/78, 1335/78, 1104/79 u. 363/80, BVerfGE 61, 319 (354).

[355] BVerfG v. 29.5.90 - 1 BvL 20, 26, 184 u. 4/86, BVerfGE 82, 60 (84) unter Verweis auf BVerfG v. 3.11.82 - 1 BvR 620/78, 1335/78, 1104/79 u. 363/80, BVerfGE 61, 319 (354); vgl. im einzelnen Kapitel 3 A. V., 3.

[356] S. *Tipke/Lang*, Steuerrecht[16], § 4 Rn 124 ff.; vgl. auch schon Kapitel 1 B. VI., 2.

[357] BVerfG v. 29.5.90 - 1 BvL 20, 26/84 u. 4/86, BVerfGE 82, 60 ff.; BVerfG v. 12.6.90 - 1 BvL 72/86, BVerfGE 82, 198 ff.

Kindergeldes als steuerliche Entlastung und Sozialleistung, hält dies aber als Ersatz für steuerliche Verschonung für zulässig[358].

II. Die Vorgaben des Art. 6 I GG für die Steuergesetzgebung

1. Vorbemerkung

Der Steuerzugriff beschränkt den Einzelnen in seiner Handlungs- und Lebensgestaltungsfreiheit, ist mithin ein unmittelbar belastender Eingriff. Die Besteuerung vollzieht sich im Rahmen einer rechtlichen Ordnung. Das Grundgesetz läßt durch seine finanzverfassungsrechtliche Kompetenzordnung die Steuererhebung grundsätzlich zu, stellt sie aber zugleich unter den Vorrang der materiellen Verbürgungen. Das Steuerrecht ist also insbesondere den Grundrechten unterworfen. Für die Einkommensbesteuerung von Ehepaaren bzw. Familien ist Art. 6 I GG der den Gesetzgeber vorrangig bindende Maßstab.

Im folgenden sollen die Vorgaben des Art. 6 I GG für die Steuergesetzgebung dargestellt werden. Dabei ist zunächst auf die Besteuerung von Ehegatten, danach auf die Besteuerung von Familien bzw. Eltern und Kindern einzugehen. Es geht insbesondere um die Frage der Umsetzung des Förderungsgebots bzw. des Benachteiligungsverbots im Steuerrecht. Die wesentliche Bedeutung von Art. 6 I GG im Steuerrecht liegt in dessen Funktion als wertentscheidende Grundsatznorm, die der Gestaltungsfreiheit des Gesetzgebers auch bei der Ausgestaltung der Einkommensteuer rechtliche Grenzen setzt[359].

Bei der Überprüfung von Normen des EStG wird Art. 6 I GG vom BVerfG herangezogen, wenn eine formelle Benachteiligung vorliegt, also wenn die Tatbestandsmerkmale Ehe oder Familie im Vergleich zu unverheirateten bzw. kinderlosen Steuerpflichtigen zu einer höheren Steuerlast führen[360]. Eine formelle Gleichbehandlung von Ehe bzw. Familie und anderen Personen kann aber zu einer materiellen Benachteiligung führen. Das BVerfG wendet den Gleichheitssatz an, wenn eine materielle Benachteiligung vorliegt, also wenn besondere ehe- bzw. familienbedingte Sachverhalte bei der Steuerbemessung unberücksichtigt bleiben[361]. Aus diesem Grund wird der Abzug unvermeidbarer Unterhaltspflichten (besonders gegenüber Kindern) von der Bemessungsgrundlage mit dem subjektiven Leistungsfähigkeitsprinzip begründet[362]. Auch darf eine Gleichbehandlung zweier Steuerpflichtiger trotz gleich hohen Einkommens nicht erfolgen, wenn sie unterschiedliche unver-

---

358 BVerfG v. 29.5.90 - 1 BvL 20, 26/84 u. 4/86, BVerfGE 82, 60 (79 ff.); s. im einzelnen Kapitel 3 A. V., 3.

359 BVerfG v. 17.1.57 - 1 BvL 4/54, BVerfGE 6, 55 (71 f.); *F. Klein*, FS f. Zeidler, S. 773 (777); zum Inhalt s. (Kapitel) 2 B. I., 3d.

360 *F. Klein*, FS f. Zeidler, S. 773 (778).

361 *Arndt/Schumacher*, AöR Bd. 118 (1993), S. 513 (566).

362 Vgl. dazu (Kapitel 2) A. II., 2c, cc (2) sowie Kapitel 1 B. VI., 2a.

meidbare familiäre Unterhaltspflichten haben, denn dieses Merkmal darf aufgrund der Wertentscheidung des Art. 6 I GG bei der Herstellung horizontaler Steuergerechtigkeit nicht außer Acht gelassen werden[363]. Das Benachteiligungsverbot setzt dem Gesetzgeber eindeutige Schranken.

2. Die Zusammenveranlagung von Ehegatten und der Splittingtarif

Das BVerfG hatte erstmals 1957 in einem Beschluß die Gelegenheit, sich mit Fragen der Zusammenveranlagung mehrerer Personen zu befassen. Das damals geltende System der Zusammenveranlagung von Ehegatten wurde für verfassungswidrig erklärt, da die Entscheidung der Ehefrau, einer Erwerbstätigkeit nachzugehen nicht durch eine progressionsbedingt höhere Besteuerung und damit einer steuerlichen Benachteiligung beeinflußt werden darf[364]. Damit wurde genau genommen nicht die Zusammenveranlagung als solche für verfassungswidrig erklärt, sondern die Tatsache, daß § 26 EStG 1951 i.V.m. dem Grundsatz der progressiven Besteuerung des einzelnen Steuerpflichtigen zu einer verfassungswidrigen Benachteiligung der zusammen zu veranlagenden Ehegatten führte[365]. Auf dieser Basis sah das BVerfG konsequenterweise in der Zusammenveranlagung von Eltern und Kindern bei der Vermögensteuer mit einem einheitlichen Steuersatz keinen Verstoß gegen Art. 6 I GG[366].

Ersetzt wurde die Zusammenveranlagung durch das heutige System des Ehegattensplittings (§ 32a V EStG)[367]. Dabei wird jeder Ehegatte nur mit der Hälfte der Summe beider Einkünfte besteuert, wodurch die ansonsten entstehende Steuerprogression auf höhere Einkünfte aufgefangen wird. Genauso alt wie die Bestimmungen über die Zusammenveranlagung und den Splittingtarif ist die Diskussion über die Zweck- und sogar Verfassungsmäßigkeit dieser Form der Ehegattenbesteuerung[368]. Das System des Ehegattensplittings entlastet am stärksten Einverdienerehen ohne Kinder weshalb zu fragen ist, ob dies noch dem Förderungsgebot des Art. 6 I GG entspricht[369]. Hierbei erscheint einigen Autoren insbesondere die steuerliche Privilegierung allein aufgrund der Tatsache der Eheschließung nicht mehr zulässig[370]. Gefordert wird daher auch z.T. die

---

[363] Vgl. BVerfG v. 29.5.90 – 1 BvL 20, 26/84 u. 4/86, BVerfGE 82, 60 (87); s. auch (Kapitel 2) A. II., 2c, cc (1).

[364] BVerfG v. 17.1.57 - 1 BvL 4/54, BVerfGE 6, 55 (81).

[365] BVerfG v. 30.6.64 - 1 BvL 16, 17, 18, 19, 20, 21, 22, 23, 24, 25/62, BVerfGE 18, 97 (105).

[366] BVerfG v. 6.2.68 - 1 BvL 7/65, BVerfGE 23, 74 (79), unter Verweis auf BVerfG v. 21.2.61 - 1 BvL 29/57, 20/60, BVerfGE 12, 151 (164) und BFH v. 3.4.64 - III 287/60 U, BStBl. III 1964, S. 414 ff.

[367] Krit. hierzu *Deusch*, Besteuerung der nichtehelichen Lebensgemeinschaft und der Ehe, S. 12 f.

[368] Vgl. aus der zahlreichen Literatur *Lang*, Bemessungsgrundlage, S. 620 ff.; *Rieger*, Ehe und Familie, S. 263 ff.

[369] *E. v. Münch*, Ehe und Familie, HVerfR, § 9 Rn 36.

[370] *Gröschner*, in: Dreier Art. 6 Rn 59; *Vorwold*, FR 1992, S. 789 (790).

Umwandlung in oder die Ergänzung um ein Familiensplitting[371]. Als weitere Alternative wird ein Ehe- und Familienrealsplitting[372] angeboten[373].
Das aus Art. 6 I GG folgende Recht der Ehegatten die Ausgestaltung ihrer finanziellen Beziehungen selbst zu regeln[374] wird durch das Ehegattensplitting dadurch gewahrt, daß durch die Besteuerung die Entscheidung der Ehegatten, ob das Einkommen gemeinsam oder nur von einem Partner erwirtschaftet wird, nicht maßgeblich beeinflußt wird[375]. Das Ehegattensplitting stellt - unbeschadet den gesetzgeberischen Gestaltungsbefugnissen - keine Steuervergünstigung dar, sondern eine „am Schutzgebot des Art. 6 I GG und der wirtschaftlichen Leistungsfähigkeit der Ehepaare (Art. 3 I GG) orientierte sachgerechte Besteuerung" und ist damit verfassungsgemäß[376].

Damit läßt sich zusammenfassend feststellen, daß das BVerfG eine Zusammenveranlagung von mehreren Personen verfassungsrechtlich anerkennt, wenn der Steuersatz entweder einheitlich ist, oder ein solcher Steuertarif eingreift, der die progressionsfördernde Wirkung der Zusammenveranlagung beseitigt.

3. Die Institutsgarantie des Art. 6 I GG und die Einkommensbesteuerung von Familien

Art. 6 I GG fordert in seiner Dimension als Institutsgarantie die Beachtung und Gewährleistung der Institution Familie im Rahmen der Einkommensbesteuerung, sie darf weder durch das Einkommensteuerrecht ausgehöhlt noch funktionslos werden[377]. Der fiskalisch motivierte Zugriff des Staates mittels der Einkommensteuer darf nicht das gesamte Familieneinkommen und -vermögen erfassen, denn auch bei Familien setzt die Verfassung eine materielle Selbstverantwortung voraus[378]. Die Institution Familie erfordert die materielle und finanzielle Eigenkraft zur Wahrnehmung und Gestaltung des Familienlebens. Der Staat darf die vom Grund-

---

371 *Lecheler*, Schutz von Ehe und Familie, HStR Bd. VI, § 133 Rn 98 m.w.N.; s. auch *Pechstein*, Familiengerechtigkeit, S. 297 ff.; zur Berechnungsmethode vgl. *Karl-Bräuer-Institut* des Bundes der Steuerzahler, Zur Neuregelung der Familienbesteuerung, S. 39 f.; gegen die Abschaffung aber für eine Reform des Ehegattensplittings *Matthäus-Maier*, ZRP 1988, S. 252 ff.

372 *Lang*, Bemessungsgrundlage, S. 650 ff.; *Vorwold*, FR 1992, S. 789 (797 ff.); vgl. auch *E. v. Münch*, Ehe und Familie, HVerfR, § 9 Rn 36.

373 Darstellung und Bewertung dieser Alternativen in Kapitel 3 E.

374 BVerfG v. 4.5.82 - 1 BvL 26/77 u. 66/78, BVerfGE 60, 329 (339) unter Verweis auf BVerfG v. 28.2.80 - 1 BvL 17/77, 7, 9, 14, 15, 16, 37, 64, 74, 78, 100/78, 5, 16/79 u. 1 BvR 807/78, BVerfGE 53, 257 (296).

375 *Gröschner*, in: Dreier, Art. 6 Rn 58.

376 BVerfG v. 3.11.82 - 1 BvR 620/78, 1335/78, 1104/79 u. 363/80, BVerfGE 61, 319 (347); so auch *Kirchhof*, Stbg. 1995, S. 68 (72); *Karl-Bräuer-Institut* des Bundes der Steuerzahler, Zur Neuregelung der Familienbesteuerung, S. 19 f.

377 Vgl. (Kapitel 2) B. I., 3c. sowie B. II., 5.

378 S. (Kapitel 2) A. II., 1a.

Grundgesetz vorausgesetzte finanzielle Eigenständigkeit der Familie nicht beseitigen oder beeinträchtigen[379]. Durch eine zu hohe Einkommensteuerbelastung würde die Familiengründung und Familienerweiterung erschwert. Aus der verfassungsrechtlichen Gewährleistung der Familie folgt, daß der Staat neben der Gesellschaftspolitik auch die Finanz- und Steuerpolitik besonders an der Familie auszurichten hat[380]. Die familiengerechte Ausgestaltung des Steuerrechts ist also verfassungsrechtlich geboten.

4. Art. 6 I GG als wertentscheidende Grundsatznorm im Einkommensteuerrecht

Aus dem Doppelcharakter des Art. 6 I GG (negatives Verbot der Benachteiligung und positives Gebot der Förderung von Ehe/Familie), der Systematik des Einkommensteuerrechts und den verschiedenen Steuerzwecken und Steuerwirkungen folgt, daß beim Familienschutz zwischen sozialzweckorientierter Steuerbegünstigung und fiskalischer Belastung zu differenzieren ist. Dem Fördergebot tragen die einkommensteuerlichen Sozialzwecknormen (i.V.m. den weiteren Leistungen des Sozialrechts) Rechnung. Das Benachteiligungsverbot enthält im Rahmen des Fiskalzwecks und der Fiskalwirkungen der Einkommensteuer ein zwingendes Verbot, Aufwendungen für den Familienunterhalt unberücksichtigt zu lassen, d.h. ein Gebot, sie zu berücksichtigen Als Maßstab für die fiskalische Steuerbelastung der Familie dient dabei das Prinzip der finanziellen Leistungsfähigkeit mit seinen Unterprinzipien.

a) Das Förderungsgebot und die sozialzweckorientierte Familienbesteuerung

Im Einkommensteuerrecht wird unter Familienförderung nicht nur ein bloßer Ausgleich von Aufwendungen verstanden, sondern eine tatsächliche Besserstellung der Familien. Dabei geht es nicht um die (einkommen-)steuerliche Berücksichtigung des eigenen Unterhalts bzw. des der Kinder. Somit richtet sich die Förderung nach dem sozialrechtlichen Bedürfnisprinzip und nicht nach fiskalzweckorientierten Maßstäben. Darüber hinaus ist das Verdienstprinzip bei der Familienförderung und bei Prämienauszahlungen maßgeblich. Die staatliche Pflicht zur Förderung der Familie geht dabei aber nicht so weit, daß jegliche finanzielle Belastung der Familie ausgeglichen werden muß[381]. Hinsichtlich des Umfangs steht dem Gesetzgeber ein weiter Gestaltungsspielraum zu[382], auch bezüglich der Wahl der Mittel[383].

---

[379] S. (Kapitel 2) B. I., 3d, bb.

[380] *Moderegger*, Familienschutz, S. 80.

[381] BVerfG v. 7.5.68 - 1 BvR 133/67, BVerfGE 23, 258 (264); BVerfG v. 20.5.87 - 1 BvR 762/85, BVerfGE 75, 348 (360).

[382] BVerfG v. 13.12.66 - 1 BvR 512/65, BVerfGE 21, 1 (6).

[383] So auch *Czub*, Verfassungsrechtliche Gewährleistungen, S. 64, der jedoch nicht zwischen Fiskalzwecknormen und den die Familienförderung regelnden Sozialzwecknormen differenziert.

b) Förderung der Familie im Einkommensteuerrecht

Die Förderung der Familie im Einkommensteuerrecht kann über Steuervergünstigungen erfolgen. Die allgemeine Pflicht des Staates zu einem Familienlastenausgleich[384] (nunmehr Familienleistungsausgleich[385]) läßt sich aus der Wertentscheidung des Art. 6 I GG i.V.m. dem Sozialstaatsprinzip entnehmen, nicht jedoch wie und in welchem Umfang er zu gestalten ist[386]. Die allgemeine Pflicht zu einem „Familienleistungsausgleich" ordnet das BVerfG dem Förderungsgebot zu, womit dem Gesetzgeber eine große Gestaltungsfreiheit zukommt[387]. Er umfaßt vor allem das Gebot der Förderung von Familien im materiell-wirtschaftlichen Bereich[388]. Der Schutz von Ehen und Familien und das Verhältnis zu Förderungsnormen ist geprägt durch die Gestaltungsfreiheit des Gesetzgebers.

Familien werden durch indirekte Steuern (z.B. Mehrwert- oder Mineralölsteuer) stärker belastet als Alleinstehende, da sie aufgrund ihrer höheren Personenzahl verstärkt mittelbar besteuerte Güter und Leistungen benötigen[389]. Daher ist aus dem Förderungsgebot des Art. 6 I GG auch eine Pflicht des Staates herzuleiten, Familien stärker als bisher insgesamt finanziell zu entlasten[390], wobei jedoch keine Pflicht und auch kein Leistungsanspruch besteht, *alle* die Familie betreffenden Belastungen auszugleichen[391]. Über die Steuerfreistellung des Existenzminimums hinaus bleibt es dem Gesetzgeber freigestellt, ob er das Förderungsgebot durch steuerliche Mittel oder im Rahmen des Sozialrechts erfüllt, sofern die zwangsläufigen Lasten der Realität entsprechend ausgeglichen werden[392].

Eine weitere Entlastung der Familien soll durch die Gewährung von Kindergeld erfolgen[393]. Dabei wird aber die zu geringe Höhe des Kindergeldes kritisiert, die nur zu einer minimalen Entlastung der Familien führe und auch die überproportio-

---

384 BVerfG v. 6.5.75 - 1 BvR 332/72, BVerfGE 39, 316 (326); krit. zum Begriff Familien*lasten*ausgleich *Pechstein*, Familiengerechtigkeit, S. 40 ff.; sowie *Lecheler*, Schutz von Ehe und Familie, HStR Bd. VI, § 133 Rn 68.

385 S. BT-Drucks. 13/1558, S. 7.

386 BVerfG v. 6.5.75 - 1 BvR 332/72, BVerfGE 39, 316 (326); BVerfG v. 29.5.90 - 1 BvL 20, 26/84 u. 4/86, BVerfGE 82, 60 (81); *Moderegger*, Familienschutz, S. 39.

387 BVerfG v. 6.5.75 - 1 BvR 332/72, BVerfGE 39, 316 (326).

388 BVerfG v. 23.6.82 - 1 BvR 1343/81, BVerfGE 61, 18 (25) unter Verweis auf BVerfG v. 21.10.80 - 1 BvR 179, 464/78, BVerfGE 55, 114 (127) m.w.N.; *Gröschner*, in: Dreier, Art. 6 Rn 57.

389 *Lecheler*, Schutz von Ehe und Familie, HStR Bd. VI, § 133 Rn 96.

390 *F. Klein*, DStZ 1997, S. 105 (106).

391 BVerfG v. 29.5.90 - 1 BvL 20, 26/84 u. 4/86, BVerfGE 82, 60 (81) unter Bezugnahme auf BVerfG v. 23.11.76 - 1 BvR 150/75, BVerfGE 43, 108 (121) u. BVerfG v. 20.5.87 - 1 BvR 762/85, BVerfGE 75, 348 (360) m.w.N.; *Gröschner*, in: Dreier, Art. 6 Rn 57.

392 BVerfG v. 23.11.76 - 1 BvR 150/75, BVerfGE 43, 108 (123 f.) - wo allerdings der realitätsgerechte Abzug noch nicht geprüft wurde; BVerfG v. 3.11.82 - 1 BvR 620/78, 1335/78, 1104/79 u. 363/80, BVerfGE 61, 319 (355); *Maier*, Staats- und Verwaltungsrecht, S. 152.

393 Zu dessen Funktion vgl. BVerfG v. 29.5.90 - 1 BvL 20, 26/84 u. 4/86, BVerfGE 82, 60 (78 ff.).

nale Erhöhung bei weiteren Kindern wird als verfassungsrechtlich bedenklich angesehen[394].

Will der Staat sowohl die Ehe als auch die Familie fördern, so muß er den Vorrang der Familie beachten[395]. Ferner ergibt sich aus Art. 6 I GG im Konfliktfall ein Vorrang der Familienförderung vor sonstigen Staatsausgaben, die nicht oder nicht in gleicher Weise verfassungsrechtlich fundiert sind[396].

c) Das Benachteiligungsverbot und die fiskalzweckorientierte Familienbesteuerung

Das Art. 6 I GG zu entnehmende Benachteiligungsverbot wirkt zum einen als steuergestaltungsbegrenzende zum anderen als steuerlastverteilende Maßstabsnorm.

Art. 6 I GG hat einen die Steuergestaltung begrenzenden Charakter, indem er die Familie nicht nur durch ein subjektives Abwehrrecht vor staatlichen Eingriffen schützt, sondern auch durch seine objektive Wirkungsfunktion als wertentscheidende Grundsatznorm, ferner durch ein Verbot für den Gesetzgeber, die Familie durch Gesetze zu benachteiligen. Ein Verstoß gegen Art. 6 I GG liegt demnach bei Gesetzen vor, die die finanzielle Unabhängigkeit der Familie beseitigen oder eine erhebliche Verkürzung des Schutzbereichs darstellen[397]. Ebenso ist eine benachteiligende Behandlung von Familien, die nur am Tatbestandsmerkmal der Familie anknüpft unabhängig von den gewählten Mitteln oder Instrumenten, verboten[398]. Daraus, daß Familien nicht schlechter stehen dürfen als kinderlose Steuerpflichtige folgt, daß die gesamte auf der Familie lastende Steuerbelastung nicht höher sein darf, als sie bei Kinderlosigkeit der Ehegatten wäre. Mithin darf sich der Familienstand weder steuerbegründend noch steuererhöhend auswirken[399]. Zusammenfassend läßt sich festhalten, daß jede Steuernorm verfassungswidrig ist, deren Wirkung Familien benachteiligt.

Als steuerlastverteilende Maßstabsnorm fordert das Benachteiligungsverbot, die Aufwendungen für Ehegatten und die Kinder zu berücksichtigen, die das zur Verfügung stehende Einkommen belasten[400]. Insoweit konkretisiert das Benachteiligungsverbot das subjektive Leistungsfähigkeitsprinzip und das subjektive Nettoprinzip. Es begrenzt den Steuergesetzgeber auch hinsichtlich des Steuertarifs, denn eine den o.g. Anforderungen gerecht werdende Einkommensbesteuerung darf nicht über Eingriffe in den Tarif wieder zunichte gemacht werden. Es muß also sowohl die Bemessungsgrundlage als auch der Tarif familiengerecht ausgestaltet werden.

---

394 *E. v. Münch*, in: v. Münch/Kunig[4], Art. 6 Rn 20.

395 *Moderegger*, Familienschutz, S. 103; vgl. dazu auch vorne (Kapitel 2) B. I., 2d.

396 So auch *Moderegger*, Familienschutz, S. 103.

397 So auch *Moderegger*, Familienschutz, S. 81.

398 BVerfG v. 24.6.62 - 1 BvL 32/57, BVerfGE 13, 290 (299) m.w.N.

399 BVerfG v. 21.2.61 - 1 BvL 29/57, 20/60, BVerfGE 12, 151 (169 f.); BVerfG v. 24.6.62 – 1 BvL 32/57, BVerfGE 13, 290 (299).

400 Vgl. *F. Klein*, FS f. Zeidler, S. 773 (779).

5. Berücksichtigung des steuerlichen Familienexistenzminimums

Das Grundgesetz begründet ein Primat der Selbstverantwortung[401]. Das Subsidiaritätsprinzip gewährleistet als systemtragendes Prinzip den Vorrang der Selbsthilfe vor staatlicher Hilfe[402]. Insoweit gilt für Einzelpersonen nichts anderes als für Ehepaare bzw. Familien. Eine Familie muß von dem Nettoeinkommen, welches sie erwirtschaftet, ihren Lebensunterhalt bestreiten. Ob ein Steuerpflichtiger nur für sich selbst sorgen muß oder von seinem Einkommen noch weitere Familienmitglieder versorgen muß, darf daher bei der Besteuerung nicht unberücksichtigt bleiben. Zum selbstverständlichen Auftrag des Sozialrechts gehört die finanzielle Sicherung der Familie und dies prägt als Sachgesetzlichkeit das Sozialrecht[403]. Das BVerfG forderte diese Sachgesetzlichkeit des gebenden Gesetzgebers auch beim nehmenden Gesetzgeber, machte also die Sachgesetzlichkeit des Sozialrechts auch zur Sachgesetzlichkeit des Steuerrechts: „Ausgangspunkt der verfassungsrechtlichen Beurteilung ist der Grundsatz, daß der Staat dem Steuerpflichtigen insoweit sein Einkommen belassen muß, als es zur Schaffung der Mindestvoraussetzungen für ein menschenwürdiges Dasein benötigt wird“[404]. Diese Grundaussage verknüpft das Gericht mit der Aufgabe des Sozialrechts: „Ebenso wie der Staat verpflichtet ist, dem mittellosen Bürger diese Mindestvoraussetzungen erforderlichenfalls durch Sozialleistungen zu sichern, darf er dem Bürger das selbst erzielte Einkommen bis zu diesem Betrag ... nicht entziehen“[405]. Die Sicherung des Existenzminimums ist eine rechtsübergreifende Aufgabe und nicht nur eine des Sozialrechts, die Sachgesetzlichkeit des Sozialrechts ist auch eine des Steuerrechts.

Im Schutzbereich des Art. 6 I GG hat das BVerfG mit dem Postulat des Familienexistenzminimums und dem der realitätsgerechten Berücksichtigung von Unterhaltsverpflichtungen[406] präzise Vorgaben für die Struktur des Steuerrechts aufgestellt.

Das BVerfG entschied am 29.5.1990[407] abweichend vom Kinderfreibetragsbeschluß[408], daß bei der Einkommensbesteuerung ein Betrag in Höhe des Existenzminimums der Familie steuerfrei bleiben müsse; nur das darüber hinausgehende Einkommen dürfe der Besteuerung unterworfen werden. Das aus Art. 6 I GG folgende Benachteiligungsverbot konkretisiert das subjektive Leistungsfähigkeitsprinzip und das subjektive Nettoprinzip und bestimmt i.V.m. Art. 1 I und 20 I GG, daß das für das Existenzminimum der Ehegatten und der Kinder notwendige Einkommen - also das familiäre Existenzminimum - von der Einkommensteuer unberührt

---

[401] Vgl. (Kapitel 2) A. II., 1a.

[402] Dazu umfassend *Isensee*, Subsidiaritätsprinzip und Verfassungsrecht.

[403] S. *Kirchhof*, NJW 1987, S. 3217 (3218).

[404] BVerfG v. 29.5.90 - 1 BvL 20, 26/84 u. 4/86, BVerfGE 82, 60 (85).

[405] BVerfG v. 29.5.90 - 1 BvL 20, 26/84 u. 4/86, BVerfGE 82, 60 (85).

[406] Dazu insbes. *Vogel*, StuW 1984, S. 197 ff.

[407] BVerfG v. 29.5.90 - 1 BvL 20, 26/84 u. 4/86, BVerfGE 82, 60 ff.

[408] BVerfG v. 23.11.76 - 1 BvR 150/75, BVerfGE 43, 108 ff.

bleiben muß[409]. Die Steuerfreiheit des Existenzminimums muß also gem. Art. 6 I GG auf alle Familienmitglieder ausgedehnt werden[410]. Die steuerliche Belastung darf dem Benachteiligungsverbot zufolge Ehepaare (mit Kindern), die aus eigenem Einkommen ihren Lebensunterhalt (den Lebensunterhalt der Familie) bestreiten können, nicht zu Sozialhilfeempfängern machen. Ein solcher Steuereingriff wäre ein Verstoß gegen das durch das subjektive Leistungsfähigkeitsprinzip verdeutlichte Benachteiligungsverbot der Familie. Durch die Zuordnung des Familienexistenzminimums in den Bereich des Benachteiligungsverbots leistete das BVerfG einen wesentlichen Fortschritt gegenüber dem Kindergeldbeschluß. Der Gesetzgeber hat insofern keine Gestaltungsfreiheit mehr, als er verpflichtet ist, im Ergebnis die Mindestvoraussetzungen für ein menschenwürdiges Dasein zu schaffen. Hier setzt die bereits oben erwähnte gemeinsame Sachgesetzlichkeit von Steuerrecht und Sozialhilferecht an: die Sicherung der Mindestvoraussetzungen für ein menschenwürdiges Dasein[411]. Aufgrund des grundrechtlich sanktionierten Subsidiaritätsprinzips muß der Vorrang von Eigenleistung und Privateigentum vor staatlicher Hilfe und staatlichem Eigentumsersatz beachtet werden. Erst wenn ausreichendes Einkommen fehlt, entsteht gem. dem u.a. in § 2 BSHG verankerten Subsidiaritätsprinzip die unabdingbare (sozialrechtliche) staatliche Pflicht.
Hinsichtlich des Existenzminimums gibt es einen verfassungsrechtlich zwingenden Familienleistungsausgleich, der den Schutzbereich des Benachteiligungsverbotes und des Förderungsgebotes erfaßt[412]. Erzielt der Steuerpflichtige Einkommen, so ist der steuerliche Zugriff auf des existenznotwendige Einkommen nach dem Benachteiligungsverbot verboten. Hat jemand jedoch kein Einkommen, so ergibt sich sein Anspruch auf Sozialhilfe aus einem für den Gesetzgeber zwingenden Förderungsgebot. Insoweit steht dem Gesetzgeber bezüglich des „Ob" kein Gestaltungsspielraum zu.

Zur Bemessung der Höhe des Existenzminimums beruft sich der Erste Senat des BVerfG[413] in seiner Entscheidung auf das Sozialhilferecht. Der Zweite Senat des BVerfG bestätigte die Maßgeblichkeit des Sozialhilferechts für das Einkommensteuerrecht in seinem Beschluß zum Grundfreibetrag: Maßgröße sei der jeweils anerkannte Mindestbedarf im Sozialhilferecht, der allgemein durch Hilfen zum notwendigen Lebensunterhalt an jeden Bedürftigen befriedigt werde[414]. Für die Schät-

---

409 *Kirchhof*, Gutachten F für den 57. DJT, S. 51 ff., 69 ff.; *Lang*, StuW 1990, S. 331 (338).
410 BVerfG v. 29.5.90 - 1 BvL 20, 26/84 u. 4/86, BVerfGE 82, 60 (85).
411 BVerfG v. 29.5.90 - 1 BvL 20, 26/84 u. 4/86, BVerfGE 82, 60 (85); BVerfG v. 12.6.90 – 1 BvL 72/86, BVerfGE 82, 198 (207).
412 Vgl. *Lang*, StuW 1990, S. 331 (338).
413 BVerfG v. 29.5.90 - 1 BvL 20, 26/84 u. 4/86, BVerfGE 82, 60 (94 ff.).
414 BVerfG v. 25.9.92 - 2 BvL 5, 8, 14/91, BVerfGE 87, 153 (171).

zung des Existenzminimums sind neben den Regelsätzen der Sozialhilfe auch die durchschnittlich gewährten Sonderleistungen anzusetzen[415].

Aus Art. 6 I GG i.V.m. Art. 3 I GG folgt, daß unvermeidbare Sonderbelastungen durch Unterhaltsverpflichtungen nicht unberücksichtigt bleiben dürfen[416]. Das gilt insbesondere für existenznotwendige Aufwendungen für den Lebensunterhalt von Kindern. Auch hier wird das Benachteiligungsverbot im Einkommensteuerrecht vom Prinzip der finanziellen Leistungsfähigkeit durchgesetzt. Wer aus seinem Einkommen nicht nur den eigenen Unterhalt bestreiten muß, sondern auch den von weiteren Personen, ist in seiner Leistungsfähigkeit gemindert. Insoweit muß auch der Teil des Einkommens von der Einkommensteuer freigestellt werden, der für die Sicherung des Existenzminimums des Kindes bestimmt ist, das folgt aus Art. 6 I GG i.V.m. Art. 1 I GG und dem Leistungsfähigkeitsprinzip[417]. Würde dies nicht geschehen, so würden kinderlose Ehepaare ungerechtfertigt begünstigt, denn diese Paare sind leistungsfähiger, da sie keine Unterhaltsverpflichtungen treffen. Die danach konsequente einfachgesetzliche Umsetzung der Steuerfreistellung des Existenzminimums - als nicht zum disponiblen Einkommen gehörig - erfolgt durch Abzug von der Bemessungsgrundlage, die das für die Steuerzahlung verfügbare Einkommen festlegen soll[418]. Berücksichtigt man dagegen - wie der Zweite Senat des BVerfG[419] - den Unterhalt für das Existenzminimum des Steuerpflichtigen selbst nicht anhand des Leistungsfähigkeitsprinzips, sondern mittels eines auf Art. 2, 12 und 14 GG gestützten freiheitsrechtlichen Ansatzes, der eine erdrosselnde Wirkung verbietet, so reicht es zur Vermeidung einer Grundrechtsverletzung aus, wenn dem Steuerpflichtigen nach Abzug der Einkommensteuer genug verbleibt, um sein Existenzminimum hiervon abzudecken. Zur Divergenz in der Rechtsprechung[420] äußerte sich der Erste Senat in seiner nächsten Entscheidung, in der er am Leistungsfähigkeitsprinzip festhielt, nicht[421]. Später stellte er klar, daß der entscheidende Unterschied zwischen dem Existenzminimum des Steuerpflichtigen selber und dem seiner Kinder darin liege, daß ersteres alle Steuerpflichtigen gleich betreffe, mit der Folge, daß der Grundfreibetrag bei der Ausgestaltung des Tarifes

---

415 BVerfG v. 29.5.90 - 1 BvL 20, 26/84 u. 4/86, BVerfGE 82, 60 (93 f.); *Paus,* Inf 1990, S. 394 (398); a.A. BFH v. 18.7.85 - VI R 93/80, BStBl. II 1985, 644 (646); zu Einzelheiten der Bestimmung des Existenzminimums vgl. *Schemmel,* StuW 1993, S. 70 (78 ff.).

416 BVerfG v. 29.5.90 - 1 BvL 20, 26/84 u. 4/86, BVerfGE 82, 60 (86 f.).

417 BVerfG v. 29.5.90 - 1 BvL 20, 26/84 u. 4/86, BVerfGE 82, 60 (87).

418 So die h.M., vgl. etwa *Tipke*, Steuerrechtsordnung Bd. 2, S. 672 ff.; *Lehner*, Einkommensteuerrecht und Sozialhilferecht, S. 171 f., 176 f., 293, 410 m.w.N.; *Söhn*, FinArch, NF, Bd. 51 (1994), S. 372 (392, 395).

419 BVerfG v. 25.9.92 - 2 BvL 5, 8, 14/91, BVerfGE 87, 153 (169).

420 Zur Problematik des Verhältnisses der verschiedenen Entscheidungen der beiden Senate, s. *Arndt/Schumacher*, NJW 1994, S. 961 ff.

421 BVerfG v. 26.1.94 - 1 BvL 12/86, BVerfGE 89, 346 = BStBl. II 1994, 307.

nur einen Rechenposten darstelle[422]. Ist der Grundfreibetrag zu niedrig bemessen, so stellt dies noch keine Verletzung der horizontalen Steuergerechtigkeit (= Gleichbehandlung aller Steuerpflichtigen mit gleich hoher Leistungsfähigkeit) dar. Zur Wahrung der horizontalen Steuergerechtigkeit sei dagegen für den Vergleich von Steuerpflichtigen mit und ohne Kindern der Abzug von der Bemessungsgrundlage oder ersatzweise die Gewährung von Kindergeld erforderlich.
Bei der Ermittlung des steuerlichen Existenzminimums eines Kindes[423] darf jedenfalls der Mindestbedarf, den der Gesetzgeber im Sozialrecht festgelegt hat, nicht unterschritten werden[424].

III. Der Schutz der Familie aus der Menschenwürde des Art. 1 I GG

Ferner läßt sich fragen, ob aus Art. 1 I GG (Menschenwürde) weitere Vorgaben für die Besteuerung von Familien entnommen werden können. Aus seinem Wortlaut und seiner großen Geltung begründet Art. 1 I GG subjektive öffentliche Rechte des Einzelnen gegenüber dem Staat[425], jedoch läßt sich ihm kein spezieller Schutz von Familien entnehmen, denn durch Art. 1 I GG ist nur die Beziehung des Einzelnen zu Organen des Staates betroffen, nicht jedoch familiäre Beziehungen zu diesen, welche nicht schon durch Art. 6 I GG geschützt wären[426].

C. Ergebnis

Zusammenfassend läßt sich feststellen, daß die allgemeinen objektivrechtlichen Vorgaben der Verfassung für den Steuergesetzgeber wenig präzise sind, so daß sich hieraus nur schwer Schlußfolgerungen im Rahmen der Bewertung von Steuernormen ziehen lassen.
Genauere Vorgaben lassen sich demgegenüber aus den subjektivrechtlichen Vorgaben entnehmen. Aus Art. 3 I GG folgt der Grundsatz der Steuergerechtigkeit, der – i.V.m. dem Sozialstaatsprinzip - die Ausrichtung der Einkommensbesteuerung an der wirtschaftlichen Leistungsfähigkeit des Steuerpflichtigen beinhaltet. Die Leistungsfähigkeit wird innerhalb der Einkommensbesteuerung durch das für die Steuerzahlung disponible Einkommen gemessen. Bei dessen Ermittlung sind erwerbsbezogene und unvermeidbare Privatausgaben von den Einnahmen abzuziehen (Nettoprinzip).

---

[422] BVerfG v. 14.6.94 - 1 BvR 1022/88, BVerfGE 91, 93 (108 f.); vgl. dazu auch *Arndt/ Schumacher*, DStR 1994, S. 1219 ff.

[423] Vgl. zu einem Überblick über die verschiedenen Ansätze *Helmke*, in: Berlebach, Familienleistungsausgleich-Kommentar, A § 31 Rn 12 ff.

[424] BVerfG v. 29.5.90 – 1 BvL 20, 26/84 u. 4/86, BVerfGE 82, 60 (94).

[425] *Höfling*, in: Sachs, Art. 1 Rn 38 ff.

[426] Vgl. BVerfG v. 20.7.54 - 1 BvR 459, 484, 548, 555, 623, 651, 748, 783, 801/52, 5, 9/53, 96, 114/54, BVerfGE 4, 7 (16).

Ergänzt wird dieses verfassungsrechtliche Gebot durch Art. 6 I GG, der die Familie unter besonderen Schutz stellt und bei der Konkretisierung des Leistungsfähigkeitsprinzips beachtet werden muß. Zu den unvermeidbaren Ausgaben gehören danach auch die existenznotwendigen Aufwendungen für den Unterhalt von Kindern, die somit - ggf. unter Berücksichtigung von Kindergeld - von der Bemessungsgrundlage abgezogen werden müssen. Über Art. 6 I GG ist auch die Steuerfreiheit des familiären Existenzminimums gewährleistet.

Kapitel 3: Beurteilung des geltenden Familienleistungsausgleichs anhand der erarbeiteten Kriterien

Oben wurde festgestellt, welche systematischen Vorgaben (Kapitel 1) und welche verfassungsrechtlichen Vorgaben (Kapitel 2) vom Steuergesetzgeber zu beachten sind. Auf dieser Grundlage soll der derzeit geltende Familienleistungsausgleich gem. §§ 31, 32 EStG - ausgehend von seiner inhaltlichen Darstellung - bewertet werden. Dabei soll der Schwerpunkt auf der Bewertung des Kinderfreibetrages (§ 32 I EStG) und des Haushaltsfreibetrages (§ 32 VII EStG) liegen.

A. § 31 EStG - Familienleistungsausgleich

I. Die Regelungsaussage des § 31 EStG

1. Geltungsbereich

Zeitlich gesehen ist § 31 EStG - abgestimmt mit § 32 EStG - erstmals ab dem VZ 1996 anzuwenden (§ 52 I EStG).

§ 31 EStG findet nur auf unbeschränkte Steuerpflichtige (§ 1 I, II EStG) und als unbeschränkt zu behandelnde Personen (§ 1 III EStG) Anwendung. Nicht anwendbar ist die Norm auf beschränkt Steuerpflichtige, denn für diese gilt weder § 32 EStG noch haben sie Anspruch auf Kindergeld nach § 62 EStG. Allerdings ist § 31 EStG im Jahr des Wechsels von der beschränkten zur unbeschränkten Steuerpflicht nach § 2 VII 3 EStG anzuwenden, wobei das monatlich gezahlte Kindergeld ggf. mit dem monatlich gewährten Kinderfreibetrag verrechnet wird[1].

2. Freistellung des Existenzminimums

In § 32 S. 1 EStG wird das Optionsmodell beschrieben, welches dem Familienleistungsausgleich zugrunde liegt. Dort wird bestimmt, wie die steuerliche Freistellung des Existenzminimums des Kindes[2] erreicht werden soll, nämlich durch Zahlung eines Kindergeldes *oder* durch Abzug eines Kinderfreibetrags. Hierzu bedarf es der Umrechnung des Kindergeldes in einen Steuerfreibetrag (Vergleichsrechnung)[3], wobei das Monatsprinzip (§§ 32 VI, 71 EStG) zu beachten ist[4]. Dabei soll die gebotene Freistellung nur bei 5 v.H. der Eltern nicht durch das Kindergeld allein, sondern zusätzlich durch den Kinderfreibetrag erfolgen[5].

---

1 *Glanegger*, in: Schmidt[17], § 31 Rn 6.

2 Vgl. dazu Kapitel 2 B. II., 5.

3 S. dazu hinten (Kapitel 3) A. I., 5.

4 FG München v. 11.11.97 - 13 K 2792/97, EFG 1998, S. 370 (370) - rkr.

5 *Horlemann/Ossola-Haring/Schneider*, Kindergeldverfahren, S. 33; *Mickschas/Misckschas*, Kindergeldverfahren[2], Rn 1; *Hartmann*, Inf 1996, S. 641 (643); *Plenker*, DB 1996, S. 2095 (2098).

3. Verrechnung des Kindergelds oder vergleichbarer Leistungen

a) Allgemeines

Ist ein Kinderfreibetrag - mangels ausreichender Freistellung durch das Kindergeld - anzusetzen, so sind - zur Vermeidung der Doppelberücksichtigung des jeweiligen Kindes - das Kindergeld des X. Abschnitts des EStG (das als einkommensteuerliche Vorausleistung zu § 32 EStG aufzufassen ist[6]) sowie vergleichbare Leistungen gem. § 36 II EStG zu verrechnen (§ 31 S. 5 Alt. 1 EStG), d.h. für die Ermittlung der festzusetzenden Einkommensteuer der tariflichen Einkommensteuer hinzuzurechnen (§ 2 VI 2 EStG).

Als vergleichbare Leistungen sind insoweit das Kindergeld nach zwischenstaatlichen Abkommen sowie die anderen Leistungen i.S.v. § 65 I EStG[7] anzusehen[8]. Dabei werden gem. § 36 II 1 EStG nur tatsächlich (egal wann) gezahltes Kindergeld bzw. tatsächlich gezahlte vergleichbare Leistungen verrechnet[9]. Dies gilt auch, wenn der Steuerpflichtige ganz bewußt von einem Antrag auf Kindergeld abgesehen hat[10]. Etwas anderes gilt jedoch für die Geltendmachung des zivilrechtlichen Ausgleichsanspruchs[11].

Ausländisches Kindergeld wird gem. § 31 S. 6 EStG - beschränkt auf die Höhe des inländischen Kindergeldes (§ 66 I EStG) - ebenfalls verrechnet. Diesem sind die im Ausland gewährten kindbezogenen Leistungen i.S.v. § 65 I Nr. 2 EStG gleichzustellen[12].

Die Verrechnung bzw. Hinzurechnung erfolgt nach § 36 II 1 EStG „im entsprechenden Umfang“, d.h. anteilsmäßig. Wird also nur ein halber Kinderfreibetrag gewährt, so ist auch nur das halbe Kindergeld hinzuzurechnen, wurde Kindergeld z.B. nur für einen Monat gezahlt, so ist auch nur dieses anzusetzen[13].

Werden Eltern nicht zusammen veranlagt, so daß einem Elternteil das volle Kindergeld und beiden jeweils ein halber Kinderfreibetrag zusteht, so ist auch bei dem Elternteil, der das volle Kindergeld erhält, beim Abzug des Kinderfreibetrags grundsätzlich. nur das halbe Kindergeld hinzuzurechnen, weil beim Abzug des Kin-

---

6 *Kanzler*, in: Hermann/Heuer/Raupach, EStG, § 31 Rn 20.

7 S. dazu die Übersicht des BMF v. 30.6.98, BStBl. I 1998, S. 888 ff. über vergleichbare Leistungen.

8 BMF v. 9.3.98, BStBl. I 1998, S. 347 Rn 9; *Nolde*, FR 1996, S. 845 (846); teilweise a.A. *Kanzler*, in: Hermann/Heuer/Raupach, EStG, § 31 Rn 36, der als „Kindergeld“ auch das ausländische aufgrund zwischenstaatlicher Abkommen gezahlte Kindergeld ansieht.

9 *Kanzler*, in: Hermann/Heuer/Raupach, EStG, § 31 Rn 36; darin liegt eine Durchbrechung des Zu- und Abflußprinzips, vgl. dazu Kapitel 1 B. V., 2d.

10 *Kanzler*, in: Hermann/Heuer/Raupach, EStG, § 31 Rn 31; *Helmke*, in: Berlebach, Familienleistungsausgleich-Kommentar, A § 31 EStG Rn 23 f.; a.A. für den - kaum vorstellbaren - Fall des Mißbrauchs *Glanegger*, in: Schmidt[17], § 31 Rn 30.

11 Vgl. dazu hinten (Kapitel 3) A. I., 3c.

12 *Kanzler*, in: Hermann/Heuer/Raupach, EStG, § 31 Rn 38.

13 *Glanegger*, in: Schmidt[17], § 31 Rn 31; vgl. auch BMF v. 9.3.98, BStBl. I 1998, S. 347 Rn 23.

derfreibetrags bei dem anderen Elternteil der diesen im Wege des zivilrechtlichen Ausgleichsanspruchs[14] zustehende Teil des Kindergeldes angerechnet wird (§ 31 S. 5 Alt. 2 EStG). Es wird also bei getrenntlebenden Eltern i.d.R. bei jedem Elternteil das halbe Kindergeld verrechnet, weil auch nur der halbe Kinderfreibetrag abzuziehen ist. Bei jedem Elternteil wird jedoch unabhängig vom anderen Elternteil der halbe Kinderfreibetrag abgezogen, wenn dessen steuerliche Wirkung höher ist als das halbe Kindergeld. Gem. § 36 II 1 Hs. 2 EStG ist § 11 I EStG nicht anzuwenden, dementsprechend wird unabhängig vom Zeitpunkt der Zahlung stets das Kindergeld verrechnet, das dem Steuerpflichtigen für den Zeitraum zusteht, für den er einen Kinderfreibetrag erhält. Auch nachträglich gezahltes Kindergeld (§ 66 III EStG) ist nach Zahlung - bezogen auf den Zeitraum, für den es gezahlt wurde - zu verrechnen[15].

b) Auseinanderfallen von Kindergeld und Kinderfreibetrag

Nicht verrechnet wird Kindergeld nach dem BKGG, denn dieses wird nur an Kinder selbst oder an beschränkt Steuerpflichtige gezahlt, für die gem. § 50 I 5 EStG eine Berücksichtigung von Kindern nach § 32 EStG nicht in Betracht kommt.

Im Anwendungsbereich von §§ 32 und 62, 63 EStG ist auch ein Auseinanderfallen von Kindergeld und Kinderfreibetrag möglich[16]. Die eine Möglichkeit (nur Kindergeld) ergibt sich daraus, daß für das Kindergeld nach § 63 I EStG Stief- und Enkelkinder Berücksichtigung finden, nach § 32 I EStG aber nicht für den Kinderfreibetrag. Wird für Stiefkinder oder Enkel Kindergeld gezahlt (§ 63 I EStG) und nicht gem. § 32 VI 6 EStG der Kinderfreibetrag übertragen, oder bei einem gemeinsamen Haushalt von Eltern, einem Elternteil und dessen Ehegatten, Pflegeeltern oder Großeltern i.S.v. § 64 II EStG ein Kindergeldberechtigter bestimmt, der keinen Kinderfreibetrag erhält, so steht demjenigen, der das Kindergeld bekommt, kein Kinderfreibetrag zu. Hinzuzurechnen ist auch Kindergeld, das an andere Personen, die keinen Kinderfreibetrag erhalten, ausgezahlt wurde, wobei nach dem Gesetzeswortlaut von § 31 S. 5 und § 36 II 1 EStG jedoch die Verrechnung des Kindergeldes nicht voraussetzt, daß das Kindergeld dem Kinderfreibetragsberechtigten zugeflossen ist[17].

---

[14] Vgl. dazu (Kapitel 3) A. I., 3c.

[15] Bereits bestandskräftige Einkommensteuerbescheide sind - wenn das Kindergeld nachträglich gezahlt oder zurückgefordert wird - nach § 175 I 1 Nr. 2 AO oder - soweit sich eine angenommene Zahlung als unzutreffend erweist - nach § 173 AO zu ändern (BMF v. 9.3.98, BStBl. I 1998, S. 347 Rn 24). Wurde das Kindergeld zu Unrecht gezahlt, weil die Einkommensgrenze überschritten ist, so ist, da auch der Abzug eines Kinderfreibetrags nicht möglich ist, das Kindergeld nach § 37 II AO zurückzuerstatten (*Kanzler*, in: Hermann/Heuer/Raupach, EStG, § 31 Rn 36).

[16] Vgl. auch *Helmke*, in: Berlebach, Familienleistungsausgleich-Kommentar, A § 31 EStG Rn 15 f.

[17] *Kanzler*, in: Hermann/Heuer/Raupach, EStG, § 31 Rn 36; *Glanegger*, in: Schmidt[17], § 31 Rn 37.

Die andere und wohl auch wesentlich häufigere[18] Möglichkeit (nur Kinderfreibetrag) folgt daraus, daß für den Kinderfreibetrag generell nicht der für den Kindergeldanspruch grundsätzlich geforderte Wohnsitz oder gewöhnliche Aufenthalt in Deutschland, der Europäischen Union oder dem Geltungsbereich des EWR verlangt wird.

Auch wenn für ein Kind beide Voraussetzungen (Gewährung von Kindergeld und Kinderfreibetrag) erfüllt sind, kann ein unbeschränkt Steuerpflichtiger die Alternative Zahlung des Kindergeldes oder Abzug des Kinderfreibetrages nur beanspruchen, wenn er auch in seiner Person die Voraussetzungen hierfür erfüllt[19], d.h. für das Kindergeld das Eltern-Kind-Verhältnis nach § 63 I EStG und die Anspruchsberechtigung gem. § 64 EStG, für den Kinderfreibetrag ein Eltern-Kind-Verhältnis i.S.v. § 32 I, II EStG oder die Übertragung des einem Elternteil zustehenden Kinderfreibetrags auf einen Großelternteil bzw. Stiefelternteil gem. § 32 VI 7 EStG vorliegt. Ohne weiteres kann danach die Alternative Kindergeld/Kinderfreibetrag nur bei zusammenveranlagten Eltern angenommen werden, die im gemeinsamen Haushalt mit gemeinsamen Kindern leben, sowie bei Alleinerziehenden, die ihre Kinder in ihrem Haushalt betreuen. Bei Eltern die getrennt leben wird ein Auseinanderfallen des nach der Haushaltszugehörigkeit (Obhutsprinzip[20]) gezahlten Kindergeldes und des nach dem Halbteilungsgrundsatz gewährten Kinderfreibetrages[21] durch die Verrechnung des Ausgleichsanspruchs[22] vermieden[23].

c) Verrechnung bei Bestehen eines zivilrechtlichen Ausgleichsanspruchs

Kindergeld oder vergleichbare Leistungen sind gem. § 31 S. 5 Alt. 2 EStG auch zu verrechnen, wenn sie dem Steuerpflichtigen im Wege eines zivilrechtlichen Ausgleichs zustehen.

Beim Ausgleichsberechtigten wird der bestehende familienrechtliche Ausgleichsanspruch[24] einem an ihn ausgezahltes Kindergeld gleichgestellt, und der mit dem Ausgleichsanspruch Belastete wird so behandelt, als habe er nur ein entsprechend vermindertes Kindergeld erhalten.

Ein solcher zivilrechtlicher Ausgleichsanspruch besteht, wenn ein Elternteil allein für den Unterhalt eines Kindes aufgekommen ist, obwohl auch der andere dem Kind unterhaltspflichtig war[25]. Eine Variante des familienrechtlichen Ausgleichsan-

[18] *Helmke*, in: Berlebach, Familienleistungsausgleich-Kommentar, A § 31 EStG Rn 15.

[19] Vgl. *Helmke*, in: Berlebach, Familienleistungsausgleich-Kommentar, A § 31 EStG Rn 17 f.

[20] Dazu *Weber-Grellet*, in: Schmidt[17], § 63 Rn 5 f.

[21] Vgl. dazu *Helmke*, in: Berlebach, Familienleistungsausgleich-Kommentar, A § 31 EStG Rn 19 f.

[22] Dazu sogleich unter (Kapitel 3) A. I., 3c.

[23] *Glanegger*, in: Schmidt[17], § 31 Rn 37.

[24] *Diederichsen*, in: Palandt, BGB57, § 1602 Rn 13 f. u. § 1606 Rn 17.

[25] *Wendl/Standigl*, Das Unterhaltsrecht in der familienrechtlichen Praxis[3], § 2 Rn 529; BGH v. 25.5.94 - XII ZR 78/93, NJW 1994, S. 2234 (2234) m.w.N.

spruchs ist der Anspruch eines Elternteils auf das dem anderen Elternteil gezahlte Kindergeld[26].
Die maßgebliche Anspruchsgrundlage war § 1615g BGB a.F., da dieser jedoch nur für Regelunterhalt (für nichteheliche Kinder) vorgesehen war, wurde er bei der Berechnung von echtem Individualunterhalt - besonders bei geschiedenen oder getrennt lebenden Eltern - analog angewandt[27]. Im Zuge der Neuregelung des Familienrechts wurden mit dem KindUG die bisherigen Sonderregelungen für nichteheliche Kinder, insbesondere auch § 1615g BGB aufgehoben[28]. Die Verrechnung des Kindergeldes ist nunmehr in §§ 1612b, 1612c BGB explizit geregelt, wobei die bisherige Rechtslage weitgehend aufgegriffen wurde[29].
Nach dem in § 1612b I BGB statuierten Grundsatz kann der barunterhaltspflichtige Elternteil das Kindergeld zur Hälfte anrechnen, wenn dieses aufgrund der vorrangigen Kindergeldberechtigung eines anderen (anderer Elternteil oder ein Dritter, dem anstelle des anderen Elternteils das Kindergeld gewährt wird), nicht an ihn ausbezahlt wird. Besonders bei minderjährigen Kindern ist die hälftige Anrechnung des Kindergeldes auf den Barunterhalt des Kindes vorgesehen, wenn der betreuende Elternteil nach der Trennung das Kindergeld gem. § 64 II 1 EStG bezieht.
§ 1612c BGB erstreckt die Regelungen des § 1612b BGB auf regelmäßig wiederkehrende kindbezogene Leistungen, soweit sie den Anspruch auf Kindergeld ausschließen, d.h. als Surrogat des Kindergeldes anzusehen sind (§ 65 EStG).

Die Verrechnung nach § 31 S. 5 EStG erfordert nur, daß der Ausgleichsanspruch[30] dem Steuerpflichtigen zusteht, d.h. auf die tatsächliche Geltendmachung kommt es nicht an[31]. Unerheblich ist auch, ob im Einzelfall tatsächlich ein einklagbarer Anspruch besteht, maßgeblich ist ausschließlich der abstrakt bestehende zivilrechtliche Ausgleichsanspruch[32]. Zu verrechnen ist das Kindergeld im Einkommensteuerrecht stets zur Hälfte, weil und soweit dem Anspruchsberechtigten nur ein halber Kinderfreibetrag zusteht[33].

---

26 *Helmke*, in: Berlebach, Familienleistungsausgleich-Kommentar, A § 31 EStG Rn 37.

27 *Diederichsen*, in: Palandt[57], BGB, § 1615 g Rn 2; *Kanzler*, in: Hermann/Heuer/Raupach, EStG, § 31 Rn 37; BVerfG v. 8.6.77 - 1 BvR 265/75, BVerfGE 45, 104 (133); dazu ausf. *Kiehne*, Die Anrechnung von Kindergeld.

28 Aufgehoben ab 1.07.98 durch das Gesetz zur Vereinheitlichung des Unterhaltsrechts minderjähriger Kinder (Kinderunterhaltsgesetz - KindUG), G. v. 6.4.98, BGBl. I 1998, S. 666.

29 BMF v. 9.3.98, BStBl. I 1998, S. 347 Rn 4; zu den Änderungen s. *Gerhard*, FuR 1998, S. 97 (99 f.); *Schumacher/Grün*, FamRZ 1998, S. 778 (783 f.).

30 Zu Art und Umfang des Anspruchs in einzelnen s. *Glanegger*, in: Schmidt[17], § 31 Rn 35; *Kanzler*, in: Hermann/Heuer/Raupach, EStG, § 31 Rn 37; *Gerhard*, FuR 1998, S. 97 ff.; *Schumacher/Grün*, FamRZ 1998, S. 778 ff.

31 BMF v. 9.3.98, BStBl. I 1998, S. 347 Rn 9; *Plenker*, Familienleistungsausgleich, S. 15.

32 FG Rheinland-Pfalz v. 27.1.98 - 2 K 1879/97, EFG 1998, S. 745 - rkr.

33 *Glanegger*, in: Schmidt[17], § 31 Rn 35; *Müller/Traxel*, BB 1996, S. 1141 (1143); a.A. *Helmke*, in: Berlebach, Familienleistungsausgleich-Kommentar, A § 31 EStG Rn 43, 46, 48, für den

4. Die Übertragung des Kinderfreibetrages

Wird ein Kinderfreibetrag nach § 32 VI 5, 6 EStG übertragen[34] (nur ein Elternteil erfüllt im wesentlichen seine Unterhaltspflicht oder die Großeltern oder ein Stiefelternteil hat das Kind aufgenommen), und erhalten diese Personen Kindergeld (§§ 64, 74 EStG), so ist dieses Kindergeld beim Empfänger nach § 31 EStG zu berücksichtigen, und zwar ggf. vermindert um einen etwaigen zivilrechtlichen Ausgleichsanspruch[35].

5. Die Vergleichsrechnung

Die Vergleichsrechnung (sog. Günstigerprüfung) wird vorgenommen, um festzustellen, ob die sich beim Abzug der Kinderfreibeträge ergebende Einkommensteuerersparnis das gezahlte Kindergeld übersteigt. Die durch den Kinderfreibetrag (§ 32 VI EStG) bewirkte Steuerminderung ist dabei Maßstab der Prüfung, ob die gebotene Steuerfreistellung vollständig durch das zu verrechnende Kindergeld erreicht wird.

Die Vergleichsrechnung besteht in der Gegenüberstellung der Differenz der Einkommensteuer (Jahressteuer) auf das zu versteuernde Einkommen (Jahresbetrag) ohne Kinderfreibetrag und der Einkommensteuer auf das zu versteuernde Einkommen abzüglich Kinderfreibetrag einerseits und dem Kindergeld andererseits[36].

Die Rechnung ist für jedes Kind einzeln durchzuführen[37]. Das ergibt sich aus dem Wortlaut des § 32 VI 1 EStG, wonach „für jedes zu berücksichtigende Kind des Steuerpflichtigen ein Kinderfreibetrag ... abgezogen“ wird[38] sowie aus der Staffelung des Kindergeldes (§ 66 I EStG), denn die Förderung, die mit dem höheren Kindergeld für vierte und weitere Kinder beabsichtigt wird, könnte nicht erreicht werden, wenn die Erhöhungsbeträge für die Steuerfreistellung des Existenzmini-

---

Fall, daß eine andere Höhe des Ausgleichsanspruchs behauptet und nachgewiesen wird; zur Verrechnung bei der Übertragung des Kinderfreibetrages auf Großeltern bzw. für den Fall, daß diesen nur Kindergeld zusteht s. *Glanegger*, in: Schmidt[17], § 31 Rn 36; *Nolde*, FR 1995, S. 845 (849); *Leichtle*, DB 1997, S. 1149 (1153).

34 Vgl. zur Übertragung des Kinderfreibetrages (Kapitel 3) C. I. 2. und 3.

35 *Glanegger*, in: Schmidt[17], § 31 Rn 40; zum Ausgleichsanspruch selber vgl. vorne (Kapitel 3) A. I., 3c.

36 S. dazu BVerfG v. 29.5.90 - 1 BvL 20/84, BVerfGE 82, 60 (95 f.); sowie *Leichtle*, DB 1997, S. 1149 (1152 ff.); *Plenker*, DB 1996, S. 2095 ff.; BMF v. 9.3.98, BStBl. I 1998, S. 347 Rn 7.

37 BMF v. 9.3.98, BStBl. I 1998, S. 347 Rn 7; *Helmke*, in: Berlebach, Familienleistungsausgleich-Kommentar, A § 31 EStG Rn 27. In sog. „Wechselfällen“, in denen ein Kind im Laufe des VZ aus den Berücksichtigungstatbeständen des § 32 VI EStG ausscheidet und deshalb z.B. das dritte als „zweites“ Kind zu berücksichtigen ist, hat die Vergleichsrechnung - abweichend vom Monatsprinzip (§§ 32 VI bzw. 66 II 1 EStG) - ausnahmsweise als Jahresbetrachtung zu erfolgen (*Glanegger*, in: Schmidt[17], § 31 Rn 25; *Kanzler*, in: Hermann/Heuer/Raupach, EStG, § 31 Rn 80 „Verrechnung des Kindergelds“; *Plenker*, DB 1996, S. 2095 (2096)).

38 *Kanzler*, in: Hermann/Heuer/Raupach, EStG, § 31 Rn 34.

mums von ersten bis dritten Kindern herangezogen würden[39]. Begonnen werden muß mit dem ältesten Kind[40], denn auch bei der Bestimmung der Höhe des Kindergeldes wird die Frage, welches Kind bei einem Elternteil erstes oder weiteres Zahlkind ist, danach entschieden, an welcher Stelle das bei diesem Elternteil zu berücksichtigende Kind in der Reihenfolge der Geburten steht und hiernach ist das älteste Kind stets das erste Kind[41]. Für das zweite Kind muß bei der Vergleichsrechnung vom zu versteuernden Einkommen abzüglich des Kinderfreibetrags für das erste Kind ausgegangen werden[42]. Beim vierten und jedem weiteren Kind wird der Kinderfreibetrag stets durch das Kindergeld überkompensiert, so daß dieses für einen Ansatz des Kinderfreibetrags ausscheidet[43].
Beim Bezug von im Kalenderjahr wechselnden Kindergeldbeträgen für mehrere Kinder erfolgt ein Jahresvergleich[44].

Im Ergebnis ist der Abzug des Kinderfreibetrags ab VZ 1997 für zusammenveranlagte Ehegatten mit einem bzw. mit zwei oder mehr Kindern ab einem zu versteuernden Einkommen von 146.232 DM günstiger als das Kindergeld. Bei diesem Einkommen ist jedoch auch bei Familien mit zwei Kindern nur ein Kinderfreibetrag abzuziehen, da für das erste Kind das Kindergeld zur Freistellung des Existenzminimums ausreicht[45]. Die Einkommensgrenze, von der an für Familien mit mehr als einem Kind der Abzug auch des zweiten Kinderfreibetrags günstiger ist, liegt aufgrund der Steuerprogression nicht um einen Kinderfreibetrag (6.912 DM) höher, sondern schon bei einem zu versteuernden Einkommen von 149.472 DM[46].

II. Verfahrensfragen

Zuständig für die Abwicklung der Kindergeldzahlung sind die Familienkassen der Arbeitsverwaltung bzw. des öffentlichen Dienstes (§ 72 I, II EStG) die insoweit als Bundesfinanzbehörde gelten und der Fachaufsicht des Bundesamtes für Finanzen unterliegen (§ 5 I Nr. 11 FVG)[47].

---

39 *Oepen*, in: Blümich, EStG, § 31 Rn 93; *Helmke*, in: Berlebach, Familienleistungsausgleich-Kommentar, A § 31 EStG Rn 27.

40 *Plenker*, DB 1996, S. 2095 (2095).

41 S. dazu DA-FamEStG Tz. 66.1 II, BStBl. I 1998, S. 389.

42 *Glanegger*, in: Schmidt[17], § 31 Rn 25; *Plenker*, DB 1996, S. 2095 (2096).

43 *Glanegger*, in: Schmidt[17], § 31 Rn 25, 9.

44 *Helmke*, in: Berlebach, Familienleistungsausgleich-Kommentar, A § 31 EStG Rn 29.

45 *Helmke*, in: Berlebach, Familienleistungsausgleich-Kommentar, A § 31 EStG Rn 27.

46 *Helmke*, in: Berlebach, Familienleistungsausgleich-Kommentar, A § 31 EStG Rn 27; s. auch *Ebling/Heuermann*, Kindergeldauszahlung, Rn 18 für VZ 1996: 149.688 DM; a.A. (153.144 DM) *Plenker*, Familienleistungsausgleich, S. 10; *Genthe*, FuR 1997, S. 184 (185).

47 Dazu BMF, BStBl. I 1996, S. 707 (709 f., 712 ff.); die Mischverwaltung zwischen Bundesfinanzverwaltung und Bundesarbeitsverwaltung ist aus verfassungsrechtlicher Sicht nicht zu beanstanden (FG Rheinland-Pfalz v. 31.7.96 - 1 K 1686/96, EFG 1997, S. 367 (368 f.) - rkr.).

Der Kinderfreibetrag wird weder bei den Einkommensteuervorauszahlungen (§ 37 III S. 11 EStG) noch beim Lohnsteuerabzug berücksichtigt, aber im Hinblick auf die Kirchensteuer bzw. den Solidaritätszuschlag wird die Kinderzahl weiterhin auf der Lohnsteuerkarte eingetragen[48]. Der Familienleistungsausgleich ist durch die Einkommensteuerveranlagung herzustellen, Arbeitnehmer müssen den Weg der Antragsveranlagung nach § 46 II Nr. 8 EStG wählen. Das Finanzamt ist bei seiner Entscheidung im Rahmen des § 31 EStG nicht an die Entscheidung der Familienkassen gebunden[49], muß diese aber zur Vermeidung von Divergenzen verständigen (§ 30 IV Nr. 1 AO, § 21 IV FVG).

Durch den Wechsel zum sog. Optionsmodell kam es zu einer Änderung der Gerichtszuständigkeit. Nunmehr ist ab 1996 für das nach §§ 62-78 EStG als Steuervergütung zu gewährende Kindergeld[50], wie bislang schon für den Kinderfreibetrag, der Finanzrechtsweg nach § 33 I Nr. 1 FGO eröffnet[51], während für Angelegenheiten nach dem BKGG gem. § 27 BKGG der Rechtsweg zu den Sozialgerichten eröffnet ist[52]. Folge hiervon ist eine Schlechterstellung von Kindergeldempfängern, denn trotz der Regelung in § 77 EStG zur Kostenerstattung (wie in § 63 SGB X) ist das finanzgerichtliche Verfahren über die Kindergeldfestsetzung im Gegensatz zu sozialgerichtlichen Verfahren (§ 183 SGG) bislang nicht kostenfrei[53]. Der Anspruch auf ein höheres als das festgesetzte Kindergeld ist mit der Verpflichtungsklage geltend zu machen[54].

III. § 31 EStG im System der Rechtsordnung

§ 31 EStG regelt sowohl das Verhältnis zum Kinderfreibetrag nach § 32 VI EStG als auch zum X. Abschnitt des EStG „Kindergeld".
Im Rahmen des Optionsmodells (Anrechnung des Kindergeldes beim Kinderfreibetrag) besteht auch ein Bezug zu den Tarifvorschriften des EStG[55].
Weiterhin besteht ein Verhältnis zu Vorschriften des BKGG, denn das Verhältnis des § 31 EStG und der einkommensteuerlichen Kindergeldvorschriften wird durch

---

48 *Nolde*, FR 1995, S. 845 (845); *Hartmann*, Inf 1996, S. 641 (643).

49 BMF v. 9.3.98, BStBl. I 1998, S. 347 Rn 3; OFD Frankfurt/Main, DB 1996, S. 2521; *Glanegger*, in: Schmidt[17], § 31 Rn 45.

50 *Mickschas/Mickschas*, Kindergeldverfahren[2], Rn 10.

51 BMF v. 9.3.98, BStBl. I 1998, S. 347 Rn. 6; *Mickschas/Mickschas*, Kindergeldverfahren[2], Rn 338; *Huber*, DStR 1995, S. 1743.

52 *Schild*, NJW 1996, S. 2414 (2415) sieht dafür keinen einleuchtenden Grund und verweist auch auf den unterschiedlichen Instanzenzug.

53 Kritisch hierzu *Huber*, DStR 1995, S. 1743; sowie *Schild*, NJW 1996, S. 2414 (2415).

54 *Seewald/Felix*, NWB Fach 27, S. 4465 (4473); a.A. FG Rheinland-Pfalz v. 31.7.96 - 1 K 1449/96, EFG 1996, S. 1175 (1176) - rkr.: Anfechtungsklage; offen gelassen vom FG Münster v. 18.4.97 - 11 K 1539/96 Kg, EFG 1997, S. 820 (821) - Rev. VI R 67/97.

55 Vgl. hierzu *Kanzler*, in: Hermann/Heuer/Raupach, EStG, § 31 Rn 16.

den unterschiedlichen Geltungsbereich beider Gesetze bestimmt: hiernach schließen ab dem VZ 1996 Kindergeldansprüche nach dem X. Abschnitt des EStG und nach dem BKGG einander aus[56].
Das nach dem Einkommensteuergesetz zu zahlende Kindergeld unterliegt der Gesetzgebung des Bundes (§ 33 I Nr. 1 Hs. 2 FGO). Die Einkommensteuer fällt unter die konkurrierende Gesetzgebungszuständigkeit, denn deren Aufkommen steht dem Bund nach Art. 105 II i.V.m. Art. 106 III 1 u. 2 GG anteilig zu.

IV. Systematische Einordnung und Bewertung des § 31 EStG

1. Rechts- und steuersystematische Bedeutung des § 31 EStG

§ 31 EStG regelt als zentrale Norm bzw. Grundvorschrift[57] die steuerliche Berücksichtigung der geminderten Leistungsfähigkeit von Eltern mit Kindern[58]. Die Vorschrift ist das Bindeglied zwischen dem Kinderfreibetrag nach § 32 VI EStG und dem Kindergeld nach §§ 62-78 EStG. Seine steuersystematische Struktur wird maßgeblich durch die Rechtsnatur des Kindergeldes als Steuervergütung und (teilweise) Sozialleistung[59] bestimmt.

Im Rahmen des Optionsmodells kam es zu einem Systemwechsel vom dualen Kinderlastenausgleich zum Familienleistungsausgleich[60]. Ziel war die deutliche Aufstockung von Leistungen für Familien, ferner sollte das Verfahren transparenter gestaltet und vereinheitlicht werden[61]. Es wurde der neue Begriff „Familien*leistungs*ausgleich" gewählt, um deutlich zu machen, daß Familien durch Kinder in ihrer Leistungsfähigkeit gemindert werden und die Leistung der Familie stärker anerkannt werden soll[62]. Allerdings ist die Überschrift für die Auslegung der Norm unbeachtlich, denn sie hat keine normative Bedeutung[63]. Insgesamt ist § 31 EStG etwas ungeschickt formuliert, und die Sätze 1 und 2 als reine Programmsätze hätten systematisch besser in die Gesetzesmaterialien gepaßt[64]. Erst in den Sätzen 3 bis 6 finden sich die eigentlichen Regelungen.

---

56 *Kanzler*, in: Hermann/Heuer/Raupach, EStG, § 31 Rn 16, Vor §§ 62-78 Rn 14 f.

57 So *Nolde*, FR 1995, S. 845 (845).

58 Die Norm soll den aus dem Familienlastenausgleich fortentwickelten Familienleistungsausgleich grundlegend neu ordnen und weiterentwickeln, vgl. BT-Drucks. 13/1558, S. 7 zu den Schwerpunkten der Reform.

59 *Mickschas/Mickschas*, Kindergeldverfahren², Rn 10.

60 Zur geschichtlichen Entwicklung insgesamt s. Einleitung, B. II.

61 BT-Drucks. 13/1558, S. 139.

62 BT-Drucks. 13/1558, S. 155; wobei *Kanzler*, in: Hermann/Heuer/Raupach, EStG, § 31 Rn 3 anmerkt, daß der Begriff etwas angestrengt wirke und der Begriff Lastenausgleich für die Verteilungsgerechtigkeit bei der Familienbesteuerung besser passe; krit. dazu auch *Oepen*, NWB Fach 3b, S. 4601 (4603).

63 *Kanzler*, in: Hermann/Heuer/Raupach, EStG, § 31 Rn 3.

64 So auch *Kanzler*, in: Hermann/Heuer/Raupach, EStG, § 31 Rn 3.

Das Kindergeld wird gem. § 31 S. 3 EStG - gesetzestechnisch betrachtet - im laufenden Kalenderjahr einheitlich als Steuervergütung[65] monatlich gezahlt. Materiell stellt es eine Vorausleistung auf die Kinderentlastung durch Ansatz des Kinderfreibetrags dar[66]. Ist die Entlastung durch das Kindergeld jedoch höher als der Kinderfreibetrag, handelt es sich insoweit um eine Sozialleistung: übersteigt das gezahlte Kindergeld die Entlastung durch einen etwaigen Kinderfreibetrag, so dient es gem. § 31 S. 2 EStG der Förderung der Familie. Damit entspricht es dem Fördergebot des Art. 6 I GG.
Wird die gebotene steuerliche Freistellung des Existenzminimums nicht vollständig durch das Kindergeld bewirkt, so ist der Kinderfreibetrag nach § 32 VI EStG von Amts wegen[67] abzuziehen. Insoweit ist das Kindergeld materiell dem Steuerrecht zuzuordnen. Hat der Steuerpflichtige ein so geringes Einkommen erzielt, daß sich der Kinderfreibetrag nicht auswirkt, so handelt es sich beim Kindergeld allein um eine Sozialleistung[68]. Ist der Kinderfreibetrag abzuziehen, so handelt es sich beim Kindergeld um eine steuerrechtlich indizierte Vorauszahlung[69]. Dagegen kommt dem Kindergeld bei mittleren Einkommen eine Doppelnatur zu[70].
Das Kindergeld dient - funktional betrachtet - der steuerlichen Freistellung eines Einkommensbetrages in Höhe des Kindesexistenzminimums. Geht das Kindergeld über diese steuerentlastende Funkton hinaus, so stellt es insoweit eine Sozialleistung dar[71].

In vollem Umfang dient das Kindergeld der Familienförderung bei Steuerpflichtigen, die nicht oder nur gering mit Einkommensteuer belastet sind. Im VZ 1996 war selbst bei Steuerpflichtigen mit einem Spitzensteuersatz von 53 v.H. ab dem dritten Kind die Entlastung durch das Kindergeld[72] höher als jene durch einen Kinderfreibetrag, womit diese Kinder für einen Kinderfreibetragsansatz ausschieden[73]. Das gleiche galt für Steuerpflichtige mit einem oder zwei Kindern bis zu einem Grenzsteuersatz von 38,3 v.H. (nach der Grundtabelle waren dies ca. 75.000 DM, nach der Splittingtabelle ca. 150.000 DM)[74]. Aufgrund des auf 6.912 DM angehobenen Kinderfreibetrags sind ab dem VZ 1997 nunmehr auch dritte Kinder in die Prüfung

---

[65] Dazu *Nolte*, FuR 1996, S. 81 (82 f.).

[66] *Kanzler*, in: Hermann/Heuer/Raupach, EStG, § 31 Rn 32; *Glanegger*, in: Schmidt[17], § 31 Rn 8; *Heuermann*, DStR 1997, S. 1631 (1632).

[67] BMF v. 9.3.98, BStBl. I 1998, S. 347 Rn 1 u. 7.

[68] *Kulmsee*, DStZ 1998, S. 14 (23).

[69] Vgl. hierzu *Helmke*, in: Berlebach, Familienleistungsausgleich-Kommentar, A § 31 EStG Rn 18 ff.

[70] S. etwa *Heuermann*, DStR 1997, S. 1631 (1632).

[71] FG Düsseldorf v. 6.11.97 – 15 K 4646/96 KG, EFG 1998, S. 372 (373) – Rev. VI R 199/97 = DStR/E 1998, S. 306.

[72] Zur Entwicklung und Höhe des Kindergeldes s. Einleitung B. IV.

[73] *Glanegger*, in: Schmidt[17], § 31 Rn 9; *Pfeifer*, SGb 1997, S. 14 (15).

[74] *Kanzler*, in: Hermann/Heuer/Raupach, EStG, § 31 Rn 30.

einzubeziehen[75]. Die im Entwurf eines Steuerentlastungsgesetzes 1999/2000/2002[76] vorgesehene Anhebung des Kindergeldes für das erste und zweite Kind auf jeweils 250 DM monatlich hat hierauf keinen Einfluß.

Das Kindergeld ist - definiert als Steuervergütung (§ 31 S. 3 EStG) - steuerfrei (§§ 3 Nr. 24, 52 IId EStG).
Gesetzessystematisch ist § 32 VI EStG insoweit vorrangig gegenüber § 31 S. 4 EStG, als grundsätzlich der Kinderfreibetrag abzuziehen ist, sofern nicht die Entlastung durch das Kindergeld höher ist (sog. Vorrang des § 32 vor § 31 EStG)[77].

2. Vereinbarkeit mit den systematischen Vorgaben

Aus steuersystematischer Sicht bedenklich ist die Einbindung der Kindergeldzahlung in die einkommensteuerliche Kinderentlastung. Schon die Funktion des Kindergeldes als Vorausleistung auf die Entlastung durch den - nunmehr dem Monatsprinzip unterworfenen - Kinderfreibetrag entspricht nicht der sonstigen Ausgestaltung der Einkommensteuer als Jahressteuer[78].
Beim Bezug von im Jahresverlauf wechselnden Kindergeldbeträgen muß entsprechend dem Jahresprinzip der Einkommensteuer ein Jahresvergleich erfolgen, auch wenn rechtssystematisch der monatlichen Betrachtungsweise der Vorzug zu geben wäre[79].
Die Regelung von Sozialleistungen erfolgt im Rahmen des Sozialrechts insbesondere im SGB, nicht aber im Einkommensteuerrecht. Die Plazierung des Kindergeldes als Sozialleistung im Regelungszusammenhang des EStG ist damit systemfremd[80]. Hierdurch wird die Regelung von Fiskal- und Sozialzwecken vermengt, was der Rechtsklarheit widerspricht[81]. Die „Vermengung“ von Steuerrecht und Sozialrecht ist aber Folge der Ausgestaltung des Familienleistungsausgleichs als Optionsmodell mit der Doppelfunktion des Kindergeldes und muß hingenommen werden.

---

75 BMF v. 9.3.98, BStBl. I 1998, S. 347 Rn 7; *Genthe*, FuR 1997, S. 184 (185); *Czisz*, DStR 1998, S. 996 (997).

76 BT-Drucks. 14/23, S. 42.

77 *Kanzler*, in: Hermann/Heuer/Raupach, EStG, § 31 Rn 26; *Glanegger*, in: Schmidt[17], § 31 Rn 25.

78 Vgl. zur Einkommensteuer als Jahressteuer Kapitel 1 B. V., 2c.

79 *Helmke*, in: Berlebach, Familienleistungsausgleich-Kommentar, A § 31 EStG Rn 29.

80 S. vorne (Kapitel 3) A. IV., 1.; vgl. auch *Glanegger*, in: Schmidt[17], § 31 Rn 17; *Wosnitza*, StuW 1996, S. 123 (134 f.);

81 Dabei weist *Wosnitza*, StuW 1996, S. 123 (135) darauf hin, daß der Familienleistungsausgleich des § 31 EStG aus ökonomischer Sicht „bewußt die Grenzen zwischen individueller und sozialer Gerechtigkeit verwischt“; vgl. Kapitel 2 A. I., 5.

V. Verfassungsrechtliche Einordnung und Bewertung des § 31 EStG

1. Verfassungsrechtliche Bedeutung des § 31 EStG

§ 31 EStG nimmt eine Abstimmung von Steuerentlastungen mit den Sozialleistungen vor. Verfassungsrechtlich soll die Norm eine verfassungsgemäße, d.h. eine dem Gleichheitsgrundsatz (Art. 3 I GG) entsprechende Steuerentlastung bewirken und gleichzeitig die Leistungen der Familien würdigen[82]. Die Regelungen des § 31 EStG orientieren sich dabei an der geänderten Rechtsprechung des BVerfG zum Kinderlastenausgleich[83].

Die Vermengung von Steuer- und Sozialrecht bedeutet aus Sicht des Art. 6 I GG (Berücksichtigung des Kindesexistenzminimums) eine Vermengung der Ausgestaltung von Förderungsgebot und Benachteiligungsverbot[84] durch den Gesetzgeber.

2. Exkurs: Verfassungsmäßigkeit der Modelle in den VZ 1975-1995

Im folgenden soll kurz die Rechtsprechung zu den bisherigen Modellen des Kinderlastenausgleichs[85] dargestellt werden.

a) Die Kindergeldlösung in den VZ 1975-1985

In den VZ 1975 bis 1985 galt eine reine Kindergeldlösung[86]. Der Systemwechsel von den Kinderfreibeträgen zur Zahlung von Kindergeld wurde vom BVerfG für verfassungsgemäß gehalten[87]. Weiter stellte das Gericht fest, daß die Behandlung unterhaltsverpflichteter Elternteile im Einkommensteuerrecht z.T. verfassungswidrig war[88]: Mit Art. 3 I GG war (nicht in allen Fällen) die Verteilung der kinderbedingten Leistungen und Vergünstigungen zwischen den verheirateten aber getrennt lebenden, den geschiedenen und den nicht verheirateten Eltern vereinbar. Dies führte zur Korrektur des Kinderlastenausgleichs durch das StÄndG 1979[89].

In einem weiteren Urteil stellte das BVerfG[90] die teilweise Verfassungswidrigkeit der Besteuerung von Alleinstehenden mit Kindern fest: Mit Art. 3 I i.V.m. Art. 6 I GG war die Einkommensbesteuerung alleinstehender Eltern mit mindestens einem Kind nicht vereinbar, weil sie schon im Vergleich zu Ehepaaren mit Kindern zu einer nicht zu rechtfertigenden Mehrbelastung der Alleinerziehenden führte,

---

[82] *Kanzler*, in: Hermann/Heuer/Raupach, EStG, § 31 Rn 5.

[83] BVerfG v. 29.5.90 - 1 BvL 20, 26/84 u. 4/86, BVerfGE 82, 60 ff.; BVerfG v. 12.6.90 - 1 BvL 72/86, BVerfGE 82, 198 ff.; vgl. dazu auch *Kanzler*, StuW 1996, S. 215 (226).

[84] S. dazu Kapitel 2 B. I., 3d.

[85] S. dazu ausf. Einleitung B. II. und III.

[86] S. dazu im einzelnen Einleitung B. III., 3.

[87] BVerfG v. 23.11.76 - 1 BvR 150/75, BVerfGE 43, 108; zur Verfassungsmäßigkeit des Kinderlastenausgleichs in den VZ 1980 bis 1983 s. BVerfG v. 22.4.97 - 1 BvR 1174/88, HFR 1997, S. 693 ff.

[88] BVerfG v. 8.6.77 - 1 BvR 265/75, BVerfGE 45, 104 (123).

[89] Vgl. dazu Einleitung B. III.

[90] BVerfG v. 3.11.82 - 1 BvR 620/78, 1335/78, 1104/79 u. 363/80, BVerfG 61, 319 - Halbfamilien.

aber auch prinzipiell dem Grundsatz der Besteuerung nach der Leistungsfähigkeit nicht gerecht wurde.

Der ab VZ 1983 (bis VZ 1985) wiedereingeführte (kleine) Kinderfreibetrag i.H.v. 432 DM pro Kind[91] wurde vom BVerfG für unvereinbar mit dem Grundgesetz erklärt[92]: § 10 II BKGG a.F. war mit Art. 3 I i.V.m. Art. 6 I GG nicht vereinbar, da das Kindergeld zusammen mit dem Kinderfreibetrag der durch den Unterhalt von Kindern bedingten Minderung der Leistungsfähigkeit nicht hinreichend Rechnung trug. Gleiches galt für die parallele Regelung in § 32 VIII EStG a.F.

b) Das Duale System in den VZ 1986-1995

Die Verfassungsmäßigkeit des Kinderfreibetrags im dualen System des Familienlastenausgleichs wurde im Schrifttum unter dem Gesichtspunkt der Besteuerung nach der wirtschaftlichen Leistungsfähigkeit überwiegend in Zweifel gezogen[93].

Den steuerlichen Kinderlastenausgleich für Eltern mit zwei Kindern und einem Anspruch auf das auf den Sockelbetrag geminderte Kindergeld hat der BFH in den Jahren 1986[94],1987[95], 1988[96], 1990[97], 1991[98] und 1992[99] für verfassungsgemäß gehalten.

Das BVerfG hat den Kinderlastenausgleich - zumindest für Kindergeldberechtigte mit drei und mehr Kindern - in den Jahren 1986 und 1987 für mit dem Grundgesetz vereinbar erklärt[100].

---

91 S. dazu Einleitung B. III., 3.

92 BVerfG v. 29.5.90 - 1 BvL 20, 26/84 u. 4/86, BVerfGE 82, 60 betr. Kindergeld; BVerfG v. 12.6.90 - 1 BvL 72/86, BVerfGE 82, 198 betr. Kinderfreibetrag; der BFH hat aufgrund der letztgenannten Entscheidung die Frage verneint, ob die erhöhten Kinderfreibeträge nach § 54 EStG i.d.F. des Steueränderungsgesetzes 1991 auch in bestandskräftig abgeschlossenen Fällen zu gewähren war (BFH v. 11.2.94 - III R 50/92, BStBl. II 1994, S. 389 (391 f.) = BFHE 173, 383); die dagegen gerichtete Verfassungsbeschwerde wurde vom BVerfG nicht zur Entscheidung angenommen (BVerfG v. 31.1.96 - 2 BvR 901/94, dazu BFH v. 14.3.96 - III B 81/93, BStBl. II 1996, S. 328).

93 Dazu ausf. *Kanzler*, in: Hermann/Heuer/Raupach, EStG, § 32 Rn 168, er hält ihn zumindest in den VZ 1993-1995 für verfassungsgemäß.

94 BFH v. 10.2.95 - III B 73/94, HFR 1995, S. 325 f.; BFH v. 4.8.94 - III B 190/90, HFR 1994, S. 718 f. (mit zwei Kindern); BFH v. 14.1.94 - III R 194/90, DStZ 1994, S. 402, s. dazu *Herden*, DStZ 1994, S. 385 ff.

95 BFH v. 28.7.94 - III B 37/90, HFR 1994, S. 717 f. (mit zwei Kindern); s. auch Hess. FG v. 8.11.93 - 13 K 5158/89, HFR 1994, S. 488 (mit drei Kindern).

96 BFH v. 20.1.95 - III R 14/94, HFR 1995, S. 646 f. (mit vier Kindern).

97 BFH v. 26.10.94 - III B 19/93, BB 1995, S. 659 f.

98 BFH v. 22.7.97 - VI R 121/90, VI R 147/90, VI R 114/96, BFH/NV 1997, S. 482 ff.; gegen alle drei Urteile haben die Kläger Verfassungsbeschwerde eingelegt (Az. 2 BvR 1852/97, 2 BvR 1853/97 u. 2 BvR 1858/97), HFR 1998, S. 369.

99 BFH v. 16.1.98 - VI R 130/95, BStBl. II 1998, S. 262 f.

100 BVerfG v. 14.6.94 - 1 BvR 1022/88, BVerfGE 91, 93.

3. Vereinbarkeit des § 31 EStG mit den verfassungsrechtlichen Vorgaben

Der derzeit geltende Familienleistungsausgleich nach § 31 EStG soll die durch den Grundsatz der gleichmäßigen Besteuerung nach der wirtschaftlichen Leistungsfähigkeit (Art. 3 I i.V.m. 20 I GG und Art. 6 I GG[101]) verfassungsrechtlich gebotene Steuerfreistellung des Existenzminimums der Kinder des Steuerpflichtigen gewährleisten. Daran soll er im folgenden gemessen werden.

Keine Bedenken bestehen hinsichtlich der Alternativität von Kindergeld und Kinderfreibetrag wegen des (nicht unbestrittenen[102]), von der Rechtsprechung gebilligten gesetzgeberischen Ausgestaltungsspielraums.

Nach Art. 6 I GG ist die Steuerfreiheit des individuellen Existenzminimums auf das Existenzminimum der Familie des Steuerpflichtigen auszudehnen. Der Kinderfreibetrag wird in jedem Fall - wenn auch bei einem Großteil der Steuerpflichtigen nur als rechnerische Größe innerhalb des Kindergeldes - gewährt. Damit wird die horizontale Gleichheit zwischen Kinderlosen und Eltern mit Kindern[103] gewahrt.
Eine Abweichung von der gebotenen vertikalen Steuergleichheit[104] liegt insofern vor, als der Kinderfreibetrag um so niedriger ausfällt, je geringer das Einkommen der Eltern ist. Diese Abweichung wird aber dadurch kompensiert, daß das Kindergeld - über die Entlastungswirkung des gedachten Kinderfreibetrages hinaus - als Sozialleistung belassen wird. Damit ist insoweit der geltende Familienleistungsausgleich - beurteilt am Maßstab der gleichmäßigen Besteuerung nach der wirtschaftlichen Leistungsfähigkeit und Art. 6 I GG - nicht zu beanstanden.

Der Ansatzpunkt der verfassungsrechtlichen Kritik am neuen Familienleistungsausgleich liegt bei der sog. Vergleichsrechnung[105], welche das BVerfG in seinem sog. Kindergeldbeschluß[106] vorgenommen hat. Die Kombination von Kindergeld und Kinderfreibetrag in § 31 EStG geht auf diesen Beschluß zurück. Darin hat das BVerfG im Hinblick auf die geforderte Freistellung des Existenzminimums der Kinder des Steuerpflichtigen neben dem Kinderfreibetrag auch das nach dem

---

101 Vgl. dazu Kapitel 2 B. II., 5.

102 *Lehner*, Einkommensteuerrecht und Sozialhilferecht, S. 261 ff. m.w.N.; darauf wird im folgenden noch eingegangen.

103 Vgl. BVerfG v. 29.5.90 - 1 BvL 20, 26/84 u. 4/86, BVerfGE 82, 60 (89 f.); BVerfG v. 14.6.94 - 1 BvR 1022/88, BStBl. II 1994, S. 909 (916); *Helmke*, in: Berlebach, Familienleistungausgleich-Kommentar, A § 31 EStG Rn 95 ff.; zur horizontalen Gleichheit allgemein s. Kapitel 2 A. II., 2c, cc (1).

104 S. BVerfG v. 29.5.90 - 1 BvL 20, 26/84 u. 4/86, BVerfGE 82, 60 (89); *Helmke*, in: Berlebach, Familienleistungsausgleich-Kommentar, A § 31 EStG Rn 95 ff.; vgl. auch Kapitel 2 A. II., 2c, cc (1).

105 S. dazu schon oben (Kapitel 3) A. I. 5.

106 BVerfG v. 29.5.90 - 1 BvL 20, 26/84 u. 4/86, BVerfGE 82, 60 = BStBl. II 1990, S. 653.

BKKG zu zahlendes Kindergeld berücksichtigt, indem es dieses in einen zusätzlichen fiktiven Kinderfreibetrag umrechnete[107].
Gerade hier setzt die Kritik an: Steuerpflichtigen, bei denen der Kinderfreibetrag nicht in Ansatz komme (und dies seien viele), werde durch die Besteuerung, die in das Kinderexistenzminimum eingreife, das genommen, was ihnen der Staat in Form des Kindergeldes als - antragsgebundene - Sozialleistung zum Ausgleich wiedergebe[108]. Es sei mit dem verfassungsrechtlichen Vorrang von Eigenverantwortung vor staatlicher Hilfe nicht zu vereinbaren, daß zunächst das Kindergeld als staatliche Transferleistung gewährt werde und soweit das zur Grundbedarfssicherung nicht ausreiche, der Abzug der Privatausgaben für das Kind von der Bemessungsgrundlage erfolge. Damit werde durch die Besteuerung soziale Bedürftigkeit herbeigeführt und das Primat der Selbstverantwortung[109] ausgehöhlt[110].
Wenn im Rahmen des Familienleistungsausgleichs nach § 31 EStG über den Kindergeldantrag eine die gebotene Freistellung des Existenzminimums des Kindes verletzende Besteuerung rückgängig gemacht werden sollte, so könnte dies die Verfassungswidrigkeit des Steuereingriffs nicht beseitigen. Darüber hinaus kann ein übermäßiger Steuereingriff auch nicht durch eine - antragsgebundene – Sozialleistung kompensiert werden. Diese Aspekte greifen jedoch nicht, soweit durch den verbleibenden Kinderfreibetrag allein die gebotene steuerliche Freistellung des Existenzminimums des Kindes erreicht wird. Bei dieser Betrachtung soll zunächst die Frage der verfassungsrechtlich gebotenen Höhe des Kinderfreibetrags dahingestellt bleiben[111].
Aufgrund der Berücksichtigung des Kinderfreibetrages erst in der Einkommensteuerveranlagung am Ende des Veranlagungszeitraumes, greift dieser nicht während des laufenden Kalenderjahres. Die Einkommensteuer ist jedoch als Jahressteuer ausgestaltet[112], woran auch das Monatsprinzip des Kinderfreibetrages nichts ändert. Am Ende des Veranlagungszeitraumes soll durch dieses System die Steuerfreistellung des Existenzminimums erreicht werden[113], damit ist diese Regelung als hinreichend anzusehen[114]. Im übrigen wird der Steuerpflichtige angesichts der Einbindung der Kindergeldzahlung in die Steuererhebung durch die Behandlung als Steuervergütung (§ 31 S. 3 EStG) nicht unter Verletzung des Subsidiaritätsprin-

---

107 Dazu *Jüptner*, StVj 1990, S. 307 ff.; *Söhn*, FinArch, NF, Bd. 51 (1994), S. 372 ff.; *Burmester*, SGb 1995, S. 49 ff.; *Pfeifer*, SGb 1997, S. 14 (16 ff.).

108 S. etwa *Kanzler*, in: Hermann/Heuer/Raupach, EStG, § 31 Rn 10, 32, 34, vor §§ 62-78 Rn 11, § 67 Rn 3; *ders.*, FR 1996, S. 473 (477); *Wendt*, FS f. Tipke, S. 47 (62); *Wosnitza*, StuW 1996, S. 123 (134 ff.); a.A. *Birk/Inhester*, StuW 1996, S. 227 (232 f.).

109 S. dazu Kapitel 2 A. II., 1a.

110 *Lieber*, DStZ 1997, S. 207 (211).

111 Dazu noch im folgenden.

112 S. dazu Kapitel 1 B. V., 2c.

113 Ob dies tatsächlich der Fall ist, wird im folgenden noch geklärt werden.

114 A.A. *Lieber*, DStZ 1997, S. 207 (210).

zips[115] quasi durch eine überhöhte Besteuerung zum Sozialfall gemacht, um dann als solcher Kindergeld als Sozialleistung zu erhalten.

Entscheidend für die Verfassungsmäßigkeit des neuen Familienleistungsausgleichs ist, ob durch Kindergeld bzw. Kinderfreibetrag eine dem Existenzminimum entsprechende steuerliche Entlastung tatsächlich erreicht wird. Ab dem Jahressteuergesetz 1997 wird beim Steuerpflichtigen (bei Zusammenveranlagung mit dem Ehegatten) ein Betrag von 6.912 DM im Jahr pro unterhaltsbedürftiges Kind leistungsmindernd anerkannt (durch das Kindergeld oder ein in der Wirkung entsprechenden Kinderfreibetrag). Um die Frage beantworten zu können, ob dieser Betrag ausreichend ist, muß zunächst ein Vergleichsmaßstab gefunden werden.
Das BVerfG fordert einen Vergleich mit dem Sozialhilferichtwert, den Mindestbedarf, den der Gesetzgeber im Sozialrecht festgelegt habe, dürfe er im Steuerrecht nicht unterschreiten[116]. Das Finanzgericht Rheinland-Pfalz[117] hat sich in einem Urteil damit zufrieden gegeben, den Bericht der Bundesregierung vom 1.2.1995 wiederzugeben, welcher das Existenzminimum eines Kindes anhand der sozialhilferechtlichen Bedürfnisse im VZ 1996 mit 6.288 DM im Jahr beziffert[118]. Im übrigen hat das Gericht darauf verwiesen, daß im Gesetzgebungsverfahren keine durchgreifenden Bedenken erhoben worden sind[119].
Die Bundesbank hat in ihrem Monatsbericht vom Februar 1996 die durchschnittlich von der Sozialhilfe gezahlten Beträge für ein Kind mit 733 DM (Unterschiedsbetrag zwischen Zahlungen an Alleinstehende ohne und mit Kind), also 8.796 DM im Jahr angegeben, wodurch sie zu dem Ergebnis kam, daß die Sozialhilfe im Gegensatz zum Familienleistungsausgleich höhere Leistungen für Kinder gewähre[120]. Familienverbände geben die Höhe mit 9.072 DM an[121].
Der Erste Senat des BVerfG hat nunmehr festgestellt, daß die Unterschreitung der Sozialhilfesätze um weniger als 15 v.H. nicht zu beanstanden sei, was mit den Unsicherheiten hinsichtlich der Bestimmung der Richtwerte begründet wurde[122]. An dieser Berechnung der Durchschnittswerte kann aber durchaus gezweifelt wer-

---

[115] Vgl. dazu Kapitel 2 A. II., 1a.

[116] BVerfG v. 25.9.92 - 2 BvL 5, 8, 14/91, BVerfGE 87, 153 (170 f.) für das Existenzminimum des Steuerpflichtigen selber; BVerfG v. 14.6.94 - 1 BvR 1022/88, BVerfGE 91, 93 (111), relativiert auf S. 114: „nur ein Richtwert, nicht aber eine strikte Vorgabe".

[117] FG Rheinland-Pfalz v. 31.7.96 - 1 K 1449/96, EFG 1996, S. 1175 (1177) - rkr.; auf diesen Bericht beruft sich auch das FG Münster v. 18.4.97 - 11 K 1539/96 Kg, EFG 1997, S. 820 (823) - Rev. VI R 67/97.

[118] BT-Drucks. 13/381, S. 4; BR-Drucks. 68/95, S. 11.

[119] FG Rheinland-Pfalz v. 31.7.96 - 1 K 1449/96, EFG 1996, S. 1175 (1177) - rkr.

[120] FAZ v. 17.2.96, S. 12.

[121] *Helmke*, in: Berlebach, Familienleistungsausgleich-Kommentar, A § 31 EStG Rn 12.

[122] BVerfG v. 14.6.94 - 1 BvR 1022/88, BVerfGE 91, 93 (114 f.); so auch BFH v. 14.1.94 - III R 194/90, BFHE 173, 528 (536 f.).

den[123], zumal die Daten nur Durchschnittswerte sind und besonders in den Ballungsräumen mit höheren Lebenshaltungskosten noch um einiges überschritten werden. Und da das BVerfG die Abdeckung des existenznotwendigen Bedarfs durch den Freibetrag in möglichst allen Fällen fordert[124], müßte der Durchschnittswert eigentlich nach oben korrigiert werden.
Bei Zugrundelegung der soeben genannten Zahlen, liegt eine Abweichung von etwa 22 v.H. vor. Insofern hätte das Finanzgericht Rheinland-Pfalz die Zahlen der Bundesregierung nicht so einfach übernehmen müssen, zumal es erkannt hat, daß bei der Festlegung des Betrages auch Gründe der Haushaltsfinanzierung eine Rolle gespielt haben könnten[125]. Dazu sei nur angemerkt, daß das BVerfG schon mehrfach festgestellt hat, daß der Finanzbedarf des Staates keine verfassungswidrige Besteuerung rechtfertigen könne[126].
Jedoch hat der Gesetzgeber einen weiten Gestaltungsspielraum. Ihm steht aufgrund der Berechnungsunsicherheit ein gewisser Einschätzungsspielraum hinsichtlich der Wahl der Methode zur Berechnung des sozialrechtlichen Richtwertes zu und außerdem darf er den ermittelten Richtwert noch unterschreiten. Erst wenn die Unterschreitung ein solches Maß erreicht, daß dies auch unter Berücksichtigung des Einschätzungsspielraums als nicht mehr vertretbar erscheint, liegt ein Verfassungsverstoß vor[127]. Das BVerfG hatte bereits 1990 festgestellt, daß es sich auf eine Evidenzkontrolle beschränken müsse und eine Regelung nur beanstanden könne, wenn der Gesetzgeber seinen Pflichten offensichtlich nicht genügt habe[128].

Dem BVerfG ist zuzugeben, daß je nach Berechnungsmethode unterschiedlich hohe Richtwerte ermittelt werden können und die Entscheidung der Verfassungsmäßigkeit einer Norm nicht von der Methodenwahl abhängen darf. Jedoch hätte sich das Gericht gründlicher mit den dem tatsächlichen Existenzminimum am nächsten kommenden Berechnungsmethoden auseinandersetzten können, um so den ermittelten bestmöglichen Ansatz mit einer geringen Toleranzgrenze zugrundezulegen. Das BVerfG hat einen von der Entscheidung aus dem Jahr 1990 abweichenden, Richtwert einfach übernommen und eine Unterschreitung bis zu 15 v.H.[129] zugelas-

---

[123] So auch *Arndt/Schumacher*, DStR 1994, S. 1219 (1221).

[124] BVerfG v. 29.5.90 - 1 BvL 20, 26/84 u. 4/86, BVerfGE 82, 60 (91) für das Existenzminimum des Kindes; BVerfG v. 25.9.92 - 2 BvL 5, 8, 14/91, BVerfGE 87, 153 (172) für den Eigenbedarf.

[125] FG Rheinland-Pfalz v. 31.7.96 - 1 K 1449/96, EFG 1996, S. 1175 (1177) - rkr.

[126] BVerfG v. 29.5.90 - 1 BvL 20, 26/84 u. 4/86, BVerfGE 82, 60 (89); BVerfG v. 25.9.92 - 2 BvL 5, 8, 14/91, BVerfGE 87, 153 (172).

[127] BVerfG v. 14.6.94 - 1 BvR 1022/88, BVerfGE 91, 93 (114); *Pfeifer*, SGb 1997, S. 14 (19) hält dies für nicht überzeugend.

[128] BVerfG v. 29.5.90 - 1 BvL 20, 26/84 u. 4/86, BVerfGE 82, 60 (92).

[129] Wobei über die richtige Höhe gestritten werden kann, es wären sowohl 10 v.H. als auch 20 v.H. möglich und akzeptabel gewesen, zumal kein Maßstab für die angemessene Höhe der

sen. Das birgt die Gefahr, daß der von Finanznöten geplagte Gesetzgeber von vornherein einen solchen Abschlag vornimmt[130].
Jedoch hat der Gesetzgeber einen weiten Einschätzungsspielraum, den er mit der Wahl der durchschnittlichen Sozialhilfesätze genutzt hat. Dies erscheint nicht als evident ungenügend und ist damit nach der Rechtsprechung des BVerfG verfassungsgemäß.

Im folgenden soll konkret untersucht werden, inwiefern der Steuergesetzgeber derzeit das steuerliche Existenzminimum vom durchschnittlichen sozialhilferechtlichen Mindestbedarf eines Kindes abweichen läßt, ob also die Diskussion über die Verfassungsmäßigkeit einer Unterschreitung von bis zu 15 v.H. gegenwärtig[131] überhaupt geführt werden muß.
Der vom BVerfG für die steuerliche Bemessungsgrundlage des Existenzminimums herangezogene durchschnittliche Sozialhilfesatz für ein Kind setzt sich aus dem Regelsatz, der Miete einschließlich Nebenkosten und den einmaligen Leistungen (z.B. Kleidung, Kinderwagen) zusammen[132]. Danach kann das steuerfrei zu stellende Existenzminimum - orientiert am sozialhilferechtlichen Mindestbedarf - für ein Kind im VZ 1998 mit 6.540 DM angesetzt werden[133]. Das steuerliche Existenzminimum in Höhe des Kinderfreibetrages von 6.912 DM unterschreitet damit nicht den derzeitigen sozialhilferechtlichen Durchschnittsmindestbedarf. Die Einheit der Rechtsordnung ist daher gewahrt.
Folglich ist, unter der Voraussetzung der Orientierung am sozialhilferechtlichen Mindestbedarf, das steuerliche Existenzminimum eines Kindes im VZ 1998 als verfassungsgemäß anzusehen. Die Diskussion über die Verfassungsmäßigkeit der Unterschreitung von bis zu 15 v.H. erübrigt sich somit.

Die oben dargestellte Rechtsprechung soll aber im folgenden kritisch hinterfragt werden.
Überzeugend ist zunächst die Aussage, daß der Teil des Einkommens, der für den existenznotwendigen Bedarf der unterhaltsbedürftigen Kinder des Steuerpflichtigen benötigt wird, von der Einkommensbesteuerung von vornherein auszunehmen ist. Es stellt sich aber die Frage, ob das Sozialhilferecht den alleinigen Maßstab bilden kann oder ob nicht vielmehr ein anderer Maßstab gefunden werden muß[134].

Pauschalierung zu finden ist und auch ein Willkürelement nicht geleugnet werden kann (vgl. *Arndt/Schumacher*, DStZ 1994, S. 1219 (1221)).

130 So auch *Arndt/Schumacher*, DStZ 1994, S. 1219 (1221).

131 *Kanzler*, in: Hermann/Heuer/Raupach, EStG, § 32 Rn 169 hält die bewußte Ausnutzung des Spielraums von 15 v.H. durch den Gesetzgeber, wie sie im JStG 1996 erfolgt ist, auch nicht aus haushaltspolitischen Erwägungen heraus, für gerechtfertigt.

132 BR-Drucks. 68/95, S. 3 f., 9; *Lang*, Die einfache und gerechte Einkommensteuer, S. 41.

133 Im VZ 1999: 6.696 DM, s. dazu die Berechnung Einleitung B. III., 3.

134 In der Literatur wird teilweise verlangt, daß der zivilrechtlich geschuldete Unterhalt von der Steuer freigestellt werden müsse, so *Mittmann*, DStZ 1991, S. 163 (163 f.); *Lieber*,

Es wird die Forderung erhoben, daß der Kinderfreibetrag - unbeschadet zulässiger Pauschalierung - nicht unter der zivilrechtlichen Mindestbelastung der Unterhaltsverpflichteten (§§ 1601 ff. BGB) liegen dürfe[135], dem entspricht das System des sog. Familien-Realsplittings[136]. Befürworter der Berücksichtigung der tatsächlichen Unterhaltsleistungen weisen aber selbst auf die schwere Praktikabilität und den hohen Verwaltungsaufwand hin[137]. Um dem entgegenzuwirken, wird ein „zivilrechtlicher" Regelbedarf im Wege der Pauschalierung als Orientierungsmaßstab angeboten, der bei einem Kind mit 9.772 DM angesetzt wird[138]. Diesen Maßstab würde der derzeitige Kinderfreibetrag i.H.v. 6.912 DM um gut 40 v.H. unterschreiten.

Befürworter der Berücksichtigung des zivilrechtlich geschuldeten Unterhalts im Steuerrecht verweisen darauf, daß die Gleichbehandlung im Zivil- wie im Steuerrecht ein Gebot der Systemgerechtigkeit[139] sei[140]. Auf den ersten Blick scheint in der unterschiedliche Behandlung in beiden Rechtsgebieten tatsächlich ein Verstoß gegen das Gebot zu liegen, aber ist das wirklich der Fall, oder müssen nicht vielmehr auch die Eigenheiten der beiden Rechtsmaterien berücksichtigt werden?

Die Höhe des bürgerlich-rechtlichen Unterhaltsanspruchs bestimmt sich regelmäßig nach der Lebensstellung der Eltern[141], seine Berücksichtigung im Steuerrecht würde letztlich dazu führen, daß sich die steuerliche Entlastung für kindesbedingte Aufwendungen nach dem sozialen Status der einzelnen Familie bestimmt, das ist nicht sachgerecht[142]. Im Zivilrecht soll auch nicht ein bloßer Mindeststandard gewährleistet werden, sondern das Kind soll an der Lebensstellung der Eltern entsprechend beteiligt werden[143]. Im Steuerrecht geht es demgegenüber aber nur um die Gewährleistung des Existenzminimums als unterste Grenze für alle Kinder. Schon aus diesem Grunde müssen beide Gebiete unterschiedlich betrachtet werden. Weder aus Art. 3 I GG noch aus Art. 6 I GG folgt, daß der Gesetzgeber die Unterhaltsleistungen für Kinder in der vollen Höhe des bürgerlich-rechtlichen Unterhaltsanspruchs berücksichtigen muß[144]. Die unterschiedliche Behandlung liegt also in der Besonderheit der einzelnen Rechtsgebiete begründet, so daß hier kein Ver-

---

DStZ 1997, S. 207 (211 f.); *Kulmsee*, DStZ 1998, S. 14 (23); dagegen ausdrücklich BVerfG v. 29.5.90 - 1 BvL 20, 26/84 u. 4/86, BVerfGE 82, 60 (91).

135 *F. Klein*, FS f. Zeidler, S. 773 (795); *Jüptner*, StVj 1990, S. 307 (313).

136 S. ausf. dazu hinten (Kapitel 3) E. II.

137 *Janssen*, DStZ 1991, S. 13 (22); *Oepen*, FR 1992, S. 149 (153).

138 So *Kulmsee*, DStZ 1998, S. 14 (21).

139 S. dazu Kapitel 2 A. I., 4.

140 *Lieber*, DStZ 1997, S. 207 (211).

141 Vgl. BGH v. 23.4.80 - IVb ZR 527/80, NJW 1980, S. 1686 (1689); BGH v. 23.2.83 - IVb ZR 362/81, NJW 1983, S. 1429 (1429 f.); zu Einzelheiten der Düsseldorfer Tabelle s. *Schulten/Hanisch*, Die neue Düsseldorfer Tabelle, S. 7 ff.

142 Vgl. auch BVerfG v. 23.11.76 - 1 BvR 150/75, BVerfGE 43, 108 (121, 123).

143 *Diederichsen*, in: Palandt[57], BGB, § 1603 Rn 2.

144 BVerfG v. 29.5.90 - 1 BvL 20, 26/84 u. 4/86, BVerfGE 82, 60 (91).

stoß gegen das Gebot der Systemgerechtigkeit vorliegt. Mithin kann die Sozialhilfe als Maßstab gewählt werden.

Bei der Heranziehung der Sozialhilfe stellt sich aber dann die Frage, ob nicht ein über der (durchschnittlichen) Sozialhilfe liegender Betrag gewählt werden muß. Dem sich aus dem Sozialstaatsprinzip ergebenden Gestaltungsauftrag an den Gesetzgeber ist angesichts seiner Weite und Unbestimmtheit jedoch kein Gebot zu entnehmen, soziale Leistungen in einem bestimmten Umfang zu gewähren. Zwingend ist nur, daß der Staat die Mindestvoraussetzungen für ein menschenwürdiges Dasein der Bürger schafft, darüber hinaus liegt es in seiner Gestaltungsfreiheit, in welchem Umfang soziale Hilfe gewährt werden kann und soll[145]. Gegenwärtig ist davon auszugehen, daß sich die Sozialhilfe an dieser Minimalgrenze bewegt.

An dem Familienleistungsausgleich wurde - gerade von politischer Seite[146] - kritisiert, daß er durch den Abzug von der Bemessungsgrundlage Steuerpflichtige mit hohem Einkommen stärker entlaste als solche mit niedrigem Einkommen, diese Progressionswirksamkeit des Kinderfreibetrages sei ungerecht und verfassungswidrig[147]. Dem kann nicht gefolgt werden.
Die Kritik verwechselt hier die verfassungsrechtlichen Maßstäbe für die Rechtfertigung von Grundrechtseingriffen mit denen für Sozialleistungen. Bei Freibeträgen geht es um die Frage der gerechten Belastung, daß Steuerpflichtige mit hohem Einkommen „mehr Steuern" sparen ist allein Folge des progressiven Tarifs[148]. Daß diese progressiv wirkende Verschonung jedoch keine privilegierende Wirkung des Tarifs ist, wird deutlich, wenn man sie im Zusammenhang mit der Rechtfertigung des Belastungsgrundes betrachtet[149]. Das Leistungsfähigkeitsprinzip in seiner Ausprägung als subjektives Nettoprinzip gestattet nur die Belastung von disponiblem Einkommen[150]. Daraus läßt sich direkt entnehmen, daß nur disponiblem Einkommen eine progressionserhöhende Wirkung zukommen kann, indisponibles Einkommen wird nicht Teil der Bemessungsgrundlage, da es aufgrund anderer, zwangsläufiger Verwendung von vornherein keine Leistungsfähigkeit zur Steuer-

145 BVerfG v. 29.5.90 - 1 BvL 20, 26/84 u. 4/86, BVerfGE 82, 60 (80).

146 *Matthäus-Maier*, ZRP 1988, S. 252 (253); vgl. auch die inzwischen überholte Rechtsprechung des BVerfG v. 23.11.76 - 1 BvR 150/75, BVerfGE 43, 108 (124 f.).

147 *Posser*, DStZ 1983, S. 155 (157); *Matthäus-Maier*, ZRP 1988, S. 252 (254), die einen Abzug (des Kindergeldes) von der Steuerschuld, verbunden mit Erstattung negativer Einkommensteuer sog. Bürgergeld (bei Personen, die keine Steuern zahlen), vorschlägt; dagegen die *Bundesbank*, FAZ v. 17.2.96, S. 12; ebenfalls a.A. BVerfG v. 24.11.69 - 1 BvR 682/69, HFR 1970, S. 40 (41); *Böckenförde*, StuW 1986, S. 335 (337); *Traxel*, Freibeträge, S. 77; *Lang*, StuW 1983, S. 103 (109).

148 So zutreffend *Lehner*, Einkommensteuerrecht und Sozialhilferecht, S. 171 ff., 267 m.w.N. in Fn 323.

149 *Kirchhof*, in: Kirchhof/Söhn, § 2 Rn A 607 f.

150 Vgl. oben Kapitel 1 B. V., 2a und Kapitel 2 A. III., 3b.

zahlung begründet und mithin sachgerecht keine erhöhende Wirkung auslösen darf. Im übrigen ist die ansteigende Steuerentlastung nur systemimmanenter Reflex der bei einem progressiven Einkommensteuertarif ansteigenden Steuerbelastung[151].
Ein mit dem Einkommen des Steuerpflichtigen steigender Kinderfreibetrag ist mithin nicht ungerecht und damit verfassungsrechtlich nicht zu beanstanden.
Es gibt Stimmen in der Literatur, die es verfassungsrechtlich für geboten halten, die steuerliche Entlastung mittels einer „reinen Freibetragslösung" herbeizuführen und das Kindergeld für die soziale Förderung reserviert wissen wollen[152]. Aufgrund des funktionalen Unterschiedes von Kindergeld und Kinderfreibetrag verbiete sich jede Lösung, bei der der Freibetrag ganz oder teilweise durch das Kindergeld ersetzt werde[153]. Der Staat dürfe - auch nach der Rechtsprechung des BVerfG[154] - dem Steuerpflichtigen nicht dasjenige entziehen, was er ihm im Wege der Sozialleistung wieder zurückgeben müsse, damit sei keine Wahl zwischen Sozialleistung (Kindergeld) und Steuerverschonung (Kinderfreibetrag) zulässig. Die Kritiker werfen dem BVerfG aus diesem Grunde Inkonsequenz vor[155].
Dabei übersieht die Kritik an der Wahlmöglichkeit aber folgendes: wird nach dem Willen des Gesetzgebers das Kindergeld an Stelle eines Freibetrages (oder zumindest eines Teils des gebotenen Freibetrages) gewährt, so handelt es sich schon nicht um eine Sozialleistung, sondern um eine Steuervergütung. Es ist zwar richtig und dürfte auch mittlerweile unstrittig sein[156], daß der Staat den Steuerpflichtigen nicht durch die Besteuerung zum Sozialhilfeempfänger machen darf. Der wesentliche Unterschied zwischen Kindergeld und Sozialhilfe liegt aber darin, daß die Sozialhilfe - von ihrer gesetzlichen Zielsetzung (§ 2 I BSHG) her - als Zuwendung an Bedürftige gedacht ist und nicht etwa (zusätzlich) eine anderenfalls verfassungswidrige Besteuerung kompensieren soll. Demgegenüber soll das Kindergeld die Belastungsgleichheit realisieren, das ergibt sich nunmehr ausdrücklich aus § 31 S. 1 EStG, es ist nur sekundär Sozialleistung (§ 31 S. 2 EStG). Diese Zielrichtung des Kindergeldes wird vom Gesetzgeber bestimmt. Ist das Kindergeld als reine Sozialleistung ausgestaltet, muß es (für die Ermittlung des steuerlichen Entlastungsbetrages) außer Betracht bleiben, eine „Umdeutung" wäre in diesem Fall aus Gründen der Gewaltenteilung und des Demokratieprinzips nicht möglich. Deshalb hat das BVerfG in seinen Urteilen stets besonders dargelegt, woher es geschlossen hat, daß das Kindergeld für die betroffenen Jahre die steuerliche Entlastungsfunktion (mit-) übernehmen sollte[157].

---

[151] S. *Böckenförde*, StuW 1986, S. 335 (337).
[152] *Kulmsee*, DStZ 1998, S. 14 (23 f.).
[153] So vor allem *Lehner*, Einkommensteuerrecht und Sozialhilferecht, S. 261 ff. m.w.N.
[154] BVerfG v. 29.5.90 - 1 BvL 20, 26/84 u. 4/86, BVerfGE 82, 60 (85 f.).
[155] *Lehner*, Einkommensteuerrecht und Sozialhilferecht, S. 262 f.
[156] Zumindest seit BVerfG v. 25.9.92 - 2 BvL 5, 8, 14/91, BVerfGE 87, 153 ff.
[157] S. BVerfG v. 29.5.90 - 1 BvL 20, 26/84 u. 4/86, BVerfGE 82, 60 (78 f., 85); BVerfG v. 14.6.94 - 1 BvR 1022/88, BVerfGE 91, 93 (109 f.).

Es könnte sich jedoch aus anderen Gründen ein Gebot zur Trennung von Steuerverschonung (durch den Freibetrag) und sozialer Zuwendung (Kindergeld) ergeben. Zu denken ist dabei an den Bestimmtheitsgrundsatz, welcher aus dem Rechtsstaatsprinzip folgt[158]. Dieser könnte insoweit herangezogen werden, als viele Steuerpflichtige (in den meisten Fällen fälschlicherweise) glauben, das Kindergeld werde ihnen vom Staat in voller Höhe als Sozialleistung gewährt. Weitgehend unbekannt dürfte die Tatsache sein, daß damit primär eine ansonsten verfassungswidrige Besteuerung kompensiert wird. Besonders im Wahlkampf zur Bundestagswahl 1998 wurde mit einer Kindergeldreform geworben, als sei sie ein großes Geschenk an die Familien[159]. Die Tatsache, daß man einen unzulässigen Grundrechtseingriff unterlassen wird, bietet sich als Wahlkampfaussage anscheinend nicht an. Insofern läßt sich der Regelung also Unübersichtlichkeit attestieren, aber aus dem Rechtsstaatsprinzip deshalb eine Verfassungswidrigkeit herzuleiten, erscheint überzogen, zumal die Zwecke des Kindergeldes explizit in den Gesetzestext aufgenommen worden sind (§ 31 S. 1 u. 2 EStG). Damit richtet sich die Kritik nicht gegen den Gesetzestext selber, sondern vielmehr gegen die Darstellung vor allem von Politikern in der Öffentlichkeit.
Es ist demnach der Verfassung kein Gebot zur Trennung von Steuerfreistellung des Existenzminimums durch eine reine Kinderfreibetragslösung einerseits und sozial motivierter Förderung der Familie durch Kindergeld andererseits zu entnehmen.

Das Kindergeld verfolgt auch einen Sozialzweck, insofern wird der Bestimmtheitsgrundsatz herangezogen, um zu prüfen, ob § 31 EStG den Anforderungen rechtsstaatlicher Normenbestimmtheit genügt[160]. Die Mischung der Steuervergütungsfunktion (Fiskalzweck) und der Subventionsfunktion (Sozialzweck) in einer Norm ist insofern bedenklich, als sich wohl viele Eltern (vom Steuerberater) ausrechnen lassen müssen, wo die Steuervergütung aufhört und die Subvention beginnt. Wie oben aber bereits erläutert, stellt § 31 EStG in Satz 2 diese Funktion des Kindergeldes klar, so daß auch insoweit dem Bestimmtheitsgrundsatz Rechnung getragen wurde.

Die Kritiker argumentieren ferner, daß es unmöglich sei, Kindergeld in einen steuerrechtlich entlastenden und einen fördernden Teil aufzuteilen. Dabei berufen sie sich auf die Äußerung des BVerfG, wonach „eine quantitative Aufteilung des Kindergeldes entsprechend seiner beiden genannten Funktionen ... nicht möglich“ sei[161]. Auch dieses Argument überzeugt nicht. Die Formulierung des BVerfG ist

[158] S. dazu Kapitel 2 A. 5.
[159] Vgl. etwa das Grundsatzprogramm der *CDU*, Freiheit in Verantwortung, S. 20 ff.; sowie das Wahlprogramm der *SPD*, Arbeit, Innovation und Gerechtigkeit, S. 26, 45 f.
[160] So von *Lieber*, DStZ 1997, S. 207 (211), die dies bezweifelt; *Tipke/Lang*, Steuerrecht[16], § 9 Rn 94 sehen darin einen Verstoß gegen das rechtsstaatliche Gebot der Normenbestimmtheit.
[161] BVerfG v. 29.5.90 - 1 BvL 20, 26/84 u. 4/86, BVerfGE 82, 60 (79).

aus dem Kontext heraus so zu verstehen, daß eine allgemein gültige Aufteilung nicht möglich ist. Im Anschluß an den von den Kritikern genannten Satz heißt es: „Es ist vom Gesetzgeber weder ausdrücklich festgelegt noch der gesetzlichen Regelung mittelbar zu entnehmen, daß das Kindergeld bis zu einem bestimmten Betrag der „steuerlichen Entlastung" dienen soll und mit dem überschießenden Betrag als reine Sozialleistung gewährt wird"[162]. Das hindert jedoch nicht, im Einzelfall die Höhe der steuerlichen Entlastung und der Förderung zu ermitteln und beide Zielrichtungen miteinander zu verbinden.

Wenn man also - wie hier geschehen - ein Kindergeld in Form einer Steuervergütung für zulässig hält, dann erübrigt es sich, auf die Kritik in der Literatur[163] an der Umrechnung[164] des Kindergeldes in einen (fiktiven) Freibetrag einzugehen.

Im Ergebnis ist der Kinderfreibetrag i.H.v. 6.912 DM als verfassungsgemäß anzusehen[165]. Der derzeitige Familienleistungsausgleich ist also insoweit[166] verfassungsrechtlich nicht zu beanstanden.

Ergänzend hingewiesen werden soll auf das Problem der Ausschlußfrist des § 66 III EStG a.F.[167], der zufolge das Kindergeld bei Fristversäumnis entfiel. Diese Reduktion der Steuerfreistellung des Existenzminimums des Kindes auf den Kinderfreibetrag führte in einigen Fällen - wenn die Entlastung durch den Kinderfreibetrag geringer war als sie durch das Kindergeld gewesen wäre - zu einer Ungleichbehandlung. Diese mußte aber als gerechtfertigt angesehen werden, da der benach-

---

[162] BVerfG v. 29.5.90 - 1 BvL 20, 26/84 u. 4/86, BVerfGE 82, 60 (79).

[163] *Lehner*, Einkommensteuerrecht und Sozialhilferecht, S. 266 ff. u. 270; *Lingemann*, Familienbesteuerung, S. 225; *Lieber*, DStZ 1997, S. 207 (210); *Lang*, StuW 1990, S. 331 (340); *Pezzer*, StuW 1989, S. 219 (222 f.); *Kulmsee*, DStZ 1998, S. 14 (18) sieht die Umrechnungslösung als rein fiktiv und daher als verfehlt an, da es aufgrund des progressiven Tarifs nicht möglich sei, im Einzelfall einen richtigen Steuersatz zugrunde zu legen.

[164] Dazu im einzelnen vorne (Kapitel 3) A. I. 5.

[165] Gl. A. *Kanzler*, in: Hermann/Heuer/Raupach, EStG, § 32 Rn 169; *Helmke*, in: Berlebach, Familienleistungsausgleich-Kommentar, A § 31 R 13 (auch für VZ 1996); im Ergebnis zustimmend, aber kritisch hinsichtlich der Methode der Umrechnung, *Lieber*, DStZ 1997, S. 207 (212); gl. A. für VZ 1996 FG Rheinland-Pfalz v. 31.7.96 - 1 K 1449/96, EFG 1996, S. 1175 (1177) - rkr. m.w.N.; FG Münster v. 18.4.97 - 11 K 1539/96 Kg, EFG 1997, S. 820 (822 f.) - Rev. VI R 67/97 (Familie mit zwei Kindern).

[166] Zu weiteren Einzelproblemen s. (Kapitel 3) B. III., C. IV. 3., D. IV. 2.

[167] § 66 III EStG wurde zum 1.1.98 aufgehoben durch G. v. 16.12.97, BGBl. I 1997, S. 2970 (2992), s. *Weber-Grellet*, in: Schmidt[17], § 66 Rn 8; zu § 66 III EStG a.F. s. FG Düsseldorf v. 27.11.97 - 15 K 3969/97 Kg, EFG 1998, S. 375 - Rev. VI R 9/98: der Vorschrift kommt nur verfahrensrechtliche Bedeutung zu, so daß die Frist erst mit Vorliegen der Anspruchsvoraussetzungen für die Gewährung von Kindergeld in Lauf gesetzt wird.

teiligte Berechtigte einer zumutbaren Sorge in eigenen Angelegenheiten nicht nachgekommen ist[168].

VI. Rechtspolitische Bewertung des § 31 EStG

§ 31 EStG war eine Kompromißlösung und ist von den unterschiedlichen familienpolitischen Vorstellungen von Bundesregierung und Opposition geprägt, entsprechend kompliziert und zunächst auch unverständlich ist das Ergebnis[169]. Immer wieder wurde und wird das BVerfG angerufen, um über die Verfassungsmäßigkeit des Kinderlastenausgleichs zu entscheiden. Mittlerweile liegen Entscheidungen für die Jahre 1983-1992 vor und ein Ende ist kaum abzusehen. Besonders die Tatsache, daß das BVerfG die Nachbesserung des für verfassungswidrig erklärten Kinderlastenausgleichs nicht auf bereits bestandskräftige Einkommensteuerveranlagungen erstrecken will, ist haushaltspolitisch gesehen zwar verständlich, rechtspolitisch stellt sich aber die Frage, ob es genügt, diese unterste Grenze gerade eben einzuhalten[170]. Insoweit wäre dem Gesetzgeber zumindest anzuraten, die Freibeträge in den nächsten Jahren wesentlich höher auszugestalten, um so der Gefahr der Verfassungswidrigkeit ganz eindeutig zu entgehen und damit Klagen vorzubeugen.
Rechtspolitisch gesehen wäre eine reine Freibetragslösung i.V.m. einem allein sozial motivierten Kindergeld wünschenswert. Dafür spricht allein schon die Normenklarheit. Jede Familie wäre ohne komplizierte Berechnungen in der Lage, an der Höhe des Kindergeldes zu erkennen, ob und in welcher Höhe sie vom Staat gefördert wird. Damit wäre auch ein „Etikettenschwindel" nicht mehr möglich.

B. § 32 I-V EStG - Kinder

I. Regelungsaussage

1. Kinder i.S.d. EStG

Zunächst soll geklärt werden, wer als Kind i.S.d. EStG anzusehen ist. Der Kindbegriff des § 32 I EStG umfaßt Kinder kraft Verwandtschaft im ersten Grad in absteigender Linie (§ 32 I Nr. 1 EStG) und Pflegekinder (§ 32 I Nr. 2 EStG). Erstere sind eheliche, für ehelich erklärte und nichteheliche Kinder sowie Adoptivkinder des Steuerpflichtigen. Maßgeblich hierfür sind die Vorschriften des BGB über

---

168 Demgegenüber hatte *Czisz*, DStR 1998, S. 996 (996) verfassungsrechtliche Bedenken.

169 S. *Kanzler*, in: Hermann/Heuer/Raupach, EStG, § 31 Rn 4; *Pfeifer*, SGb 1997, S. 14 (16); dagegen loben *Ebling/Heuermann*, Kindergeldauszahlung, Rn 13 den neuen Familienleistungsausgleich wegen seiner Klarheit und Eindeutigkeit.

170 Vgl. auch *Mittmann*, DStZ 1991, S. 153 (154); sowie *Oepen*, FR 1992, S. 149 (151).

die Verwandtschaft (§§ 1589-1772 BGB). Stief- und Enkelkinder sind nicht (mehr) vom Kindbegriff des EStG umfaßt[171].
Der Begriff des Pflegekindes ist im Gegensatz zur Verwandtschaft eines Kindes nicht zivilrechtlich vorgegeben. Im Rahmen des Einkommensteuerrechts ist der Begriff „Pflegekind“ als eigenständig anzusehen. Es handelt sich um einen Typusbegriff, dessen einzelne Merkmale im Klammerzusatz des § 32 I Nr. 2 EStG - abweichend von § 15 I Nr. 8 AO[172] - bestimmt werden[173].
Bei der Berücksichtigung von Kindern kann es zwischen leiblichen Eltern und Adoptiveltern bzw. zwischen Pflegeeltern und leiblichen oder Adoptiveltern zu Konkurrenzen kommen. Im ersten Fall regelt § 32 II EStG dies zugunsten der Adoptiveltern, im zweiten Fall zugunsten der Pflegeeltern. Solche Konkurrenzen entstehen dadurch, daß im Fall der Adoption von Minderjährigen im Jahr der Adoption wie auch bei der Adoption von Volljährigen das Kindschaftsverhältnis (zivilrechtliches Verwandtschaftsverhältnis nach §§ 1589, 1755, 1770 II BGB) zu den leiblichen Eltern weiter bestehen bleibt (§ 32 II 1 EStG)[174]. Eine andere Möglichkeit ist, daß ein im ersten Grad mit dem Steuerpflichtigen verwandtes Kind zugleich ein Pflegekind ist (§ 32 II 2 EStG).
Geschaffen wurde diese Regelung um die bis zum VZ 1995 mögliche Doppelberücksichtigung von Pflegekindern und angenommenen Kindern zu unterbinden[175]. Die leiblichen Eltern sollen, wenn sie ihrer Unterhaltspflicht nachkommen, einen Anteil am Kindergeld oder am Kinderfreibetrag, den die Pflegeeltern beziehen, im Wege des zivilrechtlichen Ausgleichsanspruchs nach § 1615g BGB (analog)[176] erhalten, wobei es hinzunehmen ist, wenn im Einzelfall eine einkommensteuerlich nicht berücksichtigte Restlast verbleibt[177].

2. Die Berücksichtigung von Kindern

In § 32 III-V EStG ist geregelt, in welchen Fällen Kinder für einen Kinderfreibetrag berücksichtigt werden können. Dabei ist zunächst grob zwischen Kindern bis zum 18. Lebensjahr und Kindern ab dem 18. Lebensjahr zu unterscheiden.

---

171 Vgl. zur Entwicklung des einkommensteuerlichen Kindbegriffs Einleitung B. III., 2.
172 Diese abweichende Definition erfolgt seit dem VZ 1986, BFH v. 9.3.89 - VI R 94/88, BFHE 157, 66.
173 Zur Entwicklung des Begriffs im Einkommensteuerrecht vgl. Einleitung B. III., 2b; s. allgemein zum Begriff und den Voraussetzungen der Berücksichtigung DA-FamEStG Tz. 63.2.2, BStBl. I 1998, S. 389.
174 *Diederichsen*, in: Palandt[57], BGB, § 1770 Rn 2.
175 Zur Rechtslage bis einschließlich VZ 1995 s. etwa *Kanzler*, in: Hermann/Heuer/Raupach, EStG, § 32 Rn 56-58, 62.
176 Vgl. dazu oben (Kapitel 3) A. I., 3c.
177 BT-Drucks. 13/1558, S. 155; *Nolde*, FR 1995, S. 845 (847); *Glanegger*, in: Schmidt[17], § 32 Rn 27.

a) Die Berücksichtigung von Kindern bis zum 18. Lebensjahr

Ein Kind i.S.d. § 32 I EStG wird von dem Kalendermonat an, in dem es lebend geboren wurde, bis zu dem Kalendermonat berücksichtigt, zu dessen Beginn es das 18. Lebensjahr noch nicht vollendet hat (§ 32 III EStG). Daneben kommt es - von Ausnahmen bei Pflegekindern einmal abgesehen - weder auf die Haushaltszugehörigkeit noch auf die Erfüllung der Unterhaltspflicht an.

b) Die Berücksichtigung von Kindern ab dem 18. Lebensjahr

Kinder, die das 18. Lebensjahr vollendet haben, können unter den Voraussetzungen des § 32 IV, V EStG weiterhin berücksichtigt werden. Gem. § 63 I 2 EStG gilt § 32 IV, V EStG auch für das Kindergeld entsprechend, wobei der Steuerpflichtige der zuständigen Familienkasse schriftlich anzeigen muß, daß die Voraussetzungen des § 32 IV oder V EStG vorliegen (§ 67 II EStG[178]).

Ein Kind, welches das 18. aber noch nicht das 21. Lebensjahr vollendet hat, wird nach § 32 IV 1 Nr. 1 EStG berücksichtigt, wenn es arbeitslos ist und der Arbeitsvermittlung zur Verfügung steht[179]. Bis zum 27. Lebensjahr können Kinder berücksichtigt werden, die für einen Beruf ausgebildet[180] werden (§ 32 IV 1 Nr. 2a EStG), sich zwischen zwei Ausbildungsabschnitten befinden (§ 32 IV 1 Nr. 2b EStG)[181], noch keinen Ausbildungsplatz bekommen haben (§ 32 IV 1 Nr. 2c EStG)[182] oder ein freiwilliges soziales oder ökologisches Jahr ableisten (§ 32 IV 1 Nr. 2d EStG)[183].

Ein Berücksichtigung über das 21. bzw. das 27. Lebensjahr hinaus kommt nur in Betracht, wenn ein Verlängerungstatbestand des § 32 V EStG greift. Hiernach werden arbeitslose und auszubildende Kinder (§ 32 IV 1 Nrn. 1 und 2 EStG), die einen der in den Verlängerungstatbeständen des § 32 V Nr. 1-3 EStG genannten Wehr-, Zivil- oder ähnlichen Dienst geleistet haben, entsprechend der Dauer dieses

[178] Zur verfassungskonformen Auslegung des § 62 II EStG s. FG Düsseldorf v. 26.3.98 - 10 K 8887/97 Kg, EFG 1998, S. 1017 f. - rkr.

[179] Zu Einzelheiten s. DA-FamEStG Tz. 63.3.1, BStBl. I 1998, S. 389; sowie *Kanzler*, in: Hermann/Heuer/Raupach, EStG, § 32 Rn 90.

[180] Zum Begriff der Berufsausbildung s. R 180 I EStR; DA-FamEStG Tz. 63.3.2, BStBl. I 1998, S. 389; teilweise a.A. *Kanzler*, in: Hermann/Heuer/Raupach, EStG, § 32 Rn 93; BFH v. 11.10.84 - VI R 69/83, BStBl. II 1985, S. 91 (91): „Ausbildung in einem künftigen Beruf".

[181] S. dazu R 180a EStR; DA-FamEStG Tz. 63.3.3, BStBl. I 1998, S. 389; *Glanegger*, in: Schmidt[17], § 32 Rn 42.

[182] S. dazu R 180b EStR; zu der erforderlichen Ernsthaftigkeit der Bemühungen s. R 180d III EStR; DA-FamEStG Tz. 63.3.4 II, BStBl. I 1998, S. 389; *Kanzler*, in: Hermann/Heuer/Raupach, EStG, § 32 Rn 104.

[183] Dazu R 180c, H 180c EStR; DA-FamEStG Tz. 63.3.5, BStBl. I 1998, S. 389; s. auch Gesetz zur Förderung des freiwilligen sozialen Jahres (v. 17.8.64, BStBl. I 1964, S. 534, zuletzt geändert durch G. v. 17.12.93, BGBl. I 1993, S. 2118) bzw. des freiwilligen ökologischen Jahres (FÖJG v. 17.12.93, BStBl. I 1994, S. 19).

Dienstes, höchstens aber für die Dauer des inländischen[184] gesetzlichen Grundwehr- bzw. Zivildienstes über das 21. bzw. 27 Lebensjahr hinaus berücksichtigt. Nicht mehr berücksichtigt werden nach § 32 V 3 EStG arbeitslose Kinder, die das 21. Lebensjahr vollendet haben, sowie über 27 Jahre alte Kinder in Berufsausbildung trotz Erfüllung eines Verlängerungstatbestandes, wenn ihre Einkünfte und Bezüge die nach § 32 IV 2 oder 4 EStG maßgebliche Grenze erreichen oder überschreiten[185].

Weitere Berücksichtigungsvoraussetzung ist nach § 32 IV 2 EStG, daß die Einkünfte und Bezüge der Kinder nach § 32 IV 1 Nr. 1 und 2 EStG (also mit Ausnahme der behinderten Kinder nach § 32 IV 1 Nr. 3 EStG) nicht mehr als 12.000 DM im VZ 1997 (12.360 DM im VZ 1998, 13.020 DM im VZ 1999)[186] betragen[187]. Der Grenzbetrag ist kein Monats- sondern ein Jahresbetrag[188] und vermindert sich nach § 32 IV 6 EStG um ein Zwölftel für jeden Kalendermonat, für den die Voraussetzungen nach § 32 IV 1 Nr. 1 oder Nr. 2 EStG nicht vorgelegen haben. Jede auch noch so geringfügige Überschreitung führt zum völligen Verlust von Kindergeld (§ 63 I 2 EStG i.V.m. § 32 IV 2 EStG), Kinderfreibetrag und den damit weiter verbundenen Ermäßigungen[189]. Im Interesse der Mißbrauchsabwehr steht gem. § 32 IV 8 EStG ein Verzicht auf Teile der zustehenden Einkünfte und Bezüge der Anwendung der Einkommensgrenze nicht entgegen.

Behinderte[190] Kinder die außerstande sind, sich selbst zu unterhalten[191] (§ 32 IV 1 Nr. 3 EStG), sind ohne Altersgrenze zu berücksichtigen. Dabei muß jedoch die Behinderung und die Unfähigkeit sich selbst zu unterhalten, vor Vollendung des 27. Lebensjahres vorgelegen haben, da § 32 IV 1 Nr. 3 EStG die Regelungen in

---

184 Vgl. zu Besonderheiten bei Diensten, die in der ehemaligen DDR geleistet wurden *Kanzler*, in: Hermann/Heuer/Raupach, EStG, § 32 Rn 155.

185 *Glanegger*, in: Schmidt[17], § 32 Rn 45; *Kanzler*, in: Hermann/Heuer/Raupach, EStG, § 32 Rn 154 mit dem zutreffenden Hinweis auf die unsystematische Plazierung von § 32 V 3 EStG.

186 Zur Einführung und Entwicklung dieser Einkommensgrenze s. Einleitung B. III., 3.

187 Einkünfte und Bezüge sind Nettoeinkünfte; zu weiteren Einzelheiten s. R 180 e EStR; DA-FamEStG Tz. 63.4.2., BStBl. I 1998, S. 389; zur Kürzung der Einkommensgrenze bei Auslandskindern nach § 32 IV 2 Hs. 2 EStG s. BT-Drucks. 13/5952, S. 47, maßgeblich ist die sog. Ländergruppeneinteilung (BMF BStBl. I 1996, S. 115; R 190 IV EStR); ausf. zu Einkünften und Bezügen des Kindes und Regelungen in den EStR *Bilsdorfer*, Inf 1997, S. 519 f.

188 *Glanegger*, in: Schmidt[17], § 32 Rn 29; Hess. FG v. 13.5.97 - 2 K 5477/96, EFG 1997, S. 1261 (1262) - rkr.

189 Vgl. dazu *Paus*, FR 1996, S. 337 (337).

190 Eine Behinderung liegt vor, wenn das Kind gem. §§ 1, 2 SchwbG schwerbehindert ist oder Schwerbehinderten gleichgestellt ist (R 180 d I EStR).

191 S. dazu R 180 d III EStR; DA-FamEStG Tz. 63.3.6.3, BStBl. I 1998, S. 389; *Schwartmann/ Pabst*, DStR 1998, S. 921 ff.

§ 32 IV 1 Nr. 1 und 2 EStG fortsetzen bzw. erweitern soll[192]. Die Einkunftsgrenze des § 32 IV 2 EStG gilt grundsätzlich nicht für behinderte Kinder. Zur Beurteilung der Frage „außerstande sein, sich selbst zu unterhalten“, ist diese Grenze nach Auffassung der Finanzverwaltung dennoch analog zu beachten[193]. Das behinderte Kind ist unfähig sich selbst zu unterhalten, wenn es über keine eigenen relevanten Einkünfte oder Bezüge verfügt[194] und - nach Ansicht der Finanzverwaltung - auch kein eigenes Vermögen besitzt[195].

II. Systematische Einordnung und Bewertung des § 32 I-V EStG

1. Steuersystematische Bedeutung und Regelungszweck des § 32 I-V EStG

Die allgemeine Altersgrenze von Kindern, bis zu der sie von Amts wegen berücksichtigt werden, liegt gem. § 32 III EStG bei 18 Jahren. Diese Grenze wurde mit der länger andauernden Schul- und Berufsausbildung der Jugendlichen gerechtfertigt[196].

Bei der Berücksichtigung von Kindern, die das 18., aber noch nicht das 27. Lebensjahr vollendet haben (§ 32 IV EStG), geht der Gesetzgeber typisierend davon aus, daß die wirtschaftliche Leistungsfähigkeit nur noch unter besonderen Umständen gemindert ist und typisiert wiederum diese Voraussetzungen[197].

Die steuersystematische Bedeutung der Einkommensgrenze von 12.000 DM in § 32 IV 2 Hs. 1 EStG, die in etwa dem steuerfreien Existenzminimum des Steuer-

---

192 So die Finanzverwaltung, DA-FamEStG Tz. 63.3.6.5, BStBl. I 1998, S. 389; gl.A. *Kanzler*, in: Hermann/Heuer/Raupach, EStG, § 32 Rn 117; a.A. FG München v. 16.4.97 - 9 K 2742/96, EFG 1997, S. 1262 (1263) - rkr.; *Glanegger*, in: Schmidt[17], § 32 Rn 49.

193 Vgl. R 180 d IV EStR; a.A. FG Bremen v. 25.3.97 - 4 96 156 K 1, EFG 1997, S. 766 (767) - Rev. VI R 56/97; Aufforderung des BFH an das BMF zur Stellungnahme und Verfahrensbeitritt gem. Beschluß vom 13.3.98 - VI R 181/97, BFH/NV 1998, S. 924 f.

194 BFH v. 14.6.96 - III R 13/94, BFHE 181, 128 (130) = FR 1996, S. 755 (756) mit Anmerkung von *Kanzler*; zu anderen Einkünften zählen etwa Unterhaltsleistungen eines (früheren) Ehegatten (R 180 d III 4 EStR). Nach DA-FamEStG Tz. 63.3.6.3 II, BStBl. I 1998, S. 389 dürfen diese Einkünfte oder Bezüge - über den Gesetzeswortlaut hinaus - nicht höher als 12.000 DM, ab VZ 1998 12.360 DM (= Einkommensgrenze bei nicht behinderten Kindern) sein; vgl. dazu auch *Kanzler*, in: Hermann/Heuer/Raupach, EStG, § 32 Rn 117; *Hillmoth*, Inf 1998, S. 417 (420).

195 Sofern es nicht geringfügig d.h. geringer als 30.000 DM ist (DA-FamEStG Tz. 63.3.6.3 II, BStBl. I 1998, S. 389) und es für den Lebensunterhalt eingesetzt werden kann (R 180 d III 5 EStR); dagegen hält *Glanegger*, in: Schmidt[17], § 32 Rn 51 das Kindesvermögen (in jeder Höhe) für unschädlich; zur verfassungsrechtlichen Problematik s. hinten (Kapitel 3) B. III., 3.

196 BT-Drucks. 12/402, S. 7; zur verfassungsrechtlichen Problematik s. hinten (Kapitel 3) B. III., 1.

197 Vgl. BFH v. 11.10.84 - VI R 69/83, BStBl. II 1985, S. 91 (92); zur Typisierung s. Kapitel 2 A. II., 2b.

pflichtigen entspricht, liegt im Grundsatz der Leistungsfähigkeit[198]. Die Erhöhungen in den VZ ab 1998 sind entsprechend abgestimmt mit dem Unterhaltshöchstbetrag in § 33a I EStG sowie der Geringfügigkeitsgrenze in § 1 III 2 EStG.
Die Regelungen bezüglich des Abzugsverbots sind insbesondere im Hinblick auf das Monatsprinzips kompliziert, und es steht zu befürchten, daß sie - ähnlich wie die Anrechnungsvorschriften des § 33a I 4 und II 2 sowie IV EStG - Konflikte hervorrufen werden. Insoweit dienen die Regelungen nicht der Steuervereinfachung, was auch für die Sonderregelungen hinsichtlich des Einkommens bzw. Vermögens für behinderte Kinder über 18 Jahren gilt sowie für die Anwendung der Regelungen zur Einkommensgrenze[199]. Allein die Verwaltungsanweisung zu dieser letztgenannten Regelung umfaßt 11 Seiten[200].

2. Vereinbarkeit mit den systematischen Vorgaben
Zunächst sollen die Altersgrenzen des § 32 IV EStG auf ihre Vereinbarkeit mit den systematischen Vorgaben überprüft werden. Die zahlreichen Änderungen des § 32 IV EStG hinsichtlich der Tatbestände und der Altersgrenzen führen bei den Steuerpflichtigen zu Unverständnis und zeigen die fehlende Konzeption des Gesetzgebers[201]. Solche unstimmigen Regelungen erschweren die Rechtsanwendung und führen zu Billigkeitsregelungen, die nicht dem Gesetz entsprechen[202]. Damit wird die Rechtssicherheit gefährdet.

Ferner soll geklärt werden, ob der Verlängerungstatbestand des § 32 V EStG mit den systematischen Vorgaben vereinbar ist. Die Vorschrift des § 32 V EStG entspricht der Regelung in § 2 III 2 ff. BKGG. Diese mehrfache Regelung der verlängerten Berücksichtigung - anstatt eine gemeinsame Rechtsfolge einmal auszusprechen - ist überflüssig und erschwert nur das Verständnis der Regelung. Auf die Einkommensgrenze des § 32 IV 2-8 EStG wird in § 32 V 3 EStG verwiesen, obwohl sie auch für den in Satz 4 folgenden Tatbestand des Dienstes in der ehemaligen DDR gelten soll. Weiterhin verwirrend ist die Regelung zu Auslandsdiensten, die höchstens zu einer Verlängerung für die Dauer des inländischen Dienstes führen soll, aber in § 32 V 2 EStG für Dienste in einem EU- oder EWR-Mitgliedsstaat auch einen längeren Zeitraum vorsieht[203].

Zusammenfassend läßt sich also feststellen, daß die Norm unübersichtlich ist und dadurch die Verständlichkeit erheblich beeinträchtigt wird.

---

198 Vgl. BT-Drucks. 13/1558, S. 139 f.
199 *Kanzler*, in: Hermann/Heuer/Raupach, EStG, § 32 Rn 129.
200 DA-FamEStG Tz. 63.4, BStBl. I 1998, S. 389.
201 So auch *Kanzler*, in Hermann/Heuer/Raupach, EStG, § 32 Rn 83.
202 Vgl. OFD Hannover v. 11.8.94 - S 2282 - 64 - StO 211 / S 2282 - 134- StH 212, StEK EStG, § 32 Nr. 116 betr. Billigkeitserlaß; Finanzministerium Thüringen v. 20.9.94 - S 2282 A - 4/94 - 204.2, StEK EStG, § 32 Nr. 118 betr. rückwirkende Änderung nach § 175 I Nr. 2 AO.
203 *Glanegger*, in: Schmidt[17], § 32 Rn 46 hält dies für rechtlich bedenklich.

III. Verfassungsrechtliche Einordnung und Bewertung des § 32 I-V EStG

Die Vorschriften des § 32 I-V EStG begegnen unter mehreren Aspekten verfassungsrechtlichen Bedenken. Diese sollen im folgenden dargestellt und beurteilt werden.

1. Verfassungsmäßigkeit der Altersgrenzen

Zunächst soll die allgemeine Altersgrenze des § 32 III EStG für die Berücksichtigung von Kindern (18. Lebensjahr) einer verfassungsrechtlichen Prüfung unterzogen werden.

Die Festsetzung dieser Grenze unterliegt der Gestaltungsfreiheit des Gesetzgebers[204]. Die Rechtsentwicklung der Vorschrift[205] zeigt, daß früher eine Altersgrenze von 16 Jahren gegolten hat. Die derzeitige Altersgrenze entspricht der Grenze für das Kindergeld (§ 2 II BKGG). Insgesamt soll der Kinderfreibetrag (dessen Grundlage die Berücksichtigung eines Kindes ist) der verminderten Leistungsfähigkeit Rechnung tragen. Die Ausbildungszeiten werden immer länger, so daß der Gesetzgeber dabei typisierend davon ausgehen kann, daß sich ein Kind bis zum 18. Lebensjahr regelmäßig noch in der Ausbildung befindet. Daran ändert auch die starke Anhebung des Kinderfreibetrags nichts, denn in der überwiegenden Zahl der Fälle trägt der Kinderfreibetrag der verminderten Leistungsfähigkeit Rechnung, einzelne Ausnahmefälle führen nicht zur Verfassungswidrigkeit einer Typisierung[206]. Auch dem Hinweis darauf, daß es für 2 Mio. Steuerpflichtige zumutbar sei, die Voraussetzungen ab dem 16. Lebensjahr nachzuweisen[207], muß widersprochen werden, denn dies würde zu einem enormen Verwaltungsaufwand führen und hohe Kosten verursachen. Insoweit dient die Regelung auch der Steuervereinfachung. Da auch davon auszugehen ist, daß nur in seltensten Ausnahmefällen ein Kind berücksichtigt wird, ohne daß die Voraussetzungen tatsächlich vorliegen, kann auch nicht von ungerechtfertigten und gleichheitswidrigen Kindergeld- und Steuervorteilen gesprochen werden[208]. Mithin liegt die Wahl der allgemeinen Altersgrenze von 18 Jahren noch im zulässigen Gestaltungsspielraum des Gesetzgebers und ist daher verfassungsgemäß.

Die Regelung zur Berücksichtigung von volljährigen, nicht behinderten Kindern bis zum 27. Lebensjahr in § 32 IV EStG bewegt sich ebenfalls im Gestaltungsspielraum des Gesetzgebers, in welchem Umfange er die Minderung der Leistungsfähigkeit der Eltern berücksichtigen will, was auch nicht dadurch

---

[204] So auch *Kanzler*, in: Hermann/Heuer/Raupach, EStG, § 32 Rn 72.

[205] S. dazu Einleitung B. III., 2a.

[206] S. dazu Kapitel 2 A. II. 2b ; a.A. *Kanzler*, in: Hermann/Heuer/Raupach, EStG, § 32 Rn 72.

[207] So von *Kanzler*, in: Hermann/Heuer/Raupach, EStG, § 32 Rn 72.

[208] So aber *Kanzler*, in: Hermann/Heuer/Raupach, EStG, § 32 Rn 72.

ausgeschlossen wird, daß einige Ausbildungsgänge i.d.R. über das 27. Lebensjahr des Kindes hinausgehen[209].
Auch die Nichtberücksichtigung eines Kindes während des Wehr- oder Zivildienstes gem. § 32 IV EStG verstößt nicht gegen den Grundsatz der Beteuerung nach der wirtschaftlichen Leistungsfähigkeit, da der Staat während dieser Zeit den Unterhalt des Kindes durch Unterkunft und Verpflegung (§ 31 ZDG) und die Zahlung eines Entgelts im wesentlichen übernimmt[210].

2. Verfassungsmäßigkeit der Einkommensgrenze

Ferner ist zu klären, wie die starre Einkommensgrenze nach § 32 IV 2 EStG (12.000 DM im VZ 1997 bzw. 12.360 DM im VZ 1998), die bei geringfügiger Überschreitung den Kinderfreibetrag komplett entfallen läßt, verfassungsrechtlich zu beurteilen ist. Diese Regelung sehen einige Autoren als ungerecht an und halten deshalb eine Milderungsregelung für verfassungsrechtlich geboten[211].
Die Einkommensgrenze ist am steuerfreien Existenzminimum orientiert und dient der Besteuerung nach der wirtschaftlichen Leistungsfähigkeit[212]. Erzielt das Kind aber ein über dieser Grenze liegendes Einkommen, so steht ihm ausreichend Geld zur Verfügung und die Eltern brauchen dem Kind auch gem. § 1602 I und II BGB keinen Unterhalt mehr zu zahlen[213], mithin sind sie in ihrer wirtschaftlichen Leistungsfähigkeit nicht gemindert. Eine Steuerfreistellung des Existenzminimums des Kindes bei den Eltern ist nicht mehr geboten, da es beim Kind selbst über den Grundfreibetrag steuerfrei gestellt ist[214].
Die Grenze soll bei künftigen Anpassung des steuerfreien Existenzminimums entsprechend verändert werden[215] und ist gem. § 52 XXIIa EStG für VZ 1998 auch bereits auf 13.020 DM für den VZ 1999 angehoben worden. Mithin ist die gewählte Grenze nicht ungerecht, sondern logische Folge der Ausgestaltung des Familienleistungsausgleichs zur Steuerfreistellung des Existenzminimums. Wird der Kinderfreibetrag dazu nicht benötigt, kann er ganz entfallen. Damit liegt es im Entscheidungsspielraum des Gesetzgebers, ob er eine § 33a I und II EStG vergleichbare

---

[209] FG Baden-Württemberg v. 28.9.94 - 2 K 176/94, EFG 1995, S. 483 - rkr.: Kein Verstoß gegen Art. 3 I, 6 I, 12 oder 20 I GG; a.A.*Kanzler*, in: Hermann/Heuer/Raupach, EStG, § 32 Rn 72.

[210] FG Düsseldorf v. 2.7.97 - 14 K 6002/96 Kg, EFG 1997, S. 1474 (1474 f.) – Nichtzulassungsbeschwerde VI B 177/97.

[211] *Kulmsee*, DStZ 1998, S. 14 (23); *Paus*, FR 1996, S. 337 (339 f.); *Kanzler*, in: Hermann/ Heuer/Raupach, EStG, § 32 Rn 130 unter Hinweis auf BVerfG v. 25.9.92 - 2 BvL 5, 8, 14/91, BVerfGE 87, 153 = BStBl. II 1993, S. 413 (420).

[212] BT-Drucks. 13/1558, S. 139 f.; vgl. auch *Kanzler*, in: Hermann/Heuer/Raupach, EStG, § 32 Rn 129.

[213] BGH v. 10.7.85 - IV b ZB 102/84, FamRZ 1986, S. 151 (151 f.); OLG Karlsruhe v. 31.10.91 - 2 A UF 171/90, FamRZ 1992, S. 344 (345); *Paus*, FR 1996, S. 337 (339).

[214] *Kanzler*, in: Hermann/Heuer/Raupach, EStG, § 32 Rn 130.

[215] BT-Drucks. 13/1558, S. 139 f.; *Glanegger*, in: Schmidt[17], § 32 Rn 28.

Regelung einführt oder nicht. Er kann darauf insbesondere auch aus Gründen der Verwaltungsvereinfachung[216] verzichten. Die starre Einkommensgrenze ist somit verfassungsgemäß.

Die Beschränkung des Abzugsverbots ausschließlich auf volljährige Kinder wird z.T. als verfassungswidrig angesehen[217].
Die Beschränkung auf volljährige Kinder trägt jedoch dem Umstand Rechnung, daß minderjährige Kinder typischerweise mehr als Volljährige auf den Unterhalt seitens der Eltern angewiesen sind. Die Regelung bewegt sich damit im Rahmen zulässiger Typisierung und ist daher nicht zu beanstanden.

3. Verfassungsmäßigkeit der Vorschriften zur Berücksichtigung von Pflegekindern

Weiterhin sollen die Regelungen hinsichtlich der Berücksichtigung von Pflegekindern in § 32 I Nr. 2, II EStG einer Prüfung unterzogen werden.
Jede Regelung, die eine Berücksichtigung der Pflegekinder bei den leiblichen und den Pflegeeltern zulassen würde, wäre ein Verstoß gegen Art. 6 I GG und damit verfassungswidrig. Jedoch wird in der Regelung des § 32 II EStG, der für dasselbe Kind unterhaltspflichtiger Eltern den Anspruch auf Kindergeld oder Kinderfreibetrag entzieht[218] und den wirtschaftlich letztlich nicht mit dem Kindesunterhalt belasteten Pflegeeltern zuweist, z.T. ein Gleichheitsverstoß gesehen[219]. Schließlich trifft die unterhaltsverpflichteten leiblichen Eltern eine – steuerlich unberücksichtigte - kindbedingte Leistungsfähigkeitsminderung. Die Pflegeeltern erhalten Pflegegeld, welches allerdings nicht als Bestandteil des Familienleistungsausgleichs anzusehen ist, sondern als sozialstaatliche Fürsorge. Außerdem deckt es Leistungen der Pflegeeltern an das Kind jenseits des Existenzminimums ab. Die leiblichen Eltern erhalten auch einen wirtschaftlichen Ausgleich durch einen Anteil am Kindergeld im Wege des zivilrechtlichen Ausgleichs entsprechend § 1612b BGB[220]. Überdies hat der Gesetzgeber ganz bewußt in Kauf genommen, daß den leiblichen Eltern im Einzelfall eine steuerlich nicht berücksichtigte Restlast verbleibt[221].
Die Intention der Regelung des § 32 II 2 EStG, das Pflegekindschaftsverhältnis den Kindschaftsverhältnissen von Steuerpflichtigen mit leiblichen oder angenommenen Kinder gleichzustellen, entspricht Art. 3 I GG und dem aus dem Gleichheitsgrundsatz abzuleitenden Prinzip der Besteuerung nach der wirtschaftlichen Leistungsfähigkeit[222]. Gerade auch im Hinblick auf die durch § 32 VI 6 EStG eröffneten Mög-

---

216 A.A. *Kanzler*, in: Hermann/Heuer/Raupach, EStG, § 32 Rn 130.

217 *Paus*, FR 1996, S. 337 (339); a.A. *Kanzler*, in: Hermann/Heuer/Raupach, EStG, § 32 Rn 130.

218 Vgl. dazu BMF v. 9.3.98, BStBl. I 1998, S. 347 Rn 10.

219 So von *Helmke*, in: Berlebach, Familienleistungsausgleich-Kommentar, A § 32 EStG Rn 22.

220 BT-Drucks. 13/1558, S. 155; krit. *Jechnerer*, in: Lademann, § 32 Rn 26; a.A. *Helmke*, in: Berlebach, Familienleistungsausgleich-Kommentar, A § 32 EStG Rn 22.

221 BT-Drucks. 13/1558, S. 155.

222 *Kanzler*, in: Hermann/Heuer/Raupach, EStG, § 32 Rn 42.

lichkeiten für Stief- und Enkelkinder vor dem Hintergrund einer gleichmäßigen Besteuerung nach der wirtschaftlichen Leistungsfähigkeit ist die Regelung verfassungsrechtlich nicht zu beanstanden[223].

4. Verfassungsmäßigkeit der Vorschriften zur Berücksichtigung von behinderten Kindern

Im Rahmen der Berücksichtigung behinderter Kinder stellt sich insoweit ein gleichheitsrechtliches Problem, als bei behinderten Kindern ein größeres Vermögen zu einem Abzugsverbot des Kinderfreibetrages (und weiterer Vergünstigungen) bei den Eltern führt, nicht aber bei Eltern nicht behinderter Kinder[224].
Der Gesetzgeber hat ohne Begründung die Regelungen des § 32 IV 2-6 EStG nicht auf behinderte Kinder erstreckt. Die entsprechende Korrektur durch die Finanzverwaltung ist gleichwohl gleichheitsrechtlich gerechtfertigt[225], denn sowohl bei behinderten als auch bei nicht behinderten Kindern führt der Bezug von Einkommen dazu, daß die Leistungsfähigkeit der Eltern aufgrund der fehlenden Unterhaltsverpflichtung nicht mehr gemindert ist und ein Kinderfreibetrag folglich entfallen kann, es liegen also vergleichbare Sachverhalte vor, die nach Art. 3 I GG gleich behandelt werden müssen.

Jedoch könnte die Berücksichtigung von Vermögen ausschließlich bei behinderten Kindern gleichheitswidrig sein. Dafür spricht, daß nach § 33 IV 2-8 EStG - anders als z.B. bei § 33a I 4 EStG - das Vermögen nicht behinderter Kinder über 18 Jahre jedenfalls kein Abzugsverbot für den Kinderfreibetrag begründet[226]. Außerdem müssen Unterhaltslasten gegenüber Kindern, die die wirtschaftliche Leistungsfähigkeit des Steuerpflichtigen mindern, gem. Art. 3 I GG i.V.m. Art. 6 I GG berücksichtigt werden. Dies gilt jedoch nur insoweit, als für die Beurteilung der steuerlichen Leistungsfähigkeit der Unterhalt für ein Kind in dem Umfang als steuerbares Einkommen des Steuerpflichtigen außer Betracht bleiben muß, in dem Aufwendungen erforderlich sind, um das Existenzminimum des Kindes zu gewährleisten[227].
Der Begriff „außerstande sein, sich selbst zu unterhalten" in § 32 IV 1 Nr. 3 EStG[228] entspricht dem Wortlaut des § 1602 I BGB, mithin der Bedürftigkeitsregelung des zivilrechtlichen Unterhaltsrechts. Hiernach muß der Unterhaltsberechtigte zur Deckung seines Lebensbedarfs zuerst seine eigenen Mittel einsetzen, wozu neben Einkünften aus einer eigenen Erwerbstätigkeit auch Vermögenserträgnisse (Kapitalzinsen, Mieterträge etc.) zu zählen sind[229]. Bei volljährigen

---

223 Vgl. auch *Nolde*, FR 1995, S. 845 (847); *Glanegger*, in: Schmidt[17], § 32 Rn 26.
224 Vgl. dazu oben (Kapitel 3) B. I., 2a.
225 *Kanzler*, in: Hermann/Heuer/Raupach, EStG, § 32 Rn 118; *Glanegger*, in: Schmidt[17], § 32 Rn 51.
226 *Kanzler*, in: Hermann/Heuer/Raupach, EStG, § 32 Rn 118.
227 BVerfG v. 29.5.90 - 1 BvL 20, 26/84 u. 4/86, BVerfGE 82, 60 (85 f.).
228 Dazu ausf. *Schwartmann/Pabst*, DStR 1998, S. 921 ff.
229 *Köhler*, in: Münchener Kommentar[3], BGB, § 1602 Rn 8, 9.

Kindern erschöpft sich das Eltern-Kind-Verhältnis i.d.R. in den Unterhaltsbeziehungen (§§ 1601 ff. BGB), denn das Recht und die Pflicht zur Personensorge (§§ 1626 ff. BGB), die nach dem Zivilrecht insbesondere die Pflege, Erziehung, Beaufsichtigung und die Aufenthaltsbestimmung des Kindes umfaßt (§ 1631 I BGB), gilt nach § 1626 I BGB nur für minderjährige Kinder. Nach § 1610 II BGB umfaßt der Unterhaltsanspruch den gesamten Lebensbedarf, d.h. neben Barleistungen auch Pflege und Betreuung[230]. Bezieht der Unterhaltsempfänger jedoch genügend eigenes Einkommen, so deckt dieses Einkommen auch den Betreuungsaufwand ab, der Anspruch aus § 1620 I BGB auf Betreuung ergibt sich nicht[231]. Findet trotzdem eine Betreuung des volljährigen Kindes statt, so geschieht das nicht im Rahmen der gesetzlichen Unterhaltspflicht. Damit besteht auch kein Anlaß für eine steuerliche Entlastung in Form eines Kinderfreibetrages[232]. Der Kinderfreibetrag soll die Belastung, die durch den existentiell notwendigen Unterhalt von Kindern entsteht, ausgleichen[233]. Der Gesetzgeber ist dabei typisierend[234] davon ausgegangen, daß die Unterhaltspflicht fortbesteht, da Kinder i.S.d. § 32 IV 1 Nr. 1 und 2 EStG zur Bestreitung ihres Unterhalt üblicherweise nicht über eigene Einkünfte und Bezüge oder eigenes Vermögen in ausreichendem Umfang verfügen. Demgegenüber beziehen behinderte Kinder ihren Lebensunterhalt überwiegend durch Sozialleistungen. Damit ist die Nichterzielung von (ausreichendem) Einkommen bei nicht behinderten Kindern der Regelfall, wohingegen bei behinderten Kindern die für den Lebensunterhalt ausreichende Unterstützung durch den Staat mittels der Sozialleistungen, d.h. unabhängig von den Eltern, den Regelfall bildet. Mithin liegen keine i.S.d. Art. 3 I GG vergleichbaren Sachverhalte vor. Die Berücksichtigung von Vermögen ist daher insoweit gerechtfertigt, als bei behinderten Kindern anders als bei den in § 32 IV 1 Nr. 1 und 2 EStG genannten Kindern nicht typisierend auf die Notwendigkeit von Unterhaltsleistungen durch die Eltern geschlossen werden kann.

Noch ein weiterer Grund zeigt die Nichtvergleichbarkeit der Sachverhalte. Im Gegensatz zu den in § 32 IV 1 Nr. 1 und 2 EStG genannten Kindern, die nur vorübergehend unterhaltsbedürftig sind, bedarf ein behindertes Kind, das aufgrund seiner Behinderung nicht in der Lage ist, sich selbst zu unterhalten, i.d.R. einer dauerhaften oder zumindest länger andauernden Unterstützung[235]. Somit kann in der Berücksichtigung von Vermögen ausschließlich bei behinderten Kindern kein Verstoß gegen Art. 3 I GG gesehen werden[236].

---

230 *Diederichsen*, in: Palandt[57], BGB, § 1610 Rn 3.
231 BFH v. 12.11.96 - III R 53/95, BFH/NV 1997, S. 343 (344).
232 BFH v. 12.11.96 - III R 53/95, BFH/NV 1997, S. 343 (344).
233 BFH v. 12.11.96 - III R 53/95, BFH/NV 1997, S. 343 (344).
234 Zu Typisierungen s. auch Kapitel 2 A. II. 2b.
235 BFH v. 14.6.96 - III R 13/94, BFHE 181, 128 (133).
236 BFH v. 12.11.96 - III R 53/95, BFH/NV 1997, 343 (344); a.A. *Kanzler*, in: Hermann/Heuer/Raupach, EStG, § 32 Rn 118; *Jechnerer*, in: Lademann, § 32 Rn 98.

5. Verfassungsmäßigkeit des Verlängerungstatbestandes des § 32 V EStG
Die Regelung des Verlängerungstatbestandes in § 32 V EStG[237] dient der Gleichmäßigkeit der Besteuerung (Art. 3 I GG), denn die Ausbildungszeit verlängert sich um die geleisteten Dienste, für deren Dauer kein Kindergeld/Kinderfreibetrag gewährt wird, und ist somit verfassungsgemäß[238].

Zusammenfassend läßt sich festhalten, daß die Berücksichtigungsfähigkeit von Kindern in § 32 I – V EStG insbesondere aus gleichheitsrechtlicher Sicht verfassungsgemäß ist. Sie ergänzt die Regelungen über die Steuerermäßigungen für Familien und dient insoweit der Gleichmäßigkeit der Besteuerung. Maßstab hierfür ist die kindbedingte Leistungsfähigkeitsminderung. Deren typisierende Erfassung in den Tatbeständen des § 32 I – V EStG ist aus verfassungsrechtlicher Sicht nicht zu beanstanden.

C. § 32 VI EStG - Kinderfreibetrag

I. Regelungsaussage

1. Allgemeines

§ 32 VI EStG regelt, in welcher Höhe - bei Vorliegen der Voraussetzungen des § 32 I-V EStG - ein Kinderfreibetrag abziehbar ist.
Nach § 32 VI 1 EStG wird zunächst für jedes zu berücksichtigende Kind ein (halber) Kinderfreibetrag von 288 DM für jeden vollen Kalendermonat, in dem - an mindestens einem Tag[239] - die Voraussetzungen von § 32 I-V EStG vorgelegen haben, vom Einkommen (§ 2 IV EStG) abgezogen[240], sofern es nicht beim Kindergeld verbleibt (§ 31 S. 4 EStG). Liegen die Voraussetzungen innerhalb eines Monats bei mehreren Personen vor, so ist der Kinderfreibetrag aufzuteilen, d.h. insgesamt darf er nur einmal gewährt werden.
Der halbe Kinderfreibetrag ist abzuziehen bei unbeschränkt steuerpflichtigen Eltern, die die Voraussetzungen der Ehegattenveranlagung nicht erfüllen (getrennt lebende, geschiedene Eltern oder Eltern eines nichtehelichen Kindes für ihre gemeinsamen Kinder), bei getrennt veranlagten Ehegatten (§§ 26, 26a EStG) für die Kinder, die zu beiden in einem Kindschaftsverhältnis stehen, bei besonderer Veran-

---

[237] Vgl. zum Inhalt oben (Kapitel 3) B. I., 2b.

[238] *Kanzler*, in: Hermann/Heuer/Raupach, EStG, § 32 Rn 150; vgl. auch BT-Drucks. 13/1558, S. 155 f.

[239] *Kanzler*, in: Hermann/Heuer/Raupach, EStG, § 32 Rn 174; *Glanegger*, in: Schmidt[17], § 32 Rn 27.

[240] Zur Entwicklung (auch der Höhe) des Kinderfreibetrages und Einführung des Monatsprinzips s. Einleitung B. III., 3.

lagung nach §§ 26, 26c EStG für gemeinsame Kinder[241], sowie bei Stief- oder Großeltern, denen der halbe Kinderfreibetrag nach § 32 VI 6 EStG[242] übertragen wurde.
Der volle Kinderfreibetrag von 576 DM monatlich ist gem. § 32 VI 2 EStG bei unbeschränkt steuerpflichtigen Ehegatten abzuziehen, die zusammen veranlagt (§ 26b EStG) werden und die beide in einem anerkannten - nicht notwendig gleichartigen[243] - Kindschaftsverhältnis zu dem Kind stehen. Ausnahmsweise kann dieser volle Kinderfreibetrag nach § 32 VI 3 EStG auch bei einem Steuerpflichtigen allein berücksichtigt werden. Das ist der Fall, wenn der andere Elternteil verstorben[244] oder nicht unbeschränkt einkommensteuerpflichtig ist (§ 32 VI 3 Nr. 1 EStG) oder der Steuerpflichtige das Kind allein angenommen hat oder das Kind nur zu ihm in einem Pflegekindschaftsverhältnis steht (§ 32 VI 3 Nr. 2 EStG).
Durch das Monatsprinzip kann es zu Doppelberücksichtigungen kommen, die nur für Pflegekindschaftsverhältnisse und die Adoption von § 32 II EStG beseitigt werden, nicht aber für in dem (Doppel-)Zählmonat verstorbene oder beschränkt steuerpflichtig gewordene Elternteile[245]. Das ist eine Folge des stark typisierenden[246] Monatsprinzips und muß daher hingenommen werden[247].
Ein Kinderfreibetrag wird auch für nicht nach § 1 I oder II EStG unbeschränkt einkommensteuerpflichtige Kinder (sog. Auslandskinder) gewährt, jedoch nur in der nach den Verhältnissen des Wohnsitzstaats notwendigen und angemessenen Höhe (§ 32 VI 4, EStG), diese ergibt sich aus der sog. Ländergruppeneinteilung[248].

2. Übertragung des Kinderfreibetrags auf den anderen Elternteil

Auf Antrag[249] eines Elternteils wird gem. § 32 VI 5 EStG der Kinderfreibetrag des anderen Elternteils auf ihn - ohne daß es der Zustimmung des anderen bedarf - übertragen, wenn nur er seiner Unterhaltspflicht gegenüber dem Kind für das

---

241 *Kanzler*, in: Hermann/Heuer/Raupach, EStG, § 32 Rn 174 a.E.; *Glanegger*, in: Schmidt[17], § 32 Rn 63; a.A. *Ross*, DStZ 1992, S. 239 (240 f.).

242 Dazu gleich unter (Kapitel 3) C. I., 3.

243 *Kanzler*, in: Hermann/Heuer/Raupach, EStG, § 32 Rn 175.

244 Im Wege der Billigkeitsregelung (§ 163 AO) sind diesem Fall die Fälle gleichzustellen, in denen der Wohnsitz oder gewöhnliche Aufenthalt des anderen Elternteils nicht zu ermitteln oder der Vater des Kindes amtlich nicht feststellbar ist (R 181 I EStR), das soll auch gelten, wenn die Mutter den Namen des Vaters nicht nennt (OFD Hannover, Erlaß v. 12.8.97 – S 2282 - 48 - StO 212 / S 2282 - 87 - StH 214, DB 1997, S. 2198).

245 *Glanegger*, in: Schmidt[17], § 32 Rn 62; a.A. *Kanzler*, in: Hermann/Heuer/Raupach, EStG, § 32 Rn 176: Vorrang des § 32 VI 1 vor Satz 3 EStG.

246 Zur Typisierung s. Kapitel 2 A. II., 2b.

247 So auch *Glanegger*, in: Schmidt[17], § 32 Rn 62.

248 BMF v. 27.2.96, BStBl. I 1996, S. 115.

249 Formloser Antrag gegenüber dem Wohnsitzfinanzamt (*Kanzler*, in: Hermann/Heuer/Raupach, EStG, § 32 Rn 187) in dem die Antragsvoraussetzungen darzulegen sind (R 181a IV 1 EStR).

Kalenderjahr im wesentlichen[250] nachkommt[251]. Gegenstand der Übertragung sind die Kinderfreibeträge der Monate, in denen die Übertragungsvoraussetzungen des § 32 VI 5 EStG vorgelegen haben, das ist i.d.R. das Kalenderjahr, muß es aber aufgrund des Monatsprinzips nicht sein[252]. Erhält der Steuerpflichtige den vollen Kinderfreibetrag, so ist auch das dem anderen Elternteil oder einem Dritten gewährte Kindergeld nach § 31 S. 5 i.V.m. § 36 II 1 EStG hinzuzurechnen[253]. Die Übertragung führt zum Verlust aller Entlastungen, die an den Kinderfreibetrag anknüpfen, so z.B. der Haushaltsfreibetrag (§ 32 VII EStG)[254]. Dem übertragenden Elternteil geht jedoch nicht der Kindergeldanspruch verloren[255].

3. Übertragung des Kinderfreibetrags auf einen Stiefelternteil oder Großeltern

Sofern nicht schon ein Pflegekindschaftsverhältnis besteht (§ 32 I Nr. 2 EStG), kann gem. § 32 VI 6 Hs. 1 EStG der Kinderfreibetrag auf Antrag[256] auch auf einen Stiefelternteil oder Großeltern übertragen werden, wenn sie das Kind in ihrem Haushalt aufgenommen haben[257], oder gem. § 32 VI 6 Hs. 2 EStG mit Zustim-

---

[250] Unterhalt kann sowohl in Form von Naturalunterhalt als auch in Form von Barunterhalt geleistet werden. Letzterer kommt ein Elternteil im wesentlichen nach, wenn er sie mindestens zu 75 v.H. erfüllt (R 181a II 1 EStR); zu weiteren Einzelheiten vgl. *Kanzler*, in: Hermann/Heuer/Raupach, EStG, § 32 Rn 183 ff.; *Paus*, Familienleistungsausgleich, S. 61 ff.; zur Problematik in welcher Höhe und welchem Zeitpunkt Unterhaltsleistungen zu berücksichtigen sind s. BFH BStBl. II 1993, S. 397 (maßgeblich ist nicht § 11 EStG, sondern die zivilrechtliche Zuordnung) mit ablehnender Anmerkung von *Kanzler*, FR 1993, S. 274; FG Münster v. 8.2.96 - 14 K 413/95, EFG 1996, S. 656 - Rev. VI R 108/96 (liegt die zivilrechtliche Unterhaltsverpflichtung wesentlich unter dem Unterhaltsbedarf des Kindes, so ist Orientierungsgröße nicht der Mindestbetrag aus R 181a II 4 EStR sondern der aus der Düsseldorfer Tabelle); a.A. FG Köln v. 10.5.95 - 11 K 1473/94, EFG 1995, S. 889 (889 f.) - rkr.

[251] Zum persönlichen Anwendungsbereich s. *Glanegger*, in: Schmidt[17], § 32 Rn 65: unbeschränkt steuerpflichtige Elternteile, welche die Voraussetzungen des § 26 I 1 EStG nicht erfüllen.

[252] *Glanegger*, in: Schmidt[17], § 32 Rn 69; a.A. *Kanzler*, in: Hermann/Heuer/Raupach, EStG, § 32 Rn 186 (aber: Widerspruch zu Rn 184 a.E.!); *Plenker*, Familienleistungsausgleich, S. 61.

[253] S. dazu vorne (Kapitel 3) A. I., 3.

[254] *Kanzler*, in: Hermann/Heuer/Raupach, EStG, § 32 Rn 213; vgl. auch H 181a EStR.

[255] *Kanzler*, in: Hermann/Heuer/Raupach, EStG, § 32 Rn 193; a.A. *Nolde*, FR 1995, S. 845 (849).

[256] Dem Wortlaut des § 32 VI 6 EStG läßt sich nicht eindeutig entnehmen, wem das Antragsrecht zusteht, in Betracht kommt der Übertragungsempfänger (so *Kanzler*, in: Hermann/Heuer/Raupach, EStG, § 32 Rn 189, 190) wie auch der übertragende Elternteil (so *Glanegger*, in: Schmidt[17], § 32 Rn 70); zu weiteren Einzelheiten und zur Frage, ob die Übertragung einen Verlust des zivilrechtlichen Ausgleichsanspruchs bedeutet s. *Nolde*, FR 1995, S. 845 (849); *Kanzler*, in: Hermann/Heuer/Raupach, EStG, § 32 Rn 189 ff.

[257] Damit soll der durch Aufnahme eines Stief- oder Enkelkindes in den Haushalt verminderten Leistungsfähigkeit Rechnung getragen werden, BT-Drucks. 13/1558, S. 156. § 32 VI 6 EStG

mung des berechtigten Elternteils. Übertragen kann jede berechtigte Elternteil i.S.v. § 32 VI 2, 3 oder 5 EStG[258].

II. § 32 VI EStG im System der Rechtsordnung

Aufgrund der Optionslösung (Kindergeld statt Kinderfreibetrag) entscheidet über den Kinderfreibetragsansatz letztlich § 31 EStG, nachdem zuerst gemäß § 32 EStG die Voraussetzungen für einen Kinderfreibetrag zu prüfen sind. Außergewöhnliche Unterhaltsleistungen sind, da durch den Kinderfreibetrag nur die laufenden, üblichen Aufwendungen abgegolten werden, nach § 33 EStG neben § 32 VI EStG abzugsfähig[259].
Der Anwendungsbereich von § 32 VI EStG und der des BKGG schließen sich aus[260].

III. Systematische Einordnung und Bewertung des § 32 VI EStG

1. Steuersystematische Bedeutung und Regelungszweck des § 32 VI EStG

Der Kinderfreibetrag soll die durch den lebensnotwendigen Unterhalt von Kindern entstehende Belastung ausgleichen[261], er dient der Abgeltung aller laufenden Aufwendungen für Unterhalt, Erziehung und Ausbildung des Kindes[262]. Der Unterhalt deckt auch die persönliche Übernahme von „Familienarbeit" durch den Steuerpflichtigen unter Verzicht auf Erwerbseinkommen oder Freizeit ab (Gesichtspunkt: Bar- und Naturalunterhalt)[263]. Das kommt insbesondere dadurch zum Ausdruck, daß der Kinderfreibetrag zwischen dem unterhaltszahlenden und dem Elternteil, der die Personensorge trägt, aufgeteilt wird[264]. Folge hiervon ist die Ablehnung der altersbedingten Staffelung des Kinderfreibetrages, denn mit steigendem Alter nimmt zwar der Unterhaltsbedarf zu, in gleicher Weise verringert sich aber das

---

entspricht der Kindergeldberechtigung von Stief- und Großeltern nach §§ 63 I Nrn. 2 u. 3, 64 II 1 EStG.

[258] *Glanegger*, in: Schmidt[17], § 32 Rn 70; a.A. *Kanzler*, in: Hermann/Heuer/Raupach, EStG, § 32 Rn 189: Beschränkung auf unbeschränkt einkommensteuerpflichtige Elternteile, die nicht die Voraussetzungen des § 26 I 1 EStG erfüllen.

[259] *Kanzler*, in: Hermann/Heuer/Raupach, EStG, § 32 Rn 170; für das Verhältnis des Kinderfreibetrages zu §§ 33a, b und c EStG s. ebenfalls dort.

[260] *Kanzler*, in: Hermann/Heuer/Raupach, EStG, § 32 Rn 170 a.E.

[261] BFH v. 14.6.94 - III R 13/94, BFHE 181, 128 (132 f.).

[262] BFH v. 8.11.79 - IV R 66/77, BStBl. II 1980, S. 117 (118); s. auch BVerfG v. 23.11.76 – 1 BvR 150/75, BStBl. II 1977, S. 135 (139): eine derartige pauschale Abgeltung von Unterhaltsaufwendungen ist nicht verfassungswidrig.

[263] Vgl. BT-Drucks. 8/3121, S. 138; sowie *Kanzler*, FR 1988, S. 205 (214); anders *Paus*, Inf 1998, S. 324 (326): Kinderbetreuungskosten sind im Existenzminimum nicht berücksichtigt; *Lehner*, Einkommensteuerrecht und Sozialhilferecht, S. 252 ff.; vgl. dazu sogleich unter (Kapitel 3) C. IV. 3.

[264] *Kanzler*, FR 1988, S. 205 (214).

Bedürfnis nach persönlicher Zuwendung, was zu einer gleichbleibenden Gesamtbelastung der Eltern führt[265]. Der Kinderfreibetrag ist eine Fiskalzwecknorm[266].

2. Vereinbarkeit mit den systematischen Vorgaben

Der Kinderfreibetrag steht im Bereich „Tarif" des EStG. Er ist aber Bestandteil der Bemessungsgrundlage der Einkommensteuer und damit ist seine Stellung aus steuersystematischer Sicht gesehen falsch.

Die Regelungen zum Abzugsverbot bei höherem Kindeseinkommen[267] sind schon aufgrund des nunmehr geltenden Monatsprinzips sehr kompliziert und auch konfliktträchtig, sie stellen mithin keinen Beitrag zu einer Steuervereinfachung dar.

IV. Verfassungsrechtliche Einordnung und Bewertung des § 32 VI EStG

1. Verfassungsrechtliche Bedeutung des § 32 VI EStG

Den wesentlichen Teil des geltenden Familienleistungsausgleich stellt der Kinderfreibetrag dar und ist damit zunächst von dessen grundsätzlicher verfassungsrechtlicher Beurteilung[268] abhängig.

Isoliert betrachtet kommt dem (alternativen) Kinderfreibetrag in diesem Rahmen - neben dem (vorrangigen) Kindergeld, welches auch eine sozialrechtliche Komponente hat - nur eine steuerliche Entlastungsfunktion zu[269]. Der Kinderfreibetrag soll der Minderung der Leistungsfähigkeit durch den Unterhalt von Kindern Rechnung tragen[270] und ergänzend den Einkommensbetrag in Höhe des Existenzminimums des Kindes steuerfrei stellen (§ 31 S. 2 EStG).

2. Exkurs: Verfassungsmäßigkeit des Kinderfreibetrags in den VZ 1983-1995

Vor der Prüfung des derzeitigen Kinderfreibetrages soll die Rechtsprechung hinsichtlich der Verfassungsmäßigkeit der Kinderfreibeträge für die VZ 1983-1995 dargestellt werden.

---

265 BT-Drucks. 7/1470, S. 213; *Kanzler*, FR 1988, S. 205 (214); s. auch BFH v. 6.11.87 - III B 101/86, BStBl. II 1988, S. 134 (135 f.), gegen die Forderung nach altersspezifischer Staffelung des Unterhaltshöchstbetrages gem. § 33a I EStG; a.A. *Traxel*, Freibeträge, S. 77; im übrigen ist dies auch die Konsequenz der Auffassung, die (einseitig) den Unterhaltsbedarf des Kindes zum Maßstab für die Festsetzung der Entlastungsbeträge nimmt, vgl. dazu *Vogel*, DStR 1977, S. 31 (41): Koppelung an den Regelunterhalt; *F. Klein*, FS f. Zeidler, S. 773 (794): Düsseldorfer Tabelle; *Lang*, Reformentwurf, S. 78, 100.

266 *Lang*, Die einfache und gerechte Einkommensteuer, S. 28.

267 S. dazu oben (Kapitel 3) B. I., 2.; zur verfassungsrechtlichen Problematik unten (Kapitel 3) C. IV., 3.

268 Vgl. dazu oben (Kapitel 3) A. V., 3.

269 *Kanzler*, in: Hermann/Heuer/Raupach, EStG, § 31 Rn 34.

270 S. BT-Drucks. 13/1558, S. 155.

Für die VZ 1983-1985 wurde der (wiedereingeführte) Kinderfreibetrag i.H.v. 432,-DM je Kind[271] vom BVerfG für unvereinbar mit dem Grundgesetz erklärt[272]. Der Kinderfreibetrag im VZ 1984 wurde vom BFH für verfassungsgemäß gehalten[273]. Für die Beurteilung der Verfassungsmäßigkeit der Kinderfreibeträge für die VZ 1986-1995 ist die geänderte Rechtsprechung des BVerfG zum Kinderlastenausgleich maßgebend[274]. Vor dieser Entscheidung wurde im Schrifttum die Auffassung vertreten, daß der Kinderfreibetrag ab VZ 1986[275] realitätsfremd niedrig sei[276]. Nach der neueren Rechtsprechung sind die Kinderfreibeträge von VZ 1986-1991 mit an Sicherheit grenzender Wahrscheinlichkeit verfassungswidrig[277]. Erst im VZ 1992 (bis VZ 1995) berücksichtigte der Gesetzgeber die geänderte Rechtsprechung und erhöhte den Kinderfreibetrag[278]. Durch die Erhöhung sind die Kinderfreibeträge für die VZ 1992 bis 1995 als verfassungsgemäß anzusehen[279]. Die Finanzverwaltung führt alle Steuerfestsetzungen vom VZ 1986 bis VZ 1997 hinsichtlich der Höhe der Kinderfreibeträge (§ 32 VI EStG) vorläufig durch[280].

3. Vereinbarkeit des § 32 VI EStG mit den verfassungsrechtlichen Vorgaben

Die Verfassungsmäßigkeit des Kinderfreibetrages dem Grunde und der Höhe nach wurde bereits oben festgestellt[281]. Im folgenden sollen noch Einzelheiten der Kinderfreibetragsregelung auf ihre Verfassungsmäßigkeit hin untersucht werden.

Festzustellen ist zunächst, ob die einheitliche Höhe des Freibetrages im gesamten Bundesgebiet - abweichend von der alters- und gebietsweisen Staffelung im Sozialhilfe- und Unterhaltsrecht - im Rahmen einer Typisierung[282] zulässig ist.
Der Gesetzgeber darf bei Massenerscheinungen, also besonders im Steuerrecht typisieren. Dabei muß er aber die Wirklichkeit realitätsgerecht erfassen. Im vorliegenden Fall hat der Gesetzgeber die Höhe des Kinderfreibetrages an den Sozialhil-

---

271 S. dazu auch Einleitung B. III., 3.

272 BVerfG v. 29.5.90 - 1 BvL 20, 26/84 u, 4/86, BVerfGE 82, 60 betr. Kindergeld; BVerfG v. 12.6.90 - 1 BvL 72/86, BVerfGE 82, 198 betr. Kinderfreibetrag.

273 BFH v. 21.12.93 - VIII R 13/89, HFR 1994, S. 595 ff.

274 BVerfG v. 29.5.90 - 1 BvL 20, 26/84 u. 4/86, BVerfGE 82, 60; BVerfG v. 12.6.90 - 1 BvL 72/86, BVerfGE 82, 198.

275 Zu Entwicklung und Höhe des Kinderfreibetrages Einleitung B. III., 3.

276 *F. Klein*, FS f. Zeidler, S. 773 (794); *Schemmel*, Kinderfreibetrag und Grundgesetz, S. 90; a.A. *Kanzler*, FR 1988, S. 654 (659).

277 *Kanzler*, in: Hermann/Heuer/Raupach, EStG, § 32 Rn 168, der aus haushaltspolitischer Rücksichtnahme und der zukunftsorientierten Nachbesserung des Gesetzgebers kaum eine Chance für eine rückwirkende Erhöhung sieht (vgl. auch *Kanzler*, StuW 1996, S. 215 (226) m.w.N. und dem Vorschlag einen Wiedergutmachungsfonds einzurichten).

278 Zu den Einzelheiten Einleitung B. III., 3.

279 So auch *Kanzler*, in: Hermann/Heuer/Raupach, EStG, § 32 Rn 168.

280 BMF v. 18.3.98, BStBl. I 1998, S. 346 Nr. 2.

281 Vgl. (Kapitel 3) A. V., 3.

282 Vgl. zur Typisierung Kapitel 2 A. II., 2b.

fesätzen orientiert, die wiederum den wirklichen Mindestbedarf einer Person widerspiegeln. Mithin liegt eine realitätsgerechte Erfassung vor. Die einheitliche Höhe des Kinderfreibetrages ist also im Rahmen einer Typisierung verfassungsrechtlich unbedenklich[283].

Durch den Kinderfreibetrag werden die laufenden Aufwendungen abgegolten, worunter auch die persönliche Übernahme von Familienarbeit fällt. Dagegen spricht speziell nicht, daß die ungenutzte Freizeit keine (Soll-)Leistungsfähigkeit im Sinne der gleichmäßigen Besteuerung nach der wirtschaftlichen Leistungsfähigkeit begründet[284], denn Art. 6 I GG schützt sowohl die Entscheidung ein Kind zu bekommen (was notwendigerweise auch dessen Betreuung beinhaltet) als auch die, diese Betreuung selber zu leisten. Hier wird gerade der durch Art. 6 I GG geschützten Freiheit der Entscheidung für die Betreuung des Kindes und gegen die alternative Erwerbstätigkeit Rechnung getragen und nicht ein freiheitswidriger, besonders die negative Berufsfreiheit (Art. 12 I GG) verletzender mittelbarer Erwerbszwang geschaffen.

Abschließend ist noch die Verfassungsmäßigkeit des Kinderfreibetrags für Auslandskinder zu prüfen. Der Kinderfreibetrag für Auslandskinder verwirklicht direkt, was der BFH über eine verfassungskonforme Auslegung (in den VZ 1986 bis 1993[285]) erreichen wollte und ist dem Grunde nach verfassungsgemäß[286].

Die Höhe des Kinderfreibetrags ist - nach der hier vertretenen Auffassung[287] - verfassungsrechtlich nicht zu beanstanden. Die Kürzung nach den Verhältnissen des Wohnsitzstaates anhand der sog. Ländergruppeneinteilung auf der Grundlage von § 32 VI 4 EStG ist sachgerecht, da durch die Berücksichtigung eines geringeren Unterhaltsbedarfs die Besteuerungsgleichheit (Art. 3 I GG) hergestellt wird[288] und mithin verfassungsrechtlich nicht zu beanstanden[289]. Damit ist der Auslandskinderfreibetrag auch der Höhe nach verfassungsgemäß.

---

283 BVerfG v. 14.6.94 - 1 BvR 1022/88, BVerfGE 91, 93 (111 f., 115); *Kulmsee*, DStZ 1998, S. 14 (21).

284 So aber *Lehner*, Einkommensteuerrecht und Sozialhilferecht, S. 252 f.

285 Vgl. zur Rechtsentwicklung des Auslandskinderfreibetrages Einleitung B. III., 2d.

286 BFH v. 8.6.90 - III R 107/88, BStBl. II 1990, S. 898 (900 f.); BFH v. 15.4.92 - III R 80/90, BStBl. II 1992, S. 896 (898); *Kanzler*, in: Hermann/Heuer/Raupach, EStG, § 32 Rn 177.

287 Vgl. vorne (Kapitel 3) A. V., 3.

288 BFH v. 8.6.90 - III R 107/88, BStBl. II 1990, S. 898 (900).

289 BFH v. 15.4.92 - III R 80/90, BStBl. II 1992, 896 (897 f.).

D. § 32 VII EStG - Haushaltsfreibetrag

I. Regelungsaussage des § 32 VII EStG

In § 32 VII EStG finden sich die Regelungen zum Haushaltsfreibetrag[290]. Er beträgt 5.616 DM wird gem. § 32 VII EStG unbeschränkt[291] steuerpflichtigen Alleinstehenden gewährt, die einen Kinderfreibetrag oder Kindergeld[292] für mindestens ein Kind erhalten, welches in ihrer Inlandswohnung gemeldet[293] ist. Nicht zum Abzug kommt der Haushaltsfreibetrag bei Berücksichtigung des Kindergelds im Wege des zivilrechtlichen Ausgleichs nach § 1612b BGB (bzw. § 1615g BGB a.F.), da in § 32 VII EStG eine ausdrückliche Regelung wie in § 31 S. 5 EStG (Verrechnung mit dem Kinderfreibetrag)[294] fehlt[295].

Nach § 32 VII 1 EStG wird der Haushaltsfreibetrag nur solchen Personen gewährt, die nicht nach §§ 26, 26b EStG dem Splittingverfahren (§ 32a V und VI EStG) unterliegen und auch nicht als Ehegatte getrennt zur Einkommensteuer zu veranlagen sind (§§ 26, 26a EStG).

Der Haushaltsfreibetrag wird vom Einkommen (§ 2 IV EStG) abgezogen, § 2 V EStG. Er ist - im Gegensatz zum Kinderfreibetrag - ein Jahresbetrag (d.h. er wird in voller Höhe gewährt, auch wenn die Voraussetzungen nur während eines Teils des VZ vorgelegen haben), er kann nicht aufgeteilt werden, und es findet auch keine Kürzung nach den Verhältnissen des Wohnsitzstaates statt[296].

---

290 Zu Entstehung und Rechtsentwicklung des Haushaltsfreibetrages s. Einleitung B. III. 4.

291 Beschränkt Steuerpflichtige erhalten ihn gem. § 50 I 5 EStG grundsätzlich nicht, Ausnahme: Erfüllung der Voraussetzungen von §§ 1a I Nr. 3, 1a II oder 1 III EStG.

292 Dazu zählen auch dem Kindergeld vergleichbare Leistungen, § 65 I 2 EStG (*Kanzler*, NWB Fach 3, S. 10285 (10287)); krit. zu dieser Regelung *Bergkemper*, in: Hermann/Heuer/Raupach, EStG, § 65 Rn 12, der die Regelung für eine gesetzgeberische Fehlleistung hält, dieser Streit kann hier aber nicht weiter verfolgt werden.

293 H 182 EStR; der tatsächliche Aufenthalt ist irrelevant (*Kanzler*, in: Hermann/Heuer/Raupach, EStG, § 32 Rn 214). Beschränkt Steuerpflichtige (§ 50 I 5 EStG) können den Haushaltsfreibetrag unter den Voraussetzungen von § 1a I Nr. 3 EStG oder § 1a II EStG beanspruchen. Dabei kommt auch für ein Kind, daß in einer Wohnung im Ausland gemeldet ist, ein Haushaltsfreibetrag in Betracht, vgl. dazu *Glanegger*, in: Schmidt[17], § 32 Rn 78; bei Meldekonkurrenz vgl. § 32 VII 2, 3, 5 EStG; sowie *Kanzler*, in: Hermann/Heuer/Raupach, EStG, § 32 Rn 222 ff.

294 S. dazu vorne (Kapitel 3) A. I., 3c.

295 *Kanzler*, NWB Fach 3, S. 10285 (10287); a.A. *Plenker*, Familienleistungsausgleich, S. 68.

296 S. *Kanzler*, in: Hermann/Heuer/Raupach, EStG, § 32 Rn 216, der auch eine Halbteilungsregelung im Rahmen einer wirksamen Steuervereinfachung für möglich halten würde (Rn 219 a.E.).

II. § 32 VII EStG im System der Rechtsordnung

Der Haushaltsfreibetrag und die Splitting-Tatbestände sowie die getrennte und besondere Veranlagung (§§ 26, 26a, 26b, 26c, 32a V und VI EStG) schließen einander aus.
Neben dem Haushaltsfreibetrag wird der Kinderfreibetrag bzw. das Kindergeld gewährt.

III. Systematische Einordnung und Bewertung des § 32 VII EStG

1. Steuersystematische Bedeutung des § 32 VII EStG

Der Haushaltsfreibetrag soll für sog. Halbfamilien einen Ausgleich für die Verdoppelung der tariflichen Nullzone durch das Splittingverfahren (§ 32a V EStG) schaffen[297] bzw. Alleinerziehenden im Ergebnis einen zweiten Grundfreibetrag gewähren, sie also (zumindest zum Teil) wie zusammenveranlagte Ehegatten besteuern[298]. Er stellt im Grundkonzept eine Art „Ersatz-Splitting" für Alleinerziehende dar.
Der Haushaltsfreibetrag trägt der verminderten Leistungsfähigkeit durch zwangsläufige Unterhaltsleistungen Rechnung, verwirklicht also das subjektive Nettoprinzip[299] im Bereich der Mehraufwendungen Alleinerziehender typisierend[300].

2. Vereinbarkeit mit den systematischen Vorgaben

Das Erfordernis der Inlandswohnung (§ 32 VII 2, 4 EStG) geht fehl, denn die dazu geregelten Ausnahmen lassen keine Systematik erkennen und sind daher nur schwer verständlich[301].
Weiterhin ist steuersystematisch verfehlt, daß in § 32 VII EStG für den Haushaltsfreibetrag für Kinder im Ausland[302] - im Gegensatz zum Kinderfreibetrag und einer Vielzahl anderer Regelungen (s. etwa §§ 1 III 2 Hs. 2, 32 VI 4 und 33a I 5 EStG) - keine Kürzung nach den Verhältnissen des Wohnsitzstaates vorgesehen ist[303]. Auszunehmen sind davon nur Fälle von unbeschränkt einkommensteuerpflichtigen bzw. beschränkt einkommensteuerpflichtigen Staatsangehörigen der EU- bzw. EWR-Mitgliedsstaaten (Gastarbeiter und Grenzpendler), da dort die sog. Ländergruppeneinteilung ab VZ 1996 keine Kürzung der Beträge vorsieht[304]. Damit hat

---

[297] Vgl. dazu die Begründung in BT-Drucks. 7/1470, S. 222, 283; *Kanzler*, in: Hermann/Heuer/Raupach, EStG, § 32 Rn 202.
[298] *Kirchhof*, in: Kirchhof/Söhn, § 2 Rn F 25.
[299] Vgl. dazu Kapitel 1 B. V., 2a und Kapitel 2 A. III., 3b.
[300] Zu Typisierungen s. Kapitel 2 A. II., 2b.
[301] So auch *Kanzler*, in: Hermann/Heuer/Raupach, EStG, § 32 Rn 215.
[302] Zu den verfassungsrechtlichen Aspekten s. hinten (Kapitel 3) D. IV., 2d.
[303] *Jechnerer*, in: Lademann, § 32 Rn 166; *Kanzler*, in: Hermann/Heuer/Raupach, EStG, § 32 Rn 215.
[304] BMF v. 27.2.96, BStBl. I 1996, S. 115.

die Regelung nur Auswirkungen auf außerhalb des diplomatischen Dienstes tätige Steuerpflichtige, bei denen der Abzug des Haushaltsfreibetrages nur zu einem Teil (z.B. in der Türkei nur zu $^1/_3$) gerechtfertigt ist.

Der Haushaltsfreibetrag ist eine Fiskalzwecknorm, die als Element der Bemessungsgrundlage fälschlich im Abschnitt „Tarif" des EStG steht[305].

IV. Verfassungsrechtliche Einordnung und Bewertung des § 32 VII EStG

1. Verfassungsrechtliche Bedeutung

Der Haushaltsfreibetrag soll einen Ausgleich für die Verdoppelung der tariflichen Nullzone durch das Splitting-Verfahren (§ 32a V EStG) bzw. für die Gewährung von zwei Grundfreibeträgen bei getrennter Veranlagung schaffen[306]. Er ist somit ein zusätzlicher Freibetrag ähnlich einem weiteren Grundfreibetrag. Alleinerziehende sollen damit im Proportionalbereich ebenso besteuert werden wie zusammen veranlagte Ehegatten[307]. Gegenstand der Entlastung soll nicht der Unterhaltsaufwand, sondern die im Vergleich zu Kinderlosen höheren Haushaltskosten wie Miete und Nebenkosten sein[308]. Der Haushaltsfreibetrag soll der geminderten wirtschaftlichen Leistungsfähigkeit Alleinerziehender mit Kindern (sog. Halbfamilien) im Vergleich zu kinderlosen Alleinstehenden Rechnung tragen[309], die typischerweise durch die Unterhaltung eines eigenen - wegen des Kindes verteuerten - Hausstandes entsteht[310].

Der Haushaltsfreibetrag ist kindbezogen, aber kein zusätzlicher Kinderfreibetrag, was sich schon daraus ergibt, daß er nicht von der Zahl der Kinder abhängig ist[311]. Entsprechend dem in Art. 6 I GG enthaltenen besonderen Gleichheitssatz (Benachteiligungsverbot), dürfen Ehegatten nicht gegenüber Ledigen, Eltern nicht gegenüber Kinderlosen und eheliche nicht gegenüber unehelichen Erziehungsgemeinschaften benachteiligt werden[312]. Daran muß sich der Haushaltsfreibetrag messen lassen.

---

305 So auch *Traxel*, Freibeträge, S. 93; *Moderegger*, Familienschutz, S. 127.

306 *Kanzler*, in: Hermann/Heuer/Raupach, EStG, § 32 Rn 202; *Paus/Kuhn*, Kinder im Steuerrecht, Rn 822.

307 BT-Drucks. 7/1470, S. 283, 222.

308 BVerfG v. 8.6.77 - 1 BvR 265/75, BVerfGE 45, 104 (135); *Stäuber*, in: Blümich, EStG, § 32 Rn 58 b.

309 BVerfG v. 8.6.77 - 1 BvR 265/75, BVerfGE 45, 104 (135); BVerfG v. 3.11.82 - 1 BvR 620/78, 1335/78, 1104/79 u. 363/80, BVerfGE 61, 319 (344 f.).

310 BFH v. 26.5.71 - VI R 203/68, BStBl. II 1971, S. 627 (628); *Jechnerer*, in: Lademann, § 32 Rn 145.

311 *Kanzler*, in: Hermann/Heuer/Raupach, EStG, § 32 Rn 202; *Traxel*, Freibeträge, S. 92; a.A. *Tipke*, StuW 1980, S. 1 (5).

312 Vgl. Kapitel 2 B. I., 3d, bb.

2. Vereinbarkeit des § 32 VII EStG mit den verfassungsrechtlichen Vorgaben

a) Verfassungsmäßigkeit des Haushaltsfreibetrages dem Grunde nach

Im folgenden soll geprüft werden, ob der Haushaltsfreibetrag gem. § 32 VII EStG dem Grunde nach verfassungsgemäß ist. Er ist dabei an Art. 3 I, 6 I GG zu messen.

Die gleichmäßige Besteuerung nach der wirtschaftlichen Leistungsfähigkeit (Art. 3 I, 20 I GG) verlangt die Berücksichtigung der durch Kinder verminderten Leistungsfähigkeit. Hier kommt der Schutz der Familie nach Art. 6 I GG zum Tragen, aus dem das Gebot zur Steuerfreistellung des Familienexistenzminimums herzuleiten ist[313]. Der Haushaltsfreibetrag soll die erhöhten Aufwendungen alleinstehender Steuerpflichtiger ausgleichen, die wegen ihrer Kinder zur Erweiterung von Wohnung und Haushalt gezwungen sind[314]. Die horizontale Steuergleichheit[315] wäre verletzt, wenn der Gesetzgeber Kinderlose und Eltern, deren Leistungsfähigkeit durch Kinder gemindert ist, gleich behandeln würde. Der verminderten Leistungsfähigkeit durch Kinder muß also Rechnung getragen werden[316].
Kinder haben aber immer auch am Lebensstandard ihrer Eltern teil. Unter die durch Kinder bedingte Leistungsfähigkeitsminderung fällt aber nur der erforderliche Aufwand. Schafft der Steuerpflichtige für sich und sein(e) Kind(er) einen gehobenen Lebensstil und damit eine teurere Haushaltsführung, so ist dies eben keine Minderung der Leistungsfähigkeit, sondern ganz im Gegenteil Ausdruck einer erhöhten Leistungsfähigkeit. Das Einkommensteuerrecht muß jedoch den – die Leistungsfähigkeit der Eltern schmälernden - existentiellen Sachbedarf sowie den Betreuungs- bzw. Erziehungsbedarf des Kindes steuerlich verschonen, ansonsten liegt eine Benachteiligung gegenüber Kinderlosen vor.

Zweck des Haushaltsfreibetrages soll die steuerliche Berücksichtigung von Mehraufwendungen sein, die einem Alleinstehenden mit Kind(ern) im Verhältnis zu kinderlosen Alleinstehenden durch höhere Haushaltsführungskosten (insbesondere Miete und Nebenkosten) erwachsen[317]. Diese Kosten fallen aber rein qualitativ gesehen, unter die vom Kinderfreibetrag abgedeckten Unterhaltskosten[318]. Damit kann der Haushaltsfreibetrag nur dann eine eigenständige Bedeutung erlangen, wenn er quantitativ über das Existenzminimum hinausgehende kindbedingte Kosten erfaßt. Es ist davon auszugehen, daß durch die Erziehung und Betreuung von Kin-

---

[313] Vgl. Kapitel 2 B. II., 5.

[314] BFH v. 8.6.90 - III R 107/88, BStBl. II 1990, S. 898 (899 f.) m.w.N.; *Kanzler*, in: Hermann/Heuer/Raupach, EStG, § 32 Rn 202.

[315] S. dazu Kapitel 2 A. II., 2c, cc (1).

[316] Damit kann der „Zahlvater" den Haushaltsfreibetrag nicht verlangen, *Kanzler*, in: Hermann/Heuer/Raupach, EStG, § 32 Rn 203; vgl. auch BVerfG v. 8.6.77 - 1 BvR 265/75, BVerfGE 45, 104 (138).

[317] BFH v. 8.6.90 - III R 107/88, BStBl. II 1990, S. 898 (899 f.) m.w.N.; *Kanzler*, in: Hermann/Heuer/Raupach, EStG, § 32 Rn 202.

[318] Vgl. *Moderegger*, Familienschutz, S. 127.

dern typischerweise gesteigerte Haushaltsführungskosten jenseits des Kinderexistenzminimums zumindest in Höhe des geltenden Haushaltsfreibetrags entstehen, die gerade Kinderlosen nicht erwachsen.
Auch wird bei berufstätigen Alleinerziehenden die Leistungsfähigkeit durch zusätzlichen zwangsläufigen Betreuungsaufwand gemindert, der bei Ehepaaren mit Kindern entweder nicht anfällt oder – bei beidseitiger Berufstätigkeit – aus erhöhtem Familieneinkommen bestritten werden kann[319].
Der Haushaltsfreibetrag trägt also der verminderten Leistungsfähigkeit Alleinerziehender durch Kinder Rechnung. Damit ist er zumindest für Alleinerziehende im Rahmen der gleichmäßige Besteuerung nach der wirtschaftlichen Leistungsfähigkeit gerechtfertigt.
Ein Verfassungsverstoß könnte sich indes aus einem anderen Gesichtspunkt heraus ergeben.
Verheiratete Eltern erhalten keinen Haushaltsfreibetrag, wohingegen er unverheirateten Eltern auch dann gewährt wird, wenn sie eine Erziehungsgemeinschaft bilden und beide steuerpflichtig sind[320]. Die in einer außerehelichen Erziehungsgemeinschaft lebenden Eltern erhalten jeweils einen Grundfreibetrag, der Haushaltsfreibetrag wird als dritter Freibetrag zusätzlich gewährt. Damit werden diese Erziehungsgemeinschaften gegenüber verheirateten Eltern bevorzugt.
Die Haushaltsführung verteuert sich mit Hinzukommen von Kindern, jedoch ist diese (in jedem VZ anfallende) Verteuerung für jeden gemeinsamen Haushalt von Eltern gleich. Damit kann die unterschiedliche steuerliche Behandlung nicht durch eine größere kindbedingte Verteuerung der Haushaltsführung gerechtfertigt werden. Es werden also außereheliche Erziehungsgemeinschaften gegenüber verheirateten Eltern bevorzugt. Das aus Art. 6 I GG folgende Benachteiligungsverbot steht jedoch einer belastenden Differenzierung entgegen, die an der Existenz der Ehe anknüpft[321]. Damit ist die unterschiedliche Behandlung ehelicher gegenüber anderen Erziehungsgemeinschaften nicht gerechtfertigt und verstößt gegen Art. 6 I GG.

In diesem Zusammenhang ist jedoch zu fragen, ob die Möglichkeit der Zusammenveranlagung (§§ 26, 26b EStG), die den in ehelicher Gemeinschaft lebenden Eltern zur Verfügung steht, an der Beurteilung etwas ändert.

Hierbei ist zunächst ist festzustellen, daß Alleinerziehende aus Art. 6 I GG keinen Anspruch auf Besteuerung nach dem Splittingverfahren herleiten können [322]. Der Haushaltsfreibetrag soll bei ihnen einen Ausgleich für das Splitting schaffen[323],

---

319 BVerfG v. 3.11.82 - 1 BvR 620/78, 1335/78, 1104/79 u. 363/83, BVerfGE 61, 319 (348).
320 Vgl. vorne (Kapitel 3) D. I.
321 Vgl. Kapitel 2 B. I., 3d, bb.
322 BVerfG v. 3.11.82 - 1 BvR 620/78, 1335/78, 1104/79 u. 363/83, BVerfGE 61, 319 (345, 348).
323 *Paus/Kuhn*, Kinder im Steuerrecht, Rn 822.

womit aber auch Ehegatten nicht verlangen können, daß sie wie zwei Halbfamilien (Einzelveranlagung mit Haushaltsfreibetrag) besteuert werden[324].
Der Haushaltsfreibetrag stellt gegenüber der Besteuerung zusammenveranlagter Ehepaare keinen vollständigen Ausgleich für das Splittingverfahren her[325]. Gleichwohl ist die Tatsache, daß der Splittingvorteil der Ehegatten beim Alleinerziehenden durch den Haushaltsfreibetrag nicht umfassend ausgeglichen wird[326], verfassungsrechtlich nicht zu beanstanden[327]. Ein Unverheirateter hat keinen Anspruch auf Gleichbehandlung mit Ehegatten. Art. 6 I GG rechtfertigt die Begünstigung der Ehe als Lebensform[328], so daß keine vollständige Angleichung der Besteuerung Alleinerziehender an die Ehegattenbesteuerung, insbesondere im Hinblick auf den doppelten Grundfreibetrag, verlangt werden kann. Im Rahmen des weiten Gestaltungsspielraums des aus Art. 6 I GG folgenden Förderungsgebots kann der Gesetzgeber mit dem Haushaltsfreibetrag hinter dem Grundfreibetrag zurückbleiben[329].

Das BVerfG verweist beim Vergleich von Alleinerziehenden mit Ehepaaren mit Kindern auf den Ehegatten zusätzlich zugute kommenden Splittingtarif[330]. Dabei ist aber zu bedenken, daß das Splittingverfahren von allen Ehegatten in Anspruch genommen werden kann, unabhängig davon, ob sie Kinder haben oder nicht. Voraussetzung für die Zusammenveranlagung ist das Vorliegen einer Ehe, nicht ein kindbedingter Bedarf. Würden die Rechtsfolgen der §§ 26, 26b EStG zur Kompensation der steuerlichen Schlechterstellung herangezogen, so würde dies zu einer Benachteiligung von verheirateten Eltern gegenüber Ehegatten ohne Kinder führen. Darin läge schon ein Verstoß gegen Art. 6 I GG. Zudem hängt die Wirkung der Zusammenveranlagung entscheidend davon ab, ob nur ein Ehegatte oder beide Ehegatten arbeiten und welches Einkommen dabei erzielt wird. Erzielen die Ehegatten z.B. Einkommen in ähnlicher Höhe, so ist die Entlastungswirkung minimal. Damit kann die Besteuerung nach dem Splittingverfahren (§§ 26, 26b EStG) die festgestellte Benachteiligung nicht mindern.

---

324 BVerfG v. 16.10.84 - 1 BvR 524/84, HFR 1985, 238; FG München v. 13.5.91 - 15 K 11305/86, EFG 1991, S. 691 (691) - rkr.

325 BVerfG v. 3.11.82 - 1 BvR 620/78, 1335/78, 1104/79 u. 363/83, BVerfGE 61, 319 (345); krit. dazu *Rendels*, DStR 1983, S. 494 ff., der die Ansicht des BVerfG für zu vereinfachend hält und für bestimmte Fälle sogar einen Begünstigung durch den Haushaltsfreibetrag ermittelt; ihm folgend *Rieger*, Ehe und Familie, S. 323 f.

326 Eingehend *Kanzler*, in: Hermann/Heuer/Raupach, EStG, § 32 Rn 203; vgl. auch *Rendels*, DStR 1983, S. 494 (497).

327 A.A. *Kanzler*, in: Hermann/Heuer/Raupach, EStG, § 32 Rn 203; krit. auch *Jechnerer*, in: Lademann, § 32 Rn 167.

328 Vgl. dazu Kapitel 2 B. I., 2d.

329 Krit. dazu *Rieger*, Ehe und Familie, S. 326; *Jechnerer*, in: Lademann, § 32 Rn 167 hält die Verfassungsmäßigkeit der Höhe des Haushaltsfreibetrages für ernstlich zweifelhaft; a.A. *Kanzler*, NWB Fach 3, S. 10285 (10285).

330 BVerfG v. 3.11.82 - 1 BvR 620/78, 1335/78, 1104/79 u. 363/83, BVerfGE 61, 319 (350).

Außerdem greift Argumentation des Ausgleichs des Splittingvorteils nur im Verhältnis Alleinerziehender zu verheirateten Eltern. Die Situation bei außerehelichen und ehelichen Erziehungsgemeinschaften ist eine andere. Die Rechtfertigung des Ausgleichs des zweiten Grundfreibetrags von Ehegatten bei Alleinerziehenden greift in dieser Konstellation – wie oben bereits dargestellt - nicht. Die in einer außerehelichen Erziehungsgemeinschaft lebenden Eltern erhalten jeweils einen Grundfreibetrag, der Haushaltsfreibetrag wird als dritter Freibetrag zusätzlich gewährt. Damit werden diese gegenüber verheirateten Eltern begünstigt. Hierin liegt ein Verstoß gegen Art. 6 I GG.

Festzuhalten bleibt, daß der Haushaltsfreibetrag eheliche gegenüber anderen Erziehungsgemeinschaften benachteiligt und damit gegen Art. 6 I GG verstößt, folglich verfassungswidrig ist.
Die Detailregelungen des § 32 VII EStG sind im folgenden noch zu überprüfen.

b) Verfassungsmäßigkeit der Zuordnungsregelung
Zu fragen bleibt, wie die Zuordnungsregelung des § 32 VII 2 EStG verfassungsrechtlich zu beurteilen ist.
In Steuergesetzen darf in einem gewissen Umfang typisiert und pauschaliert werden[331], damit kann auch die Zuordnung eines Kindes formal an die melderechtlichen Unterlagen gebunden werden[332]. Somit ist die Zuordnungsregelung verfassungsgemäß[333].

c) Verfassungsmäßigkeit des Erfordernisses einer Inlandswohnung
Abschließend soll das Erfordernis der Inlandswohnung (§ 32 VII 2, 4 EStG), d.h. das Abzugsverbot für eine Auslandswohnung[334] auf die Vereinbarkeit mit Art. 3 I GG untersucht werden.
Keinen Verstoß gegen Art. 3 I GG stellt die Nichtgewährung des Haushaltsfreibetrages für das im Ausland lebende Kind eines verheirateten Steuerpflichtigen dar, da der Haushaltsfreibetrag Belastungen abgelten soll, die bei alleinerziehenden Steuerpflichtigen durch die Unterhaltung eines eigenen Hausstandes eintreten[335]. Wenn der andere Elternteil mit dem Kind im Ausland lebt, ist der Steuerpflichtige

---

[331] Vgl. dazu Kapitel 2 A. II., 2b.

[332] BFH v. 17.9.82 - VI R 86/79, BStBl. II 1983, S. 9 (11 a.E.): kein Verstoß gegen das Willkürverbot des Art. 3 I GG; s. auch BFH 20.6.94 - III B 39/94, BFH/NV 1995, S. 50 (51): die Verfassungsmäßigkeit der melderechtlichen Zuordnung eines Kindes ist nicht klärungsbedürftig; nach BVerwG v. 5.10.90 - 8 C 54/88, NJW 1991, S. 857 (858 f.) war die Zuordnung eines Kindes zum Haushalt seines Vaters i.S.d. § 32 IV 3 Hs. 2 EStG 1979/85 mit Art. 3 I GG vereinbar.

[333] BVerfG v. 8.6.77 - 1 BvR 265/75, BVerfGE 45, 104 (122 ff.); *Kanzler*, in: Hermann/Heuer/Raupach, EStG, § 32 Rn 220; *Jechnerer*, in: Lademann, § 32 Rn 152.

[334] Zu den steuersystematischen Aspekten s. oben (Kapitel 3) D. III., 2.

[335] S. dazu oben (Kapitel 3) D. IV.

aber nicht alleinerziehend, die Versagung des Haushaltsfreibetrages entspricht somit dem Zweck und der Bedeutung der Regelung des § 32 VII EStG, und das Abzugsverbot ist daher sachlich gerechtfertigt[336]. Gegen einen Verstoß gegen den Gleichbehandlungsgrundsatz des Art. 3 I GG spricht ferner, daß der Steuerpflichtige mit einem Auslandskind genauso behandelt wird, wie ein Geschiedener, Getrenntlebender oder ein Unverheirateter, dessen Kind in der Obhut des anderen Elternteils steht.

d) Verfassungsmäßigkeit der ungekürzten Gewährung für Kinder im Ausland
Abschließend ist noch zu prüfen, ob die begünstigende Regelung, daß in Ausnahmefällen auch Kinder für den Haushaltsfreibetrag Berücksichtigung finden können, die in der Wohnung des Steuerpflichtigen im Ausland gemeldet sind (§ 1a I Nr. 3 EStG), verfassungsgemäß ist.
Darin wird z.T. ein Verstoß gegen den Grundsatz der Besteuerung nach der wirtschaftlichen Leistungsfähigkeit gesehen[337]. Der Haushaltsfreibetrag wird in diesen sog. $^{2}/_{3}$- bzw. $^{1}/_{3}$-Ländern (anders als z.B. der Kinderfreibetrag) ungekürzt gewährt. Diese Regelung ist zwar als unsystematisch[338], nicht aber als verfassungswidrig anzusehen.

E. Darstellung und Bewertung von Alternativen zur aktuellen Familienbesteuerung

Aus der Feststellung, daß das derzeitige Modell des Familienleistungsausgleichs den verfassungsrechtlich Vorgaben genügt, kann nicht gefolgert werden, daß es das einzig verfassungsrechtlich zulässige Modell ist. Daher sollen zum Abschluß noch die - oben bereits angesprochenen[339] - zur Besteuerung von Familien angebotenen Alternativen, dargestellt und anschließend anhand der erarbeiteten Kriterien beurteilt werden.

---

[336] So auch BFH v. 8.6.90 - III R 107/88, BStBl. II 1990, S. 898 (900); *Kanzler*, in: Hermann/Heuer/Raupach, EStG, § 32 Rn 215.
[337] *Jechnerer*, in: Lademann, § 32 Rn 150, 166.
[338] S. dazu oben (Kapitel 3) D. III., 2.
[339] S. Kapitel 2 B. II., 2.

I. Das Familiensplitting

1. Systementwurf

Die Einführung eines Familiensplittings wird immer wieder in die Diskussion gebracht[340], auch das BVerfG hat es im Halbfamilienurteil[341] als Lösungsmöglichkeit erwogen. Dieser Reformvorschlag des Familiensplittings als Divisorensplitting wurde in Frankreich und Luxemburg bereits realisiert[342]. Hiernach wird das Verfahren des Ehegattensplittings auf die Kinder erweitert, indem das Gesamteinkommen der Familie nicht durch zwei sondern durch weitere Faktoren entsprechend der Kinderzahl dividiert und der Steuerbetrag entsprechend vervielfacht wird. Die bei der Division entstehenden Einkommensteile werden fiktiv den Kindern als Einkommen zugerechnet und nach den dazugehörigen Tarifen besteuert. Damit kommt es durch das Divisorensplitting zu einer Minderung der Progressionsstufe für das Gesamteinkommen und infolgedessen zu einer Reduzierung der Steuerlast. Deren Höhe ist primär davon abhängig, welcher Splittingdivisor gewählt wird. In Frankreich wird dabei für jeden Elternteil der Faktor 1,0, für die ersten beiden Kinder 0,5 und für jedes weitere Kind der Faktor 1,0 angesetzt[343]. Dadurch kann das Verfahren auch als Besteuerungsmodus für Alleinerziehende verwendet werden. Insgesamt hängt das Ausmaß der Besteuerung von zwei Faktoren ab: der Höhe des Familiengesamteinkommens und der Zahl der Familienmitglieder[344]. Vorteil wäre, daß daneben das Kindergeld als reine Sozialleistung bei Bedürftigkeit gewährt werden könnte.

Auch wenn bei diesem Verfahren auf das Gesamteinkommen der Familie abgestellt wird, stellt es trotzdem keine Haushaltsbesteuerung[345] dar, denn de facto ist es eine Individualbesteuerung mit fiktiven Transfers innerhalb des Familienverbundes[346], z.T. wird jedoch der Grundsatz der Individualbesteuerung[347] aufgegeben.

---

340 *Lecheler*, Schutz von Ehe und Familie, HStR Bd. VI, § 133 Rn 98 m.w.N.; *Gröschner*, in: Dreier, Art. 6 Rn 59; zur Berechnungsmethode vgl. *Karl-Bräuer-Institut* des Bundes der Steuerzahler, Zur Neuregelung der Familienbesteuerung, S. 39 f.; vgl. auch das Wahlprogramm der *CDU/CSU*, Das Grundsatzprogramm, S. 22, die das Familiensplitting einführen will.

341 BVerfG v. 3.11.82 - 1 BvR 620/78, 1335/78, 1104/79 u. 363/80, BVerfGE 61, 319 (355).

342 Zum internationalen Vergleich s. *Mennel*, StuW 1984, S. 287 (289); *Aeschbach*, Die Besteuerung der Familie; sowie Kapitel 4.

343 S. Wissenschaftlicher Beirat beim BMF, Gutachten, S. 37, der nach dem Alter der Kinder gestaffelte Splittingfaktoren von 0,3 bis 0,9 vorschlägt.

344 Vgl. auch *Moderegger*, Familienschutz, S. 165 f.

345 Zu dem Begriff vgl. oben Kapitel 1 B. V., 2b.

346 *Moderegger*, Familienschutz, S. 165.

347 S. dazu Kapitel 1 B. V., 2b.

2. Bewertung des Systems

Das aus Art. 6 I GG resultierende Gebot zur Förderung der Familie als Eltern-Kind-Beziehung könnte durch das Familiensplitting verstärkt verwirklicht werden[348]. Dabei handelt es sich nicht um eine Benachteiligung der Ehe, da der Gesetzgeber im Rahmen seiner Gestaltungsfreiheit, die ihm bei der Umsetzung des Förderungsgebots zusteht[349], nur die Familie stärker hervorhebt.

Problematisch ist bei diesem Ansatz die Bestimmung der Splittingdivisoren, welche die Höhe der fiktiven Zurechnung an die Eltern und die Kinder festlegen. Nur wenn ein Vollsplitting gewählt wird, d.h. ein Splittingdivisor von eins für jedes Familienmitglied, kommt es zu einer Zurechnung eines gleich hohen Bruchteils des Familieneinkommens an jedes Familienmitglied und so wird bei jeder möglichen tatsächlichen Verteilung von Einkommen eine Benachteiligung der zusammenveranlagten Familie vermieden[350]. Sofern andere Splittingdivisoren gewählt werden, muß die Möglichkeit einer getrennten Veranlagung auf Antrag offenstehen, um eine Kollision mit Art. 6 I GG zu vermeiden[351]. Dann bestehen keine verfassungsrechtlichen Bedenken gegen die Einführung des Familiensplittings[352].
Bei einer solchen Regelung sollten allerdings klare Regeln über die Verteilung der Steuerschuld innerhalb der Familie vorgegeben werden, um Auseinandersetzungen zu vermeiden.

II. Das Familienrealsplitting

1. Systementwurf

Das Familienrealsplitting hält strikt(er) an der Individualbesteuerung der einzelnen Familienmitglieder fest. Es wurde insbesondere von *Lang*[353] vorgeschlagen. Seinen Namen bezieht es aus der Übertragung des Verfahrens des Realsplittings zwischen

---

348 *Gröschner*, in: Dreier, Art. 6 Rn 59; *Lecheler*, Schutz von Ehe und Familie, HStR Bd. VI, § 133 Rn 98.

349 S. dazu Kapitel 2 B. I., 3d, aa.

350 S. *Wendt*, FS f. Tipke, S. 47 (77).

351 *Arndt/Schumacher*, AöR Bd. 118 (1993), S. 513 (576 f.); a.A. Wissenschaftlicher Beirat beim BMF, Gutachten, S. 33, der den Ausschluß einer getrennten Veranlagung für verfassungsrechtlich unbedenklich hält; s. zur Kritik auch *Lingemann*, Familienbesteuerung, S. 190 f., der die Einführung für nicht empfehlenswert hält.

352 Davon geht auch das BVerfG aus, vgl. BVerfG v. 3.11.82 - 1 BvR 620/78, 1335/78, 1104/79 u. 363/80, BVerfGE 61, 319 (355); dagegen hält *Lieber*, DStZ 1997, S. 207 (212) das Familiensplitting für keine brauchbare Alternative, da es gerade kinderreiche Familien nicht entlaste, denn die steuerliche Entlastungswirkung sei um so geringer, desto größer die Kinderzahl sei.

353 *Lang*, Bemessungsgrundlage, S. 650 ff.; *ders.*, Entwurf eines Steuergesetzbuchs, Rn 620, 625, 905; favorisiert auch von *Lingemann*, Familienbesteuerung, S. 155 f., 226; nach *Lieber*, DStZ 1997, S. 207 (212) dient es der sozialen Steuergerechtigkeit; zur ökonomischen Rechtfertigung s. *Wosnitza*, StuW 1996, S. 123 ff.

geschiedenen oder getrennt lebenden Ehegatten (§§ 10 I Nr. 1, 22 Nr. 1a EStG[354]) auf die Unterhaltsverpflichtungen in der intakten Ehe und Familie. Das Familienrealsplitting sieht vor, daß Eltern die Unterhaltsleistungen für ihre Kinder von der Bemessungsgrundlage absetzen können, während sie bei den Kindern als eigene Einkünfte mit eigenem Grundfreibetrag nach dem dafür geltenden Steuertarif versteuert werden. Der Höhe nach soll eine Orientierung an den zivilrechtlichen Unterhaltspflichten stattfinden und die grundsätzlich hälftige Zurechnung bei Ehegatten beibehalten werden[355]. Der Unterschied zum Familiensplitting liegt darin, daß hierdurch nicht notwendig eine Zusammenveranlagung der Familie erfolgen muß, sondern auch eine gesonderte Festsetzung bei jedem Familienmitglied möglich ist[356].
Auch hier könnte überdies das Kindergeld als reine Sozialleistung nach Bedürftigkeit gezahlt werden.

2. Bewertung des Systems
Zunächst erscheint das Familienrealsplitting als bestechend. Durch die genaue Berücksichtigung der Unterhaltsleistungen innerhalb der Familie scheint dieses Modell den Widerspruch zwischen Zivil- und Steuerrecht aufzulösen sowie den Transfer steuerlicher Leistungsfähigkeit innerhalb der Familie möglichst genau nachzuvollziehen und damit besonders mit dem Leistungsfähigkeitsprinzip in Einklang zu stehen[357]. Jedoch wird ihm im wesentlichen vorgeworfen, daß die Bemessung der Höhe der geschuldeten und somit absetzbaren Unterhaltsleistungen schwierig zu bemessen sei[358]. Ein Einzelnachweis scheidet schon aus Praktikabilitätserwägungen aus, so daß nur die Typisierung übrig bleibt. Hierbei könnte sich der Gesetzgeber in Anlehnung an die Ermittlung des Existenzminimums an allgemeinen Durchschnittsaufwendungen orientieren. Allerdings erscheint die Orientierung an dem rechtlich geschuldeten Unterhalt als die geeignetste Lösung, gerade auch unter dem Aspekt, daß das Familienrealsplitting den Wertungswiderspruch zwischen Zivil- und Steuerrecht auflösen will.

---

354 Zu Einzelheiten dieses Verfahrens s. *Heinicke*, in: Schmidt[17], § 10 Rn 50 ff., § 22 Rn 90.

355 *Arndt/Schumacher*, AöR Bd. 118 (1993), S. 513 (577); zur gesetzestechnischen Formulierung s. *Lang*, Entwurf eines Steuergesetzbuchs, §§ 106, 134, 1003 f.

356 *Lang*, Bemessungsgrundlage, S. 655 ff.; *ders.*, StuW 1983, S. 103 (124 f.): hier schlägt er auch einen Familiensteuerbescheid vor; vgl. auch *Janssen*, DStZ 1991, S. 13 (21 f.), der das Familienrealsplitting als gerechter als das Familiensplitting ansieht, da es das Leistungsfähigkeitsprinzip besser berücksichtige, es aber selber für sehr kompliziert hält; dagegen *Lieber*, DStZ 1997, S. 207 (212), die darauf hinweist, daß die Unterhaltsbezüge typisiert und pauschaliert werden können.

357 *Lieber*, DStZ 1997, S. 207 (212); vgl. auch *Pechstein*, Familiengerechtigkeit, S. 301 f.

358 S. statt vieler *Karl-Bräuer-Institut*, Zur Neuregelung der Familienbesteuerung, S. 48; dagegen *Tipke/Lang*, Steuerrecht[16], § 9 Rn 104.

Darüber hinaus sieht sich das System mit dem generellen - und bereits behandelten[359] - Einwand der progressionsabhängig unterschiedlich hohen Entlastungswirkung von Freibetragsregelungen konfrontiert, die hier durch die Orientierung am zivilrechtlich geschuldeten Unterhalt und den damit mit dem Einkommen progressiv steigenden Freibeträgen noch verstärkt werden. Daß dieser Einwand jedoch nicht durchgreifen kann, wurde bereits erläutert.
Ein weiterer Einwand besteht darin, daß Eltern, die ihren Kindern nicht den zivilrechtlich geschuldeten sondern nur einen geringeren Unterhalt zahlen, einen ungerechtfertigten Steuervorteil erhielten[360]. Dieser Einwand läßt sich bereits dadurch entschärfen, daß man ansonsten auch die Kinderfreibeträge realitätsfremd niedrig ansetzen müßte, um einen solchen Mißbrauch auszuschließen. Das kann aber nicht gewollt sein.

Es gibt aber noch ein gewichtigeres Argument gegen das Familienrealsplitting. Das System unterstellt - in Analogie zum Realsplitting - einen Transfer steuerlicher Leistungsfähigkeit von den Eltern zu den Kindern in Form der Erbringung von Barunterhalt. Das trifft zwischen getrennt lebenden bzw. geschiedenen Paaren zu, hier werden tatsächlich Geldbeträge von einem zum anderen transferiert. Die Realität zwischen Eltern und Kindern sieht jedoch anders aus: Besonders kleinere Kinder erhalten von ihren Eltern keine Barmittel, sondern diese werden für sie ausgegeben bzw. sie erhalten sie zu einem erheblichen Teil durch die Finanzierung des Naturalunterhalts etwa in Form von Wohnen oder Kleidung[361]. Warum nun ein Kind dadurch, daß es von seinen Eltern z.B. Nahrung oder Kleidung auch über das Existenzminimum hinaus erhält oder diese der Familie eine teuere Wohnung finanzieren, wirtschaftlich leistungsfähig geworden sein soll, ist schwer verständlich[362]. Hier wird unzulässiger Weise abstrakt ein Warenwert als Gegenstand des steuerlichen Zugriffs gewählt, denn das Kind kann ihn in dieser Weise nicht realisieren[363]. Das Einkommensteuerrecht kennt zwar die Besteuerung von Sachbezügen (vgl. § 8 I und II EStG), aber die dort geltenden Grundsätze, daß die Sachbezüge die Ausnahme bilden und auch in Barmittel umtauschbar sein müssen, gelten beim Unterhalt an Kinder gerade nicht[364].
Zum Vorstehenden ist aber anzuführen, daß sich die dargestellten Einwände vorwiegend auf der Ebene der Systemgerechtigkeitsanforderungen bewegen und somit keinen verfassungsrechtlich zwingenden Charakter besitzen. Folglich wäre auch ein solches Modell verfassungsrechtlich zulässig.

---

359 S. (Kapitel 3) A. V., 3.
360 *Janssen*, DStZ 1991, S. 13 (22).
361 *Pechstein*, Familiengerechtigkeit, S. 303.
362 S. auch BVerfG v. 29.5.90 - 1 BvL 20, 26/84 u. 4/86, BVerfGE 82, 60 (91), dort unterstellt das Gericht ohne nähere Begründung die Zulässigkeit der Besteuerung des das Existenzminimum überschreitenden Kindesunterhalts beim Kind.
363 So auch *Pechstein*, Familiengerechtigkeit, S. 303.
364 Vgl. dazu *Pechstein*, Familiengerechtigkeit, S. 304.

III. Einschränkung des Ehegattensplittings

Von *Herzog* und *Böckenförde* wird erwogen, das Ehegattensplitting einzuschränken oder sogar ganz abzuschaffen[365]. Auch die Präsidentin des BVerfG *Limbach* sieht die Ehe als eine „weithin private Angelegenheit der Eheleute, die als solche keine steuerrechtliche Privilegierung verdient“[366].
Hierzu läßt sich anführen, daß aus Art. 6 I GG zwar die Verpflichtung folgt, die Ehe zu schützen[367], wobei dieser Schutz aber insbesondere im Zivilrecht sehr ausgeprägt ist, so daß er im Steuerrecht nicht als zwingend erforderlich erscheint. Dies ist hier nur der Fall, wenn ein Ehegatte nicht arbeitet oder nur ein geringes Einkommen (z.B. aus Teilzeitarbeit) erzielt und vom anderen unterhalten wird[368].
Es werden Alternativen zum Ehegattensplitting angeboten, dabei ist jedoch zu bedenken, daß das Splitting elementarer Bestandteil unseres Steuersystems ist. Änderungen würden das Steuerrecht noch mehr komplizieren[369] und gerade das sollte vermieden werden. Sinn des Ehegattensplittings ist es, die Ehe als Erwerbs- und Wirtschaftsgemeinschaft unabhängig von der Verteilung der Einkünfte auf die Ehegatten gleichmäßig zu besteuern. Nach der Rechtsprechung des BVerfG[370] stellt das Splitting im übrigen keine beliebig veränderbare Steuervergünstigung, sondern eine am Schutzgebot des Art. 6 I GG und der wirtschaftlichen Leistungsfähigkeit (Art. 3 I GG) orientierte sachgerechte Besteuerung dar. Danach wären leichte Modifizierungen, aber nicht die völlig Abschaffung des Ehegattensplittings verfassungsrechtlich zulässig[371].

IV. Reine Kindergeldlösung

Letztlich kann man auch an eine reine Kindergeldlösung[372] denken, wie sie bereits in den Jahren 1975-1985 bestanden hat[373]. Eine solche ist aber mit der klaren Ziel-

---

365 Zitiert bei *Oepen*, FR 1992, S. 149 (153 f.); gegen die Abschaffung aber für eine Reform des Ehegattensplittings *Matthäus-Maier*, ZRP 1988, S. 252 ff.; dagegen *Moderegger*, ZRP 1989, S. 166 ff.

366 SZ v. 4.4.95, S. 2, NJW 1995, S. XXXIV; vgl. auch *Gröschner*, in: Dreier, Art. 6 Rn 59, der das Splittingverfahren im Hinblick auf das Förderungsgebot des Art. 6 I GG für verbesserungswürdig hält.

367 S. ausf. dazu Kapitel 2 B. I.

368 *Horlemann/Ossola-Haring/Schneider*, Kindergeldverfahren, S. 29; vgl. auch BVerfG v. 17.1.57 - 1 BvL 4/54, BVerfGE 6, 55 (81 f.) - Steuersplitting.

369 *Horlemann*, BB 1996, S. 186 (187).

370 BVerfG v. 3.11.82 - 1 BvR 620/78, 1335/78, 1104/79 u. 363/80, BVerfGE 61, 319 (347).

371 Ebenfalls kritisch gegenüber einer Einschränkung des Ehegatten-Splittings, *Oepen*, FR 1992, S. 149 (154).

372 Zu einer reinen Kinderfreibetragslösung s. (Kapitel 3) A. V. 3.

373 Vgl. dazu Einleitung B. III., 3.

beschreibung des BVerfG[374] nicht in Einklang zu bringen[375]. Danach muß der Minderung der Leistungsfähigkeit durch einen Abzug der Aufwendungen von der steuerlichen Bemessungsgrundlage Rechnung getragen werden. Folge davon ist die progressive Entlastung durch den progressiven Tarif. Würde man die Kinderfreibeträge durch ein einheitliches Kindergeld (oder einen einheitlichen, von der Steuerschuld abziehbaren Entlastungsbetrag) ersetzen, so würde die Besteuerung sowohl linear als auch hinsichtlich der Steuerprogression verschärft, soweit die Besteuerung des Existenzminimums des Kindes durch den Entlastungsbetrag nicht ausgeglichen wird.

Konsequent ist die progressive Entlastungswirkung von Freibeträgen bei Freistellung der Existenzminima schon deshalb, weil z.B. jemand, der keine Steuern bezahlen muß, 100 DM verdienen muß, um sich Schuhe kaufen zu können, die 100 DM kosten, während der Hochverdienende mit einem Grenzsteuersatz von 53 v.H. für die gleichen Schuhe 213 DM verdienen muß[376].

---

[374] BVerfG v. 29.5.90 - 1 BvL 20, 26/84 u. 4/86, BVerfGE 82, 60 (84, 89 f.); BVerfG v. 23.11.76 - 1 BvR 150/75, BVerfGE 43, 108 (123 f.) = BStBl. II 1977, S. 135 (138 f.); vgl. auch *Lieber*, DStZ 1997, S. 207 (210).

[375] Zur Kritik an der reinen Kindergeldlösung s. *Lingemann*, Familienbesteuerung, S. 209 ff. m.w.N.

[376] Beispiel nach *Horlemann*, BB 1996, S. 186 (187); vgl. dazu auch schon (Kapitel 3) A. V., 3.

Kapitel 4: Die Familienbesteuerung im internationalen Vergleich

Zur Abrundung des Themas „Familienbesteuerung“ soll auch ein Blick über die Grenzen Deutschlands hinaus geworfen werden: Wie werden Ehegatten und Familien in anderen Ländern besteuert? Gibt es Ähnlichkeiten oder werden völlig verschiedene Systeme angewendet? Als Beispiel für ein europäisches Land soll Großbritannien herausgegriffen werden[1]. Im Anschluß daran soll die Familienbesteuerung in den USA kurz dargestellt werden.

A. Das Beispiel Großbritannien

In Großbritannien wurde 1799 das erste Einkommensteuergesetz überhaupt erlassen, und in diesem wurden bereits Unterhaltslasten für Kinder durch Freibeträge (allowances) berücksichtigt[2].
In Großbritannien werden Ehegatten getrennt besteuert (independent taxation), wobei jeder seinen Grundfreibetrag in Anspruch nimmt. Jedoch bleibt die Tatsache der Eheschließung nicht vollkommen unberücksichtigt, denn zusätzlich wird ein Ehegattenfreibetrag gewährt (married couple`s allowance), der frei zwischen beiden Partnern verteilt werden kann.[3]
Seit dem Steuerjahr 1979/1980 wird kein Kinderfreibetrag mehr gewährt, statt dessen erhalten die Eltern ein monatliches Kindergeld (child benefit) in unterschiedlicher Höhe[4]. Darüber hinaus erhalten verheiratet oder unverheiratet zusammenlebende Elternteile, sofern mindestens einer 16 oder mehr Stunden wöchentlich arbeitet, eine einkommens- und kinderzahlabhängige Unterstützung (Familiy credit).
Vor Abschaffung des Kinderfreibetrages gab es auch in England das duale System von Kinderfreibetrag (300 £ oder mehr, je nach Alter des Kindes) und zusätzlichem Kindergeld (ab dem zweiten Kind).[5]
Das englische Einkommensteuerrecht berücksichtigt aber besondere Bedarfslagen von Steuerpflichtigen mit Kindern. So bekommen unverheiratete Steuerpflichtige die ein oder mehrere Kinder unterhalten einen Freibetrag von 1.720 £ (ca. 4.400 DM) pro Kind, wenn dieses 1. unter 16 Jahre alt ist oder sich in einer

---

1 S. auch die Kurzübersicht aller europäischen Länder bei *Lingemann*, Familienbesteuerung, Anhang A.

2 S. *Birk*, Familienbesteuerung in Großbritannien und Deutschland, S. 69.

3 *Birk*, Familienbesteuerung in Großbritannien und Deutschland, S. 73.

4 *Birk*, Familienbesteuerung in Großbritannien und Deutschland, S. 77: 1994 betrug das Kindergeld 10,20 £ (ca. 25.50 DM) pro Woche für das erste Kind und 8,25 £ (ca. 20,63 DM) für die nachfolgenden Kinder.

5 *Birk*, Familienbesteuerung in Großbritannien und Deutschland, S. 77.

ganztägigen Ausbildung befindet oder 2. zu Beginn des Steuerjahres 16 oder 17 Jahre alt ist und vollständig vom Steuerzahler unterhalten wird[6].
Zusammenfassend läßt sich feststellen, daß Großbritannien und Deutschland bei der Besteuerung von Ehegatten und Familien unterschiedliche Wege beschreiten. Das englische Steuerrecht wäre aufgrund seiner mangelnden Berücksichtigung von Unterhaltslasten nach deutschen Maßstäben verfassungswidrig.

In der englischen Steuerrechtswissenschaft wird - ganz im Gegensatz zu Deutschland - die Frage, ob Kinderunterhaltslasten Berücksichtigung finden sollten, nicht diskutiert bzw. offen gelassen[7]. Allein am Child-Benefit-System wird Kritik geübt, da es bei weitem nicht die Belastungen durch Kinder ausgleiche[8]. Allerdings werden Fragen der Steuergerechtigkeit im Zusammenhang mit der Nichtberücksichtigung der Kinder nicht gestellt.

B. Das Beispiel USA

In den USA[9] spielt die Freistellung des Existenzminimums und die Besteuerung von Ehegatten und Familien ebenfalls eine große Rolle[10]. Das ideale Steuersystem beinhaltet in den Vereinigten Staaten einen progressiven Steuertarif, beachtet die horizontale Steuergerechtigkeit und wahrt die Familienstandsneutralität, d.h. der Familienstand bleibt ohne Einfluß auf die Steuerschuld[11]. Das letztgenannte ist die deutlichste Abweichung zum deutschen Steuerrecht.
Der amerikanische Gesetzgeber hat sich seit Einführung der Einkommensteuer zur Besteuerung nach der steuerlichen Leistungsfähigkeit, deren Maßgröße das Einkommen ist, bekannt[12]. Das Prinzip ist auch in den USA nicht direkt normiert und

---

6 *Birk*, Familienbesteuerung in Großbritannien und Deutschland, S. 77.

7 S. etwa *Kay/King*, The British Tax System, S. 41 f.: „The most pressing problem of horizontal equity is to decide how the tax system should take account of household composition and arrangements in defining ‘similar cirumstances’. This is difficult because these matters involve both choice an necessity. Is having children more akin to losing a leg (which it is agreed should reduce the contribution one is expected to make to national revenue) or to buying a Rolls-Royce (which it is agreed should not)? We shall not attempt to answer this question.“

8 *Kay/King*, The British Tax System, S. 63 f.; *Parker/Sutherland*, Child Tax Allowances, S. 3 ff. mit diversen Lösungsmöglichkeiten (S. 47 ff.).

9 Ausführlich zur Besteuerung in den USA auch aus rechtsvergleichender Sicht, *Vorwold*, Die Steuerreform der USA.

10 *Schnotale*, Steuerfreies Existenzminimum, S. 1.

11 *Schnotale*, Steuerfreies Existenzminimum, S. 35, 67, 77.

12 *Schnotale*, Steuerfreies Existenzminimum, S. 71.

wird daher - wie in Deutschland[13] - kritisiert, findet jedoch trotzdem breite Anerkennung[14].

In Amerika gab es ab 1948 eine Zusammenveranlagung von Ehegatten ("income splitting"), dieses wurde aber 1969 wieder aufgehoben[15]. Derzeit gibt es vier verschiedene Tarife (für Alleinstehende, für Haushaltsvorstände, die Zusammenveranlagung von Ehegatten bzw. die getrennte Veranlagung von Ehegatten) mit drei Steuersätzen von 15% - 28% - 33% (dabei divergiert jeweils die Einkommenshöhe, bis zu der die einzelnen Steuersätze anzuwenden sind)[16].
Dabei gibt es etwas mit dem Haushaltsfreibetrag vergleichbares: Die Besteuerung von Alleinstehenden mit Kindern oder sonstigen unterhaltsberechtigten Personen erfolgt nach einem Sondertarif für Haushaltsvorstände[17].

Ein allgemeines Kindergeld gibt es in den USA nicht, ein Steuerpflichtiger erhält aber einen Freibetrag („personal exemption") für seine „Dependents" (Verwandte i.S.d. § 15 AO ohne Verlobte), welcher jedoch mit steigendem Einkommen des Unterhaltsverpflichteten ausläuft[18]. Zusätzlich gibt es noch einen Freibetrag („Dependent exemptions") für Kinder, die zu Beginn des VZ das 19. (bei Studenten das 24.) Lebensjahr noch nicht vollendet haben[19].

---

13 Vgl. dazu Kapitel 2 A. II., 2c.

14 *Schnotale*, Steuerfreies Existenzminimum, S. 71.

15 *Vorwold*, Die Steuerreform der USA, S. 29 ff. mit weiteren Einzelheiten.

16 *Schnotale*, Steuerfreies Existenzminimum, S. 58 f., 64.

17 *Mennel*, StuW 1984, S. 287 (292).

18 *Mennel*, StuW 1984, S. 287 (292); *Schnotale*, Steuerfreies Existenzminimum, S. 117.

19 *Vorwold*, Die Steuerreform der USA, S. 48 f.

Schlußbetrachtung

Insgesamt läßt sich festhalten, daß der derzeitige Familienleistungsausgleich mit Ausnahme des Haushaltsfreibetrages (noch) verfassungsgemäß ist. Es wurden jedoch auch andere Ansichten dargestellt, und die Vergangenheit der Familienbesteuerung ist gekennzeichnet von Urteilen des BVerfG, das immer wieder Teile für verfassungswidrig erklärt hat. Der Gesetzgeber muß sich fragen lassen, ob es richtig ist, sich immer am Rande der Verfassungswidrigkeit zu bewegen. Teilweise überschreitet er auch ganz bewußt die Grenze, solange er nicht ein Verdikt des BVerfG fürchten muß.

Unbestritten ist die große Bedeutung von Familien für den Staat, weshalb sich dieser gegenüber Familien großzügiger verhalten und die Freibeträge etc. weiter ausdehnen sollte. Die Kosten hierfür ließen sich über einen Abbau von Steuervergünstigungen an anderer Stelle verbunden mit einer umfassenden (!) Steuerreform ausgleichen. Außerdem sollte er folgendes bedenken: die Familienarmut von heute ist die Altersarmut von morgen. Familien, die heute nicht ausreichend gefördert werden, benötigen auch morgen enorme Aufwendungen von Seiten des Staates. Dies gilt nicht nur im Steuerrecht, sondern z.B. auch im Sozialrecht (Stichwort: Berücksichtigung von Kindererziehungszeiten bei der Rente).
Die Kinderkommission des Bundestages hat festgestellt, daß Familien mit Kindern zunehmend von Armut betroffen sind. Hiernach würden bereits rund eine Million Kinder Hilfe zum laufenden Lebensunterhalt beziehen. Kindergeld und Unterhalt würden trotz der Verbesserungen häufig nicht ausreichen, um die wirtschaftliche Existenz von Kindern zu sichern[1]. Ende der 90er Jahre leben viele Familien (im Westen 12 %, im Osten 22 %) bereits am oder sogar unter dem Existenzminimum. Der Trend ist unübersehbar, je mehr Kinder eine Familie hat, desto eher bezieht sie Sozialhilfe. Jede vierte alleinerziehende Mutter mit Kind(ern) unter 18 Jahren bezog zu Beginn des Jahres 1996 Sozialhilfe.[2] Diesen Mißstand zu beseitigen, ist Aufgabe unseres Sozialstaates, auch angesichts der leeren Kassen der öffentlichen Haushalte.

Insgesamt ist dem Gesetzgeber anzuraten, das Steuerrecht einfacher und übersichtlicher zu gestalten. Dies gilt besonderes für die Vorschriften zur Familienbesteuerung, denn Familien müssen auch ohne Steuerberater oder andere Fachleute in der Lage sein, ihren – strafbewehrten (§ 370 AO) – Erklärungspflichten auch sachgerecht nachkommen zu können.

---

1 FAZ v. 3.2.98, S. 2.

2 S. Bundesministerium für Familie, Senioren, Frauen und Jugend, Die Familie im Spiegel der amtlichen Statistik, S. 133 ff.

Literaturverzeichnis

Aeschbach, Silvia: Die Besteuerung der Familie in Deutschland, Österreich und Frankreich im Vergleich zur Schweiz, Diss. Zürich 1980. Zitiert: Die Besteuerung der Familie.

Alexy, Robert: Theorie der Grundrechte, 2. Aufl., Frankfurt am Main 1994.

Alternativkommentar: Kommentar zum Grundgesetz für die Bundesrepublik Deutschland, hrsg. von Rudolf Wassermann, Band I (Art. 1-37), 2. Aufl., Neuwied 1989. Zitiert: Bearbeiter in: AK.

Altfelder, Stefan: Steuerliche Gestaltung des Ehegatten- und Kindesunterhalts, Köln/Berlin/ Bonn/München 1987. Zitiert: Steuerliche Gestaltung.

Aristoteles: Nikomachische Ethik, auf der Grundlage der Übersetzung von Eugen Rolfes, Günther Bien (Hrsg.), 4. Aufl., Hamburg 1985.

ders.: Politik, nach der Übersetzung von Franz Susemihl, Hamburg 1994.

Arndt, Hans-Wolfgang: Praktikabilität und Effizienz, Köln 1983.

ders.: Grundzüge des allgemeinen Steuerrechts, München 1988. Zitiert: Allgemeines Steuerrecht.

ders.: Gleichheit im Steuerrecht, NVwZ 1988, S. 787-794.

ders.: Steuerliche Leistungsfähigkeit und Verfassungsrecht, in: Festschrift zum 70. Geburtstag 10. Oktober 1981, FS für Otto Mühl, S. 17-39.

Arndt, Hans-Wolfgang / Piltz, Detlev Jürgen: Grundzüge des Besonderen Steuerrechts, Bd. I, München 1996. Zitiert: Besonderes Steuerrecht.

Arndt, Hans-Wolfgang / Schumacher Andreas: Einkommensbesteuerung und Grundrechte, AöR 118 (1993), S. 513-590.

dies.: Die Minimierung des Existenzminimums im Einkommensteuerrecht, DStR 1994, S. 1219-1221.

dies.: Unterhaltslast und Einkommensteuerrecht, NJW 1994, S. 961-965.

dies.: Die verfassungsrechtlich zulässige Höhe der Steuerlast - Fingerzeig des BVerfG an den Gesetzgeber?, NJW 1995, S. 2603-2605.

Arnim, Hans Herbert von: Besteuerung und Eigentum, VVDStRL Bd. 39 (1981), S. 286-357.

Bach, Stefan: Die Perspektiven des Leistungsfähigkeitsprinzips im gegenwärtigen Steuerrecht, StuW 1991, S. 116-135.

Badura, Peter: Staatsrecht, 2. Aufl., München 1996.

Balke, Michael: Steuerfairneß für Steuervollzahler, Stbg. 1998, Heft 1, Editorial.

Bareis, Hans Peter: Begründungsmängel in den Beschlüssen des Bundesverfassungsgerichts zum Kinderlastenausgleich, DStR 1991, S. 1164-1167.

ders: „Kinderlast", Steuertarif und Besteuerung nach der Leistungsfähigkeit - Folgerungen aus der Rechtsprechung des BVerfG, DStR 1991, S. 1399-1403 und 1434-1437.

ders.: Transparenz bei der Einkommensteuer - Zur systemgerechten Behandlung sogenannter „notwendiger Privatausgaben", StuW 1991, S. 38-51.

ders.: Steuerreform durch Steuersystembereinigungen, in: Wege aus dem Steuerchaos, Baron, Stefan / Handschuch, Konrad (Hrsg.), Stuttgart 1996.

ders.: Kriterien für ein vernünftiges Steuersystem, in: Harzburger Steuerprotokoll 1996, Köln 1997, S. 25-45.

Battis, Ulrich: Systemgerechtigkeit, in: Hamburg, Deutschland, Europa, FS für Hans Peter Ipsen, Tübingen 1977, S. 11-30.

Bayer, Hermann-Wilfried: Das System des Steuerrechts, BB 1975, S. 569-577.

Becker, Jürgen: Der Grundsatz der Individualbesteuerung, Diss. Münster 1970. Zitiert: Individualbesteuerung.

Bellstedt, Christoph: Die Steuer als Instrument der Politik, Berlin 1966. Zitiert: Steuer als Instrument.

Benda, Ernst: Der soziale Rechtsstaat, in: Benda / Maihofer / Vogel (Hrsg.), Handbuch des Verfassungsrechts, 2. Aufl., Berlin/New York 1994. Zitiert: Benda, Der soziale Rechtsstaat, HVerfR.

Benzinger, Edmund: Für einen gerechten und einfachen Familienlastenausgleich, ZRP 1988, S. 440.

Berlebach, Gerd: Familienleistungsausgleich 1996, Bonn 1996.

ders.: Familienleistungsausgleich Kommentar, Bonn, Loseblatt, Stand August 1998. Zitiert: Bearbeiter, in: Berlebach.

Bilsdorfer, Peter: Die Entscheidung des Bundesverfassungsgerichts zu den Grundfreibeträgen - Einladung zum Erlaß verfassungswidriger Gesetze, Inf 1993, S. 10-13.

Birk, Dieter: Das Leistungsfähigkeitsprinzip als Maßstab der Steuernormen, Köln 1983.

ders.: Zum Stand der Theoriediskussion in der Steuerrechtswissenschaft, StuW 1983, S. 293-299.

ders.: Die verteilungsgerechte Einkommensteuer - Ideal oder Utopie?, JZ 1988, S. 820-824.

ders.: Gleichheit und Gesetzmäßigkeit der Besteuerung, StuW 1989, S. 212-218.

ders.: Steuerrecht I, 2. Aufl., München 1994.

ders.: Familienbesteuerung in Großbritannien und Deutschland, in: Steuern im Verfassungsstaat, Symposion zu Ehren von K. Vogel, München 1996.

Birk, Dieter / Inhester, Michael: Steuerentlastung durch Sozialleistungen an Dritte?, StuW 1996, S. 227-236.

Bischoff, Joachim / Haug-Adrion, Eberhard / Dehner, Klaus: Staatsrecht und Steuerrecht, 5. Aufl., Stuttgart 1998.

Bleckmann, Albert: Die Struktur des allgemeinen Gleichheitssatzes, Köln/Berlin/Bonn/München 1995. Zitiert: Struktur.

ders.: Staatsrecht II - Die Grundrechte, Köln/Berlin/Bonn/München 1997. Zitiert: Staatsrecht II.

Blümich: Einkommensteuer-, Körperschaftsteuer-, Gewerbesteuergesetz Kommentar, hrsg. von Klaus Ebling, Wolfgang Freericks, Adalbert Uelner, Loseblatt, Stand April 1998. Zitiert: Bearbeiter, in: Blümich.

Bodenheim, Dieter: Zur verfassungsdogmatischen Reformulierung des Steuergerechtigkeitsproblems, Der Staat Bd. 17 (1978), S. 481-506.

ders.: Der Zweck der Steuer, Baden-Baden 1979. Zitiert: Zweck der Steuer.

Böckenförde, Ernst-Wolfgang: Steuergerechtigkeit und Familienlastenausgleich, StuW 1986, S. 335-340.

Bonner Kommentar: Kommentar zum Grundgesetz, Heidelberg, Loseblatt, Stand März 1998. Zitiert: Bearbeiter, in: Bonner Kommentar.

Borell, Rolf / Schemmel, Lothar: Steuern in Deutschland, hrsg. vom Karl-Bräuer-Institut des Bundes der Steuerzahler e.V., Heft 72, Bonn 1991.

Bredt, Johann Victor: Die Besteuerung nach der Leistungsfähigkeit, Leipzig 1912.

Brockmeyer, Bernhard: Der Begriff des Pflegekindes und seine Bedeutung im alten und im neuen Familienleistungsausgleich, DStZ 1996, S. 225-228.

Bruns, Manfred: Art. 6 I GG und gesetzliche Regelungen für gleichgeschlechtliche Lebensgemeinschaften, ZRP 1996, S. 6-10.

Büchele, Ernst: Gescheiterte Ehen im Einkommensteuerrecht, DStR 1998, S. 105-107.

Bull, Hans Peter: Vom Eigentums- zum Vermögensschutz - ein Irrweg, NJW 1996, S. 281-284.

Bundesministerium der Finanzen (Hrsg.): Thesen der Einkommensteuer-Kommission zur Steuerfreistellung des Existenzminimums ab 1996 und zur Reform der Einkommensteuer, Heft 55, Bonn 1995. Zitiert: Thesen der Einkommensteuer-Kommission zur Steuerfreistellung des Existenzminimums.

ders.: Unsere Steuern von A - Z, 18. Aufl., Bonn 1997.

Bundesministerium für Familie, Senioren, Frauen und Jugend (Hrsg.): Die Familie im Spiegel der amtlichen Statistik, 3. Aufl., Bonn 1998.

Buob, Hans: Das offene Messer, DStZ 1990, S. 579-582.

Burmester, Gabriele: Familienlastenausgleich im Steuerrecht, SGb 1995, S. 49-53.

Campenhausen, Axel Frhr. von: Verfassungsgarantie und sozialer Wandel - Das Beispiel von Ehe und Familie, VVDStRL Bd. 45 (1987), S. 7-54.

Canaris, Claus-Wilhelm: Systemdenken und Systembegriff in der Jurisprudenz entwickelt am Beispiel des deutschen Privatrechts, 2. Aufl. Berlin 1983. Zitiert: Systemdenken und Systembegriff.

Coing, Helmut: Grundzüge der Rechtsphilosophie, 5. Aufl., Berlin/New York 1993.

Corpus Juris Civilis: Text und Übersetzung, gemeinschaftlich übersetzt und herausgegeben von Okko Behrends, Rolf Knütel, Berthold Kupisch, Hans Hermann Seiler, Bd. I – Institutionen, 2. Aufl., Heidelberg 1997, Bd. II – Digesten 1-10, Heidelberg 1995.

Costede, Jürgen: Zur dogmatischen Leistungsfähigkeit des Leistungsfähigkeitsprinzips, in: Herausforderungen - Steuerberatung im Spannungsfeld der Teilrechtsordnungen, Festgabe für Günther Felix, Köln 1989.

Crezelius, Georg: Steuerrecht II, 2. Aufl., München 1994.

Czisz, Konrad: Problemfälle beim Familienleistungsausgleich, DStR 1998, S. 996-1001.

Czub, Hans-Joachim: Verfassungsrechtliche Gewährleistungen bei der Auferlegung steuerlicher Lasten, Diss. Berlin 1982. Zitiert: Verfassungsrechtliche Gewährleistungen.

Degenhart, Christoph: Systemgerechtigkeit und Selbstbindung des Gesetzgebers, München 1976.

Depenheuer, Otto: Arbeitgeber als Zahlstelle des Sozialstaates, BB 1996, S. 1218-1222.

Deusch, Astrid: Die Besteuerung der nichtehelichen Lebensgemeinschaft und der Ehe im Einkommensteuerrecht, Diss. Rheinfelden/Berlin 1993. Zitiert: Besteuerung der nichtehelichen Lebensgemeinschaft und der Ehe.

Dziadkowski, Dieter: Grundfreibetrag und Einkommensteuertarif, FR 1986, S. 504-509.

ders.: Einkommensteuertarif, Grundfreibetrag und Existenzminimum der Familie, BB 1991, S. 805-820.

Draschka, Heribert: Steuergesetzgebende Staatsgewalt und Grundrechtsschutz des Eigentums, Heidelberg 1982. Zitiert: Steuergesetzgebende Staatsgewalt.

Dreier, Horst: Grundgesetz Kommentar, Band I (Art. 1-19), Tübingen 1996. Zitiert: Bearbeiter, in: Dreier.

Dreier, Ralf: Was ist Gerechtigkeit?, JuS 1996, S. 580-584.

Dürr, Ulrich: Verfassungsrechtliche Bedenken gegen die Neuregelung der Kinderbetreuungskosten durch das Jahressteuergesetz 1997, Inf 1997, S. 65-68.

Dziadkowski, Dieter: Kindergeld und Besteuerung nach der Leistungsfähigkeit, BB 1981, Beilage 9, S. 1-12.

ders.: Das Ende der Besteuerung nach der Leistungsfähigkeit?, BB 1995, S. 278-282.

Ebling, Klaus / Heuermann, Bernd: Die Kindergeldauszahlung durch den Arbeitgeber, München 1996. Zitiert: Kindergeldauszahlung.

Ehlers, Ernst-August / Arens, Wolfgang: Die einkommensteuerliche Berücksichtigung von Kindern, FamRZ 1996, S. 385-393.

Eichenhofer, Eberhard: Europarechtliche Anforderungen an das deutsche Kindergeld, StuW 1997, S. 341-351.

Eidenmüller, Horst: Effizienz als Rechtsprinzip, 2. Aufl., Tübingen 1998.

Elschen, Rainer: Entscheidungsneutralität, Allokationseffizienz und Besteuerung nach der Leistungsfähigkeit, StuW 1991, S. 99-115.

Feldmann, Horst: Konstitutionelle Begrenzung der Steuerbelastung, StuW 1998, S. 114-123.

Felix, Dagmar: Das neue Kindergeldrecht, ZBR 1996, S. 101-107.

Felix, Günther: Die Wende 1990 in der Einkommensteuer - Konsequenzen für die Steuerberatung, DStZ 1990, S. 471-478.

ders.: Einheitswert-Beschlüsse des BVerfG: Deutung aus berufenem Munde, KÖSDI 1995, S. 10440-10442.

ders.: Scheinlegalität und Rechtsbeugung - Finanzverwaltung, Steuergerichtsbarkeit und Judenverfolgung im Dritten Reich, SteuerStud 1995, S. 197-204.

Forster, Eduard: Verfassungswidriger Familienlastenausgleich ohne Ende?, BB 1994, S. 691-695.

Forsthoff, Ernst: Begriff und Wesen des sozialen Rechtsstaates, VVDStRL Bd. 12 (1954), S. 8-36.

Franke, Siegfried F.: Zur politischen Funktion konsensmobilisierender Formeln in der parlamentarischen Demokratie: Das Beispiel des Leistungsfähigkeitsprinzips, StuW 1984, S. 32-39.

ders.: Steuerpolitik in der Demokratie, Berlin 1993.

Franz, Christoph: Einkommensbegriffe im Steuer- und Sozialrecht, StuW 1988, S. 17-38.

Friauf, Karl Heinrich: Substanzeingriff durch Steuer-Kumulation und Eigentumsgarantie, StuW 1977, S. 59-65.

ders.: Steuergleichheit, Systemgerechtigkeit und Dispositionssicherheit als Prämissen einer rechtsstaatlichen Einkommensbesteuerung, StuW 1985, S. 308-318.

ders.: Verfassungsgarantie und sozialer Wandel - das Beispiel von Ehe und Familie, NJW 1986, S. 2595-2602.

ders.: Verfassungsrechtliche Anforderungen an die Gesetzgebung über die Steuern vom Einkommen und vom Ertrag, in: Steuerrecht und Verfassungsrecht (Hrsg. von der Deutschen Steuerjuristischen Gesellschaft e.V.), Bd. 12, Köln 1989. Zitiert: DStJG 12 (1989).

Genthe, Michael: Steuerrechtliche Entlastungen durch Kinder, FuR 1997, S. 184-188.

Gerhardt, Peter: Das neue Kindesunterhaltsgesetz, FuR 1998, S. 97-101.

Geurts, Matthias: Private als Erfüllungsgehilfen des Staats am Beispiel des Freistellungsauftrags, DB 1997, S. 1997-2001.

Giloy, Jörg: Die sog. Finanzamtslösung beim Kindergeld, DStZ 1981, S. 223-226.

Görlich, Wolfgang: Das Gebot staatlicher Familienfürsorge, NJW 1979, S. 1575-1580.

Gramm, Christof: Vorsorgefalle Familie, ZRP 1993, S. 86-91.

Gusy, Christoph: Der Grundrechtsschutz von Ehe und Familie, JA 1986, S. 183-189.

Habscheidt, Gerhard: Über vorläufigen Rechtsschutz wegen zu geringer Grund- und Kinderfreibeträge, BB 1992, S. 1322-1327.

Hackmann, Johannes: Interperiodische Durchschnittsbesteuerung des Einkommens, FinArch 34 (1975), S. 1-38.

ders.: Die Besteuerung des Lebenseinkommens, Tübingen 1979.

ders.: Lebenseinkünfte durch interperiodischen Progressionsausgleich, StuW 1980, S. 318-324.

ders.: Die einkommensteuerliche Berücksichtigung des Existenzminimums, BB 1994, Beilage 19 zu Heft 28, S. 1-27.

Haller, Heinz: Die Steuern: Grundlagen eines rationalen Systems öffentlicher Abgaben, 3. Aufl., Tübingen 1981.

Hartmann, Rainer: Familienleistungsausgleich nach dem Jahressteuergesetz 1996, Inf 1995, S. 641-645.

Hartmann, Alfred / Böttcher / Nissen, Karl-Heinz / Bordewin, Arno: Kommentar zum Einkommensteuergesetz, Heidelberg, Loseblatt, Stand Juli 1998. Zitiert: Bearbeiter, in: Hartmann / Böttcher / Nissen / Bordewin.

Helsper, Helmut: Die Chaotisierung der Steuerrechtsordnung als Folge eines verfehlten Zusammenspiels von politischer Führung und juristischer Expertenkompetenz, BB 1995, S. 17-25.

Henkel, Heinrich: Einführung in die Rechtsphilosophie, 2. Aufl., München 1977.

Herden, Christian: Anmerkung zu BFH, Urteil v. 14. Januar 1994 - III R 194/90, FuR 1994, S. 236-237.

ders. Zur Verfassungsmäßigkeit des Kinderlastenausgleichs - eine Geschichte ohne Ende?, DStZ 1994, S. 385-389.

Herrmann, Carl / Heuer, Gerhard / Raupach, Arndt: Kommentar zur Einkommensteuer und Körperschaftsteuer, Köln, Loseblatt, Stand Dezember1997. Zitiert: Bearbeiter, in: Hermann/Heuer/Raupach.

Herzog, Roman: Leitlinien und Entwicklungstendenzen der Rechtsprechung des Bundesverfassungsgerichts in Steuerfragen, StbJb. 1985/86, S. 27-45.

ders.: Der Weg zum Bundesverfassungsgericht, DStZ 1988, S. 287-291.

ders.: Familie und Familienpolitik in der Rechtsprechung des Bundesverfassungsgerichts, in: BMFuS (Hrsg.), 40 Jahre Familienpolitik in der Bundesrepublik Deutschland, Rückblick/Ausblick, Neuwied 1993, S. 53-62. Zitiert: Familie und Familienpolitik.

Heuermann,Bernd: Kindergeldanspruch für Ausländer?, DStR 1997, S. 1631-1634.

Hillmoth, Bernhard: Überprüfung der Einkommensteuerbescheide 1996 im Hinblick auf die Gewährung von Kindergeld bzw. Kinderfreibetrag (Günstigerprüfung), Inf 1997, S. 301-306.

ders.: Aktuelle Rechtsprechung zu Kindergeld und Kinderfreibetrag, Inf 1998, S. 417-422.

Hirsch, Eric R.: Das Abflußprinzip als Konkretisierungsstufe des Leistungsfähigkeitsprinzips beim Ansatz von Werbungskosten, Münster 1986.

Höhn, Ernst: Verfassungsgrundsätze über die Besteuerung, in: Aktuelle Probleme des Staats- und Verwaltungsrechts, FS für Otto Kaufmann, Bern 1989, S. 125-138.

Hönsch, Ronald: Erziehungs- und Kindergeldrecht, 2. Aufl., Neuwied, Frankfurt/Main, Berlin 1992.

Hofmann, Hasso: Grundpflichten und Grundrechte, in: Isensee / Kirchhof (Hrsg.), Handbuch des Staatsrechts Bd. V, Heidelberg 1992. Zitiert: Hofmann, Grundpflichten und Grundrechte, HStR Bd. V.

Horlemann, Heinz-Gerd: Der Familienleistungsausgleich ab 1996, BB 1996, S. 186-190.

ders.: Überblick über das Jahressteuergesetz 1997, DStZ 1997, S. 286-297 und S. 400-413.

Horlemann, Heinz-Gerd / Ossola-Haring, Claudia / Schneider, Hans-Peter: Leitfaden zum neuen Kindergeldverfahren, Neuwied/Kriftel/Ts./Berlin 1996. Zitiert: Kindergeldverfahren.

Huber, Bernd: Gestaltungsprinzipien eines Steuersystems und die Theorie optimaler Besteuerung, WiSt 1996, S. 404-409.

Huber, Ulrich: Jahressteuergesetz 1996: Neue Zuständigkeit für die Finanzgerichte?, DStR 1995, S. 1743.

Isensee, Josef: Subsidiaritätsprinzip und Verfassungsrecht, Berlin 1968.

ders.: Steuerstaat als Staatsform, in: Hamburg, Deutschland, Europa, FS für Hans Peter Ipsen, Tübingen 1977, S. 423-436.

ders.: Grundrechtsvoraussetzungen und Verfassungserwartungen an die Grundrechtsausübung, in: Isensee / Kirchhof (Hrsg.); Handbuch des Staatsrechts Bd. V, Heidelberg 1992. Zitiert: Isensee, Grundrechtsvoraussetzungen und Verfassungserwartungen, HStR Bd. V.

Jachmann, Monika: Die Einführung einer Nahverkehrsabgabe durch Landesgesetz, NVwZ 1992, S. 932-939.

dies.: Der Einsatz von Beamten auf bestreikten Arbeitsplätzen, Anmerkungen zu dem Beschluß des Bundesverfassungsgerichts vom 2. März 1993, ZBR 1994, S. 1-17.

dies.: Verfassungsrechtliche Grenzen der Besteuerung, Aachen 1996. Zitiert: Verfassungsrechtliche Grenzen.

dies.: Sozialstaatliche Steuergesetzgebung im Spannungsverhältnis zwischen Gleichheit und Freiheit: Belastungsgrenzen im Steuersystem, StuW 1996, S. 97-106.

dies.: Die Fiktion im öffentlichen Recht, Berlin 1998.

dies.: Grundthesen zu einer Verbesserung der Akzeptanz der Besteuerung, insbesondere durch Vereinfachung des Einkommensteuerrechts, StuW 1998, S. 193-207.

Jakob, Wolfgang: Einkommensteuer, 2. Aufl., München 1996.

Janssen, Bernhard: Zur Gerechtigkeit in der Familienbesteuerung in Theorie und Praxis, DStZ 1991, S. 13-24.

ders.: Höhere Kinderfreibeträge für alle?, BB 1994, S. 1617.

Jarass, Hans D.: Folgerungen aus der neueren Rechtsprechung des BVerfG für die Prüfung von Verstößen gegen Art. 3 I GG, NJW 1997, S. 2545-2550.

Jarass, Hans D. / Pieroth, Bodo: Grundgesetz für die Bundesrepublik Deutschland, 4. Aufl., München 1997.

Jüptner, Roland: Leistungsfähigkeit und Veranlassung, Diss. Heidelberg 1989.

ders.: Bundesverfassungsgericht: Familienlastenausgleich verfassungswidrig, StVj 1990, S. 307-319.

Kanzler, Hans-Joachim: Familienarbeit, Erziehungs- und Pflegeleistung im Steuerrecht, FR 1988, S. 205-219.

ders.: Ausbildungsfreibeträge und Unterhaltshöchstbeträge nach dem StSenkErwG 1988 und StReformG 1990, FR 1988, S. 654-661.

ders.: Die sog. Arbeitgeberlösung bei Auszahlung des Kindergeldes, FR 1996, S. 473-479.

ders.: Die Umsetzung verfassungsgerichtlicher Entscheidungen durch den Steuergesetzgeber, StuW 1996, S. 215-226.

ders.: Einige Bemerkungen zum Handwerk moderner Steuergesetzgebung, DStZ 1996, S. 676-684.

ders.: Der Haushaltsfreibetrag nach § 32 Abs. 7 EStG, NWB Fach 3, S. 10285-10292.

Karl-Bräuer-Institut des Bundes der Steuerzahler e.V.: Zur Neuregelung der Familienbesteuerung, Heft 55, Wiesbaden 1983.

Katz, Alfred: Staatsrecht, 13. Aufl., Heidelberg 1996.

Kay, John Alexander / King, Mervyn A.: The British Tax System, 5 ed., Oxford 1990.

Kiehne, Ralf: Die Anrechnung von Kindergeld auf den Unterhaltsanspruch ehelicher und nichtehelicher Kinder, Diss. Göttingen 1997. Zitiert: Die Anrechnung von Kindergeld.

Kirchhof, Paul: Besteuerung und Eigentum, VVDStRL Bd. 39 (1981), S. 213-285.

ders.: Steuergerechtigkeit und sozialstaatliche Geldleistungen, JZ 1982, S. 305-312.

ders.: Steuergleichheit, StuW 1984, S. 297-314.

ders.: Der verfassungsrechtliche Auftrag zur Besteuerung nach der finanziellen Leistungsfähigkeit, StuW 1985, S. 319-329.

ders.: Ehe und Familie im staatlichen und kirchlichen Steuerrecht, in: Essener Gespräche zum Thema Staat und Kirche, Bd. 21, Münster 1986, S. 117-153. Zitiert: Essener Gespräche zum Thema Staat und Kirche 21.

ders.: Die Kunst der Steuergesetzgebung, NJW 1987, S. 3217-3226.

ders.: Empfiehlt es sich, das Einkommensteuerrecht zur Beseitigung von Ungleichbehandlungen und zur Vereinfachung neu zu ordnen? Gutachten F zum 57. DJT, München 1988.

ders.: Staatliche Einnahmen, in: Isensee / Kirchhof (Hrsg.); Handbuch des Staatsrechts Bd. IV, Heidelberg 1990. Zitiert: Kirchhof, Staatliche Einnahmen, HStR Bd. IV.

ders.: Die Rechtsprechung des Bundesverfassungsgerichts in ihrer Bedeutung für das Steuerrecht, Stbg 1991, S. 552-557.

ders.: Der allgemeine Gleichheitssatz, in: Isensee / Kirchhof (Hrsg.); Handbuch des Staatsrechts Bd. V, Heidelberg 1992. Zitiert: Kirchhof, Der allgemeine Gleichheitssatz, HStR Bd. V.

ders.: Grundlinien des Steuerverfassungsrechts in der Rechtsprechung des Bundesverfassungsgerichts, StbJb 1994/95, S. 5-22.

ders.: Der Einfluß des Verfassungsrechts auf die Entwicklung des Steuerrechts, Stbg 1995, S. 68-78.

ders.: Die Steuerrechtsordnung als Wertordnung, StuW 1996, S. 3-11.

ders.: Verfassungsrechtliche Maßstäbe für die Steuergesetzgebung, Stbg 1997, S. 193-198.

Kirchhof, Paul / Söhn, Hartmut (Hrsg.): Einkommensteuergesetz Kommentar, Heidelberg, Loseblatt, Stand Juli 1998. Zitiert: Bearbeiter, in: Kirchhof/Söhn.

Kisker, Gunter: Staatshaushalt, in: Isensee / Kirchhof (Hrsg.); Handbuch des Staatsrechts Bd. IV, Heidelberg 1990. Zitiert: Kisker, Staatshaushalt, HStR Bd. IV.

Klein, Alexander: Steuermoral und Steuerrecht, Akzeptanz als Element einer steuerlichen Rechtfertigungslehre, Frankfurt 1997.

ders.: Steuerreform und Akzeptanz, BB 1998, S. 1180-1183.

Klein, Franz: Gleichheitssatz und Steuerrecht, Köln 1966.

ders.: Ehe und Familie im Steuerrecht als verfassungsrechtliches Problem, in: FS für Wolfgang Zeidler, Bd. 1, Berlin / New York 1987, S. 773-801.

ders.: Die Notwendigkeiten der Steuerpolitik, DStZ 1994, S. 162-163.

ders.: Ehe und Familie im Einkommensteuerrecht, DStZ 1997, S. 105-108.

Korn, Klaus / Kupfer, Gerhard: Änderung des Steuerrechts durch das Jahressteuergesetz 1996, KÖSDI 1995, S. 10458-10468.

Koslowski, Günter: Das Jahressteuergesetz 1997, Augsburg 1997.

Kruhl, Alfred: „Jahressteuergesetz 1996“ endgültig verabschiedet, BB 1995, S. 2032-2038.

Kruse, Heinrich Wilhelm: Lehrbuch des Steuerrechts, Band I, München 1991.

ders.: Die Einkommensteuer und die Leistungsfähigkeit des Steuerpflichtigen, in: Staat, Wirtschaft, Steuern, FS für Karl Heinrich Friauf, Heidelberg 1996, S. 793-807.

Kulmsee, Verena: Reform der Familienbesteuerung, DStZ 1998, S. 14-24.

Lademann, Fritz: Kommentar zum Einkommensteuergesetz, 4. Aufl., Stuttgart, Loseblatt, Stand März 1998. Zitiert: Bearbeiter, in: Lademann.

Lampert, Heinz: Priorität für die Familie, Berlin 1996.

Lang, Joachim: Familienbesteuerung, StuW 1983, S. 103-125.

ders.: Reformentwurf zu Grundvorschriften des Einkommensteuergesetzes, Münsteraner Symposium, Band II, Köln 1985. Zitiert: Reformentwurf.

ders.: Die einfache und gerechte Einkommensteuer, Köln 1987.

ders.: Die Bemessungsgrundlage der Einkommensteuer, Köln 1988. Zitiert: Bemessungsgrundlage.

ders.: Verantwortung der Rechtswissenschaft für das Steuerrecht, StuW 1989, S. 201-211.

ders.: Reform der Unternehmensbesteuerung auf dem Weg zum europäischen Binnenmarkt und zur deutschen Einheit, StuW 1990, S. 107-129.

ders.: Verfassungsrechtliche Gewährleistung des Familienexistenzminimums im Steuer- und Kindergeldrecht, StuW 1990, S. 331-348.

ders.: Einkommensteuer - quo vadis?, FR 1993, S. 661-670.

ders.: Entwurf eines Steuergesetzbuchs, Bonn 1993.

ders.: Reform der Familienbesteuerung, in: Steuerrecht, Verfassungsrecht, Finanzpolitik, FS für Franz Klein, Köln 1994, S. 437-452.

ders.: Steuergerechtigkeit durch Steuervereinfachung, in: Steuervereinfachung, FS für Dietrich Meyding, Heidelberg 1994, S. 33-48.

ders.: Vom Steuerchaos zu einem Steuersystem rechtlicher und wirtschaftlicher Vernunft, in: Wege aus dem Steuerchaos, Baron, Stefan / Handschuch, Konrad (Hrsg.), Stuttgart 1996.

Larenz, Karl: Methodenlehre der Rechtswissenschaft, 6. Aufl., Berlin/Heidelberg/ New York 1991. Zitiert: Methodenlehre.

Lecheler, Helmut: Verfassungsgarantie und sozialer Wandel, DVBl. 1986, S. 905-911.

ders.: Schutz von Ehe und Familie, in: Isensee / Kirchhof (Hrsg.), Handbuch des Staatsrechts Bd. VI, Heidelberg 1989. Zitiert: Lecheler, Schutz von Ehe und Familie, HStR Bd. VI.

Lehner, Moris: Die Entscheidung des Bundesverfassungsgerichts zur Verfassungswidrigkeit des Grundfreibetrages in den Jahren 1978 bis 1984, 1986, 1988 und 1991, DStR 1992, S. 1641-1644.

ders.: Einkommensteuerrecht und Sozialhilferecht, Tübingen 1993.

ders.: Die Entscheidungen des Bundesverfassungsgerichts zum Familienlastenausgleich, in: Familienlastenausgleich, Arbeitsgemeinschaft der Deutschen Familienorganisationen (Hrsg.), Grafschaft 1993.

Leibholz, Gerhard / Rinck, Hans-Justus / Hesselberger, Dieter: Grundgesetz Kommentar an Hand der Rechtsprechung des BVerfG, Band I, Köln, Loseblatt, Stand August 1997.

Leichtle, Gudrun: Durchführung des Familienleistungsausgleichs ab dem Veranlagungszeitraum 1996, DB 1997, S. 1149-1155.

Lerche, Peter: Rechtsprobleme der wirtschaftslenkenden Verwaltung, DÖV 1961, S. 486-492.

Leutheusser-Schnarrenberger, Sabine: Nichteheliche Lebensgemeinschaften können den Ehen „gleicher" werden, ZRP 1993, S. 190-191.

Lieber, Bettina: Zur Verfassungsmäßigkeit des Familienleistungsausgleichs, DStZ 1997, S. 207-212.

Lingemann, Wolfgang: Das rechtliche Konzept der Familienbesteuerung, Diss. Berlin 1994. Zitiert: Familienbesteuerung.

Littmann, Eberhard / Bitz, Horst / Hellwig, Peter: Das Einkommensteuerrecht, Stuttgart, Loseblatt, Stand Juli 1998. Zitiert: Bearbeiter, in: Littmann/Bitz/ Hellwig.

Littmann, Konrad: Kritische Marginalien zur Kontroverse „Individuelle Veranlagung oder Haushaltsbesteuerung", FinArch 27 (1968), S. 174-186.

ders.: Ein Valet dem Leistungsfähigkeitsprinzip, in: Theorie und Praxis des finanzpolitischen Interventionismus, FS für Fritz Neumark, Tübingen 1970, S. 113-134.

Löwer, Wolfgang: Steuerpflicht trotz verfassungswidriger Steuernormen?, StVj 1991, S. 97-114.

Loritz, Karl-Georg: Einkommensteuerrecht, Heidelberg 1988.

ders.: Die systemgerechte Einkommensteuer - ein unerreichbares Ziel?, StuW 1986, S. 9-20.

Maier, Walter: Staats- und Verfassungsrecht, 3. Aufl., Achim 1993.

Mangoldt, Hermann von / Klein, Friedrich / Starck, Christian: Das Bonner Grundgesetz, Bd. 1: Präambel, Artikel 1 bis 5, München 1985. Zitiert: Bearbeiter, in: v. Mangoldt/Klein/Starck.

Mann, Fritz Karl: Steuerpolitische Ideale, Jena 1937.

Martens, Joachim: Rezension: Praktikabilität und Effizienz, von Prof. Dr. Hans-Wolfgang Arndt, StuW 1983, S. 272-274.

ders.: Grundrecht auf Steuergerechtigkeit?, KritV 1987, S. 39-60.

ders.: Sozialrechtsnormen im Steuerrecht, StVj 1989, S. 199-216.

Matthäus-Maier, Ingrid: Für einen gerechten und einfachen Familienlastenausgleich, ZRP 1988, S. 252-258.

Maunz, Theodor / Dürig, Günter / Herzog, Roman / Scholz, Rupert: Grundgesetz Kommentar, München, Loseblatt, Stand Dezember 1997. Zitiert: Bearbeiter, in: Maunz/Dürig.

Maurer, Hartmut: Kontinuitätsgewähr und Vertrauensschutz, in: Isensee / Kirchhof (Hrsg.); Handbuch des Staatsrechts Bd. III, Heidelberg 1988. Zitiert: Maurer, Kontinuitätsgewähr und Vertrauensschutz, HStR Bd. III.

Mennel, Annemarie: Die Frau im deutschen Steuerrecht, DStR 1971, S. 487-494.

dies.: Ehe und Familie im Einkommensteuerrecht, StuW 1984, S. 287-294.

Meuschel, Hans / Hermann, Josef: Die Einkommensteuer, Berlin/Wien 1939.

Michaelis, Andreas: Kindergeldverfahren im öffentlichen Dienst ab 1996, Heidelberg 1996. Zitiert: Kindergeldverfahren.

Mickschas, Ute / Mickschas, Erich: Das neue Kindergeldverfahren, 2. Aufl., Heidelberg 1998. Zitiert: Kindergeldverfahren.

Mielke, Axel: Spitzenbelastung: „Gegenwärtig nicht das Problem“?, StuW 1994, S. 232-237.

Mitschke, Joachim: Lebenseinkommensbesteuerung durch interperiodischen Progressionsausgleich, StuW 1980, S. 122-134.

ders.: Textentwurf einer EStG-Änderung zur Lebenseinkommensbesteuerung durch interperiodischen Progressionsausgleich, StuW 1980, S. 252-267.

ders.: Ökonomische Analyse einkommensteuerlicher Einkunftsermittlung und Alternativen steuerlicher Einkommensperiodisierung, StuW 1988, S. 111-132.

Mittmann, Volker: Sozialhilfe- oder familienrechtlicher Maßstab für ein verfassungskonformes Minimum des Kinderlastenausgleichs?, DStZ 1991, S. 153-154.

Moderegger, Martin: Für einen gerechten und einfachen Familienlastenausgleich, ZRP 1989, S. 166-168.

ders.: Der verfassungsrechtliche Familienschutz und das System des Einkommensteuerrechts, Diss. Baden-Baden 1991. Zitiert: Familienschutz.

Montesquieu: Vom Geist der Gesetze, übersetzt und herausgegeben von Ernst Forsthoff, 1. Band, Tübingen 1992.

Müller, Wigo / Traxel, Wolfgang: Die Bedeutung von Kindergeld und Kinderfreibetrag für die Veranlagung zur Einkommensteuer ab dem Veranlagungszeitraum 1996, BB 1996, S. 1141-1145.

Münch, Eva Marie von: Ehe und Familie, in: Benda/Maihofer/Vogel (Hrsg.), Handbuch des Verfassungsrechts, 2. Aufl., Berlin/New York 1994. Zitiert: E. v. Münch, Ehe und Familie, HVerfR.

Münch, Ingo von / Kunig, Philip: Grundgesetz-Kommentar, Band 1 (Präambel bis Art. 20), 4. Aufl., München 1992. Zitiert: Bearbeiter, in: v. Münch/Kunig.

Münchener Kommentar: Kommentar zum Bürgerlichen Gesetzbuch, hrsg. von Kurt Rebmann, Franz Jürgen Säcker, Bd. 8 Familienrecht, 3. Aufl., München 1992. Zitiert: Bearbeiter in: Münchener Kommentar.

Mußgnug, Reinhard: Verfassungsrechtlicher und gesetzlicher Schutz vor konfiskatorischen Steuern, JZ 1991, S. 993-999.

Neumark, Fritz: Grundsätze gerechter und ökonomisch rationaler Steuerpolitik, Tübingen 1970. Zitiert: Steuerpolitik.

Niermann, Walter / Plenker, Jürgen: Jahressteuergesetz 1996: Neuregelung des Familienleistungsausgleichs, DB 1995, S. 1930-1933.

Nolde, Gernot: Familienleistungsausgleich im Jahressteuergesetz 1996, FR 1995, S. 845-850.

Nolte, Claudia: Der Familienleistungsausgleich 1996, FuR 1996, S. 81-87.

Novak, Rainer: Die Neuregelungen des Kindergeldes ab Januar 1996 und deren Auswirkungen auf den öffentlichen Dienst, ZTR 1995, S. 531-541.

Oepen, Wilhelm: Aktuelle Probleme der Familienbesteuerung, FR 1992, S. 149-154.

ders.: Familienleistungsausgleich, NWB Fach 3b, S. 4601-4612.

Ossenbühl, Fritz: Die Erfüllung von Verwaltungsaufgaben durch Private, VVDStRL Bd. 29 (1971), S. 137-209.

Ossenbühl, Klaus Hermann: Die gerechte Steuerlast, Heidelberg 1972.

Osterloh, Lerke: Gesetzesbindung und Typisierungsspielräume bei der Anwendung der Steuergesetze, Baden-Baden 1992.

Ott, Sieghart: Die Begriffe „Ehe und Familie“ in Art. 6 I GG, NJW 1998, S. 117-119.

Palandt: Bürgerliches Gesetzbuch, 57. Aufl., München 1998.

Parker, Hermione / Sutherland, Holly: Child Tax Allowances?, London 1991.

Pauly, Walter: Sperrwirkungen des verfassungsrechtlichen Ehebegriffs, NJW 1997, S. 1955-1957.

Paus, Bernhard: Das Existenzminimum der Familie mindert die Steuerbemessungsgrundlage, Inf 1990, S. 394-400.

ders.: Neue Einkommensgrenze für den Kinderfreibetrag: was sind „besondere Ausbildungszwecke“?, FR 1996, S. 337-340.

ders.: Verfassungsmäßigkeit der zeitlichen Begrenzung der doppelten Haushaltsführung und des Abzugsverbots für Kinderbetreuungskosten beiderseits berufstätiger Ehegatten, Inf 1998, S. 324-327.

Paus, Bernhard / Kuhn, Harald: Kinder im Steuerrecht, Herne/Berlin 1997.

Pechstein, Matthias: Familiengerechtigkeit als Gestaltungsgebot für die staatliche Ordnung, Baden-Baden 1994. Zitiert: Familiengerechtigkeit.

Peine, Franz-Joseph: Systemgerechtigkeit, Baden-Baden 1985.

Pezzer, Heinz-Jürgen: Zwischen Kindeslust und Steuerlast, in: Das wahre Verfassungsrecht, Gedächtnisschrift für F. G. Nagelmann, Baden-Baden 1984, S. 137-146.

ders.: Familienbesteuerung und Grundgesetz, StuW 1989, S. 219-226.

Pfeifer, Tina: Kindergeld, Kinderfreibetrag, Grundfreibetrag und verfassungswidrige Besteuerung des Existenzminimums, SGb 1997, S. 14-19 und S. 64-67.

Pinne, Jürgen: Für ein leistungsförderndes Steuerrecht, Stbg. 1996, S. 566-571.

Platon: Politeia, Bd. 4, Übersetzung von Friedrich Schleiermacher, Gunther Eigler (Hrsg.), 2. Aufl., Darmstadt 1990.

Plenker, Jürgen: Der neue Familienleistungsausgleich, Köln 1996. Zitiert: Familienleistungsausgleich.

ders.: Die Vergleichsrechnung zwischen Kindergeld und Kinderfreibetrag im Rahmen der Einkommensteuerveranlagung 1996, DB 1996, S. 2095-2098.

Pohmer, Dieter / Jurke, Gisela: Zu Geschichte und Bedeutung des Leistungsfähigkeitsprinzips, FinArch 42 (1984), S. 445-489.

Posser, Diether: Grenzen für den Steuerstaat, hrsg. vom Präsidium des Bundes der Steuerzahler e.V., Düsseldorf 1983.

ders.: Grenzen für den Steuerstaat, DStZ 1983, S. 155-157.

Radbruch, Gustav: Rechtsphilosophie, 8. Aufl., Stuttgart 1973.

Ramisch, Gerhard: Ungewollte Regelungslücken in § 26c EStG?, DB 1992, S. 1059-1063.

Raupach, Arndt: Der Niedergang des deutschen Einkommensteuerrechts - Möglichkeiten der Neubesinnung, in: Niedergang oder Neuordnung des deutschen Einkommensteuerrechts?, Münsteraner Symposium, Bd. I, hrsg. von Arndt Raupach, Klaus Tipke, Adalbert Uelner, Köln 1985. Zitiert: Niedergang.

Rawls, John: Eine Theorie der Gerechtigkeit, 9. Aufl., Frankfurt am Main 1996.

Rehbinder, Manfred: Einführung in die Rechtswissenschaft, 6. Aufl., Berlin/New York 1988.

Rendels, Heinz J.: Die Wirkung des Ehegattensplitting im Vergleich zur Entlastung alleinerziehender Elternteile durch den Haushaltsfreibetrag, DStR 1983, S. 494-499.

Respondek, Erwin: Die Reichsfinanzen auf Grund der Reform von 1919/20, Berlin 1921. Zitiert: Die Reichsfinanzen.

Rieger, Norbert: Ehe, Familie und die (Verfassungs-) Widrigkeiten des Einkommensteuerrechts, Diss. Frankfurt am Main/Berlin/Bern/New York/Paris/Wien 1992. Zitiert: Ehe und Familie.

Rittler, Thomas: Die Auslegung der Steuergesetze in der Rechtsprechung. des BFH, Diss. Bayreuth 1987. Zitiert: Auslegung der Steuergesetze.

Röhl, Klaus F.: Allgemeine Rechtslehre, Köln/Berlin/Bonn/München 1994.

Rößler, Gerhard: Die Beschlüsse des BVerfG vom 8.6.1990 zum Familienlastenausgleich (BStBl. II 1990, 653) und ihre Auswirkungen, DStZ 1991, S. 393-395.

Roland, Detlef: Der steuerliche Familienleistungsausgleich ab 1996, Bielefeld 1996.

Rose, Gerd: Zum Anspruch auf Erlaß von „Übermaß-Steuern" und zu seiner Durchsetzung, DB 1995, S. 2387-2390.

Ross, Hartmut: Besondere Veranlagung für das Jahr der Eheschließung (§ 26c EStG) und die einkommensteuerlichen Ehegatten-Sonderregelungen, DStZ 1992, S. 239-241.

ders.: Auswirkungen des Familienleistungsausgleichs auf die übrigen steuerlichen Kinderkomponenten und auf die Steuerberechnung, DStZ 1997, S. 140-145.

Rüfner, Wolfgang: Die Eigentumsgarantie als Grenze der Besteuerung, DVBl. 1970, S. 881-887.

Sachs, Michael: Grenzen des Diskriminierungsverbotes, München 1987. Zitiert: Grenzen.

ders.: Die Auswirkungen des allgemeinen Gleichheitssatzes auf das Steuerrecht in der Rechtsprechung des Bundesverfassungsgerichts, StVj 1994, S. 75-86.

ders.: Grundgesetz Kommentar, München 1996. Zitiert: Bearbeiter, in: Sachs.

Schäfer, Bernd: Familienlastenausgleich in der Bundesrepublik Deutschland, Frankfurt am Main 1996.

Scheel, Christine: Die Grüne und das Geld, Frankfurt am Main 1997.

Scheipermeier, Günter: Verfassungsorientiertes System des Steuerrechts, Diss. Göttingen 1977. Zitiert: System.

Schemmel, Lothar: Kinderfreibetrag und Grundgesetz, Karl-Bräuer-Institut des Bundes der Steuerzahler (Hrsg.), Heft 64, Wiesbaden 1989.

ders.: Das einkommensteuerliche Existenzminimum: Berücksichtigung der Menschenwürde im Steuerrecht oder politisch gestaltbare Steuervergünstigung, StuW 1993, S. 70-85.

ders.: Zur Aufnahme des Leistungsfähigkeitsprinzips und anderer Grenzen für den Steuerstaat in das Grundgesetz, StuW 1995, S. 39-57.

Schild, Hans-Herrmann: Kindergeld ist nicht gleich Kindergeld, NJW 1996, S. 2414-2416.

Schlehofer, Horst: Juristische Methodologie und Methodik der Fallbearbeitung, JuS 1992, S. 572-578.

Schmalz, Dieter: Staatsrecht, 3. Aufl., Baden-Baden 1996.

Schmid, Viola: Die Familie in Artikel 6 des Grundgesetzes, Diss. Berlin 1989. Zitiert: Die Familie.

Schmidt, Kurt: Die Besteuerung nach der Leistungsfähigkeit Reflexionen über ein altes Thema, JbFSt 1995/96, S. 31-47.

Schmidt, Ludwig: Einkommensteuergesetz Kommentar, 17. Aufl., München 1998. Zitiert: Bearbeiter, in: Schmidt.

Schmitt, Carl: Verfassungsrechtliche Aufsätze aus den Jahren 1924-1954, 3. Aufl., Berlin 1985. Zitiert: Aufsätze.

Schneider, Dieter: Leistungsfähigkeitsprinzip und Abzug von der Bemessungsgrundlage, StuW 1984, S. 356-367.

Schneider, Hans: Gesetzgebung, Heidelberg 1991.

Schneider, Hans-Peter: Verfahrensrechtliches Chaos beim Kindergeld und aktuelle Hinweise, Stbg 1997, S. 159-163.

Schneider, Josef: Das Kind im Steuerrecht, Stuttgart 1998.

Schneider, Uwe H.: Sollten Leistungsfähigkeitsprinzip und Steuergrenzen in die Verfassung aufgenommen werden ?, StuW 1994, S. 58.

Schnotale, Thomas: Steuerfreies Existenzminimum sowie Ehegatten- und Familienbesteuerung in den U.S.A., Diss. Oberursel 1990. Zitiert: Steuerfreies Existenzminimum.

Schollmeier, Andres: Zur Vereinbarkeit des § 10 Abs. 2 Nr. 2 EStG mit dem Gemeinschaftsrecht, FR 1989, S. 733-736.

Scholz, Harald: Das Jahressteuergesetz und die Düsseldorfer Tabelle Stand: 1.1.1996, FamRZ 1996, S. 65-74.

Schremmer, Eckart: Steuern und Staatsfinanzen während der Industrialisierung Europas, Berlin/Heidelberg/New York/London/Paris/Tokyo/Hong Kong 1994. Zitiert: Steuern und Staatsfinanzen.

Schulten, Diana M. / Hanisch, Dirk: Die neue Düsseldorfer Tabelle, Niedernhausen/Ts. 1998.

Schumacher, Klaus / Grün, Klaus-Jürgen: Das neue Unterhaltsrecht minderjähriger Kinder, FamRZ 1998, S. 778-797.

Schwartmann, Rolf / Pabst, Heinz-Joachim: Eingliederungshilfe und Kindergeld nach dem Einkommensteuergesetz, DStR 1998, S. 921-925.

Seer, Roman: Steuergerechtigkeit durch Steuervereinfachung, StuW 1995, S. 184-193.

Seewald, Otfried / Felix, Dagmar: Kindergeldrecht Kommentar, Köln/Berlin/Bonn/München, Loseblatt, Stand Juni 1997.

dies.: Kindergeld - Sozialleistung mit steuerlicher Entlastungsfunktion?, VSSR 1991, S. 157-184.

dies.: Das steuerfreie Existenzminimum der Familie - Widerspruch oder Wende in der Rechtsprechung des Bundesverfassungsgerichts?, VSSR 1995, S. 277-302.

dies.: Das neue Kindergeldrecht, NWB, Fach 27, S. 4451-4464.

dies.: Verfahrensfragen beim Kindergeld, NWB, Fach 27, S. 4465-4474.

Selmer, Peter: Steuerinterventionismus und Verfassungsrecht, Frankfurt/Main 1972.

ders.: Die Rechtsprechung des Bundesverfassungsgerichts in Finanz- und Steuersachen, AöR 101 (1976), S. 399-462.

ders.: Der gerechte Steuerstaat, FinArch 52 (1995), S. 234-262.

Siegel, Theodor / Schneider, Dieter: Existenzminimum und Familienlastenausgleich: Ein Problem der Reform des Einkommensteuerrechts, DStR 1994, S. 597-604.

Smith, Adam: An Inquiry into the Nature an Causes of the Wealth of Nations, Volume IV, Basil 1791.

ders.: Der Wohlstand der Nationen, Übersetzung von Horst Claus Recktenwald, München 1996.

Söffing, Günter: Verfassungsrechtliche Überlegungen zur doppelten Haushaltsführung, 1%-Regelung bei privater KfZ-Nutzung und zum häuslichen Arbeitszimmer, in: Harzburger Steuerprotokoll 1996, Köln 1997, S. 233-248.

Söhn, Hartmut: Verfassungsrechtliche Aspekte der Besteuerung nach der subjektiven Leistungsfähigkeit im Einkommensteuerrecht: Zum persönlichen Existenzminimum, FinArch 46 (1988), S. 154-171.

ders.: Neuordnung des Einkommensteuerrechts zur Beseitigung von Ungleichbehandlungen und zur Vereinfachung, ZRP 1988, S. 344-348.

ders.: Einkommensteuer und subjektive Leistungsfähigkeit, FinArch 51 (1994), S. 372-409.

Spickhoff, Andreas: Eheschließung, Ehescheidung und ordre public, JZ 1991, S. 323-330.

Steiger, Heinhard: Verfassungsgarantie und sozialer Wandel - Das Beispiel von Ehe und Familie, VVDStRL Bd. 45 (1987), S. 55-93.

Stein, Ekkehart: Staatsrecht, 16. Aufl., Tübingen 1998.

Stern, Klaus: Das Staatsrecht für die Bundesrepublik Deutschland, Band I, 2. Aufl., München 1984. Zitiert: Staatsrecht I.

ders.: Das Staatsrecht für die Bundesrepublik Deutschland, Band II, München 1980. Zitiert: Staatsrecht II.

ders.: Das Staatsrecht für die Bundesrepublik Deutschland, Band III/1, München 1988. Zitiert: Staatsrecht III/1.

Stiglitz, Joseph E. / Schönfelder, Bruno: Finanzwissenschaft, 2. Aufl., München/ Wien 1989.

Strickrodt, Georg: Steuergesetze als Instrumente staatspolitischer Maßnahmen, FR 1958, S. 448-450.

ders.: Einkommensteuer und subjektive Leistungsfähigkeit, FinArch 51 (1994), S. 372-409.

Surrey, Stanley S.: Tax Incentives as a Device for Implementing Government Policy, Harvard Law Review Vol. 83 (1970), S. 705-738.

Tiedtke, Klaus: Einkommensteuer- und Bilanzsteuerrecht, Berlin/New York 1983.

Tipke, Klaus: Steuerrecht - Chaos, Konglomerat oder System?, StuW 1971, S. 2-17.

ders.: Steuerrechtswissenschaft und Steuerwesen, in: Verfassung, Verwaltung, Finanzen, FS für Gerhard Wacke, Köln 1972.

ders.: Zum steuergesetzlichen Wirtschaftsrecht, StuW 1976, S. 162-163.

ders.: Bezüge und Abzüge im Einkommensteuerrecht, StuW 1980, S. 1-11.

ders.: Steuergerechtigkeit in Theorie und Praxis, Köln 1981. Zitiert: Steuergerechtigkeit.

ders.: Forum: Die Einkommensteuer als zentraler Begriff des öffentlichen Schuldrechts, JuS 1985, S. 345-352.

ders.: Über „richtiges Steuerrecht", StuW 1988, S. 262-282.

ders.: Die Steuerrechtsordnung, Bd. 1-3, Köln 1993.

ders.: Steuerlegislative unter Verfassungsdruck, StuW 1993, S. 8-19.

ders.: Vom Konglomerat herkömmlicher Steuern zum System gerechter Steuern, BB 1994, S. 437-445.

ders.: Sollten Leistungsfähigkeitsprinzip und Steuergrenzen in die Verfassung aufgenommen werden? - Stellungnahme, StuW 1994, S. 58-62.

ders.: Über die Einheit der Steuerrechtsordnung, in: Staat, Wirtschaft, Steuern, FS für Karl Heinrich Friauf, Heidelberg 1996, S. 741-757.

Tipke, Klaus / Lang, Joachim: Steuerrecht, 16. Aufl., Köln 1998.

Tjarks, Jürgen: Belastungsvergleich Ehegatten / Eheähnliche Gemeinschaft, SteuerStud 1996. S. 361-366.

ders.: Die Übertragung des Kinderfreibetrags nach § 32 Abs. 6 Satz 4 EStG, FR 1989, S. 736-739.

Traxel, Wolfgang: Die Freibeträge des Einkommensteuergesetzes - Eine systematische Untersuchung und Gerechtigkeitsaspekten, Frankfurt am Main/Bern/New York 1986. Zitiert: Freibeträge.

Trzaskalik, Christoph: Die Steuererhebungspflichten Privater, in: Steuerrecht und Verfassungsrecht, hrsg. von der Deutschen Steuerjuristischen Gesellschaft e.V., Bd. 12, Köln 1989. Zitiert: DStJG 12 (1989).

Uelner, Adalbert: Zur Neukonzeption des einkommensteuerrechtlichen Familienleistungsausgleichs, DStZ 1995, S. 321-326.

Uldall, Gunnar: Die Steuerwende, München 1996.

ders.: Erwägungen zu den Vorschlägen Gunnar Uldalls zur Verbreiterung der Einkommensteuer-Bemessungsgrundlage, Stbg 1996, S. 536-538.

Vogel, Klaus: Steuergerechtigkeit und soziale Gestaltung, DStZ/A 1975, S. 409-415.

ders.: Die Besonderheit des Steuerrechts, DStZ/A 1977, S. 5-12.

ders.: Die Abschichtung von Rechtsfolgen im Steuerrecht, StuW 1977, S. 97-121.

ders.: Berücksichtigung von Unterhaltspflichten im Einkommensteuerrecht, DStR 1977, S. 31-41.

ders.: Verfassungsgrenzen für Steuern und Staatsausgaben?, in FS für Theodor Maunz zum 80. Geburtstag, München 1981.

ders.: Zwangsläufige Aufwendungen - besonders Unterhaltsaufwendungen - müssen realitätsgerecht abziehbar sein, StuW 1984, S. 197-203.

ders.: Rechtfertigung der Steuern: Eine vergessene Vorfrage, Der Staat Bd. 25 (1986), S. 481-519.

ders.: Der Verlust des Rechtsgedankens im Steuerrecht als Herausforderung an das Verfassungsrecht, in: Steuerrecht und Verfassungsrecht, hrsg. von der Deutschen Steuerjuristischen Gesellschaft e.V., Bd. 12, Köln 1989. Zitiert: DStJG 12 (1989).

ders.: Der Finanz- und Steuerstaat, in: Isensee / Kirchhof (Hrsg.); Handbuch des Staatsrechts Bd. I, Heidelberg 1987. Zitiert: Vogel, Der Finanz- und Steuerstaat, HStR Bd. I.

ders.: Grundzüge des Finanzrechts des Grundgesetzes, in: Isensee / Kirchhof (Hrsg.), Handbuch des Staatsrechts Bd. IV, Heidelberg 1990. Zitiert: Vogel, Grundzüge des Finanzrechts des Grundgesetzes, HStR Bd. IV.

ders.: Steuerrechtswissenschaft als Steuergerechtigkeitswissenschaft, JZ 1993, S. 1121-1125.

ders.: Vom Eigentums- zum Vermögensschutz - eine Erwiderung, NJW 1996, S. 1257-1259.

Vorwold, Gerd: Die Steuerreform der USA, Diss. Aachen 1995.

Vorwold, Gerhard: Die steuerrechtliche Berücksichtigung unvermeidbarer Privataufwendungen, StuW 1992, S. 264-269.

ders.: Neuorientierung der Ehe- und Familienbesteuerung, FR 1992, S. 789-801.

Voß, Reimer: Steuergesetzgebung aus der Sicht des Finanzrichters, StuW 1977, S. 255-259.

ders.: Steuern im Dritten Reich, München 1995.

ders.: Der Traum von der großen Steuerreform, ZRP 1997, S. 142-148.

Wagner, Adolph: Finanzwissenschaft, 1. Bd., Steuergeschichte vom Altertum bis zur Gegenwart, 2. Aufl., Leipzig 1910.

Wagner, Franz W.: Neutralität und Gleichmäßigkeit als ökonomische und rechtliche Kriterien steuerlicher Normkritik, StuW 1992, S. 2-13.

Waldhoff, Christian: Verfassungsrechtliche Vorgaben für die Steuergesetzgebung im Vergleich Deutschland - Schweiz, München 1997. Zitiert: Verfassungsrechtliche Vorgaben.

Walzer, Klaus: Steuergerechtigkeit, Eine entscheidungstheoretische Interpretation, Berlin 1987.

Waterkamp, Afra: Aktuelle Probleme im Bereich der Ehegattenveranlagung - Kein Splitting für Grenzgänger -, StuW 1994, S. 312-322.

Wendl, Philipp / Standigl, Siegfried: Das Unterhaltsrecht in der familienrechtlichen Praxis, 3. Aufl., München 1995.

Wendt, Rudolf: Empfiehlt es sich, das Einkommensteuerrecht zur Beseitigung von Ungleichbehandlungen und zur Vereinfachung neu zu ordnen?, DÖV 1988, S. 710-723.

ders.: Familienbesteuerung und Grundgesetz, in: Die Steuerrechtsordnung in der Diskussion, FS für Klaus Tipke, Köln 1995.

Wissenschaftlicher Beirat beim BMF: Gutachten zur Reform der direkten Steuern, Bundesministerium der Finanzen (Hrsg.), Heft 9, Bonn 1967. Zitiert: Gutachten.

Wittmann, Rolf: Besteuerung des Markteinkommens - Grundlinien einer freiheitsschonenden Besteuerung, StuW 1993, S. 35-46.

Wosnitza, Michael: Die Besteuerung von Ehegatten und Familien - Zur ökonomischen Rechtfertigung eines Realsplittings, StuW 1996, S. 123-136.

Zacher, Hans F.: Das soziale Staatsziel, in: Isensee / Kirchhof (Hrsg.), Handbuch des Staatsrechts, Bd. I, Heidelberg 1987. Zitiert: Zacher, Das soziale Staatsziel, HStR Bd. I.

ders.: Elternrecht, in: Isensee/Kirchhof (Hrsg.), Handbuch des Staatsrechts, Bd. VI, Heidelberg 1989. Zitiert: Zacher, Elternrecht, HStR Bd. VI.

Zeidler, Wolfgang: Ehe und Familie, in: Benda/Maihofer/Vogel (Hrsg.), Handbuch des Verfassungsrechts, 1. Aufl., Berlin/New York 1983. Zitiert: Zeidler, Ehe und Familie, HVerfR (1. Aufl.).

ders.: Verfassungsrechtliche Fragen zur Besteuerung von Familien- und Alterseinkommen, StuW 1985, S. 1-9.

Zippelius, Reinhold: Einführung in das Recht, München 1974.

ders.: Verfassungsgarantie und sozialer Wandel - Das Beispiel von Ehe und Familie, DÖV 1986, S. 805-810.

ders.: Der Gleichheitssatz, VVDStRL Bd. 47 (1989), S. 7-36.

ders.: Rechtsphilosophie, 2. Aufl., München 1989.

Zitzelsberger, Heribert: Das Jahressteuergesetz 1996, BB 1995, S. 2296-2300.

Friedrich E. Schnapp (Hrsg.)

Finanzierungsfragen der Sozialversicherung

Am Beispiel des Arbeitsförderungsrechts
Tagungsband zum 31. Praktikerseminar des Instituts für Sozialrecht am 28. November 1998 in Bochum

Frankfurt/M., Berlin, Bern, Bruxelles, New York, Wien, 2000. 120 S.
Bochumer Schriften zum Sozialrecht. Herausgegeben von Friedrich E. Schnapp. Bd. 4
ISBN 3-631-35799-0 · br. DM 45.–*

Die aktuelle Situation der Systeme der sozialen Sicherheit ist seit geraumer Zeit durch erhebliche Finanzierungsprobleme gekennzeichnet, die auf die demographische und gesamtwirtschaftliche Entwicklung mit nachlassendem Wirtschaftswachstum und einer zunehmenden Anzahl von Arbeitslosen und Frührentnern zurückzuführen ist. Dem Arbeitsförderungsrecht kommt in diesem Zusammenhang insofern besondere Bedeutung zu, als die anhaltend hohe Arbeitslosigkeit sowohl Einnahmeausfälle als auch Ausgabensteigerungen zur Folge hat. Im Rahmen des 31. Praktikerseminars des Instituts für Sozialrecht haben sich ausgewiesene Fachleute mit dem Problem der Beitragsfinanzierung in der Arbeitslosenversicherung befaßt und alternative Finanzierungsformen vorgestellt.

Aus dem Inhalt: Sozialversicherungsbeitrag und Finanzverfassung · Versicherungsfremde Leistungen und Beitragsfinanzierung · Alternative und ergänzende Finanzierungsformen